나는
프로극한직업러

**나는
프로극한직업러**

초판 1쇄 발행 2025. 11. 1.

지은이 손동일
펴낸이 김병호
펴낸곳 주식회사 바른북스

편집진행 김재영
디자인 김효나
마케팅 송송이 박수진 박하연

등록 2019년 4월 3일 제2019-000040호
주소 서울시 성동구 연무장5길 9-16, 301호 (성수동2가, 블루스톤타워)
대표전화 070-7857-9719 | **경영지원** 02-3409-9719 | **팩스** 070-7610-9820

•바른북스는 여러분의 다양한 아이디어와 원고 투고를 설레는 마음으로 기다리고 있습니다.

이메일 barunbooks21@naver.com | **원고투고** barunbooks21@naver.com
홈페이지 www.barunbooks.com | **공식 블로그** blog.naver.com/barunbooks7
공식 포스트 post.naver.com/barunbooks7 | **페이스북** facebook.com/barunbooks7

ⓒ 손동일, 2025
ISBN 979-11-7263-646-3 03810

•파본이나 잘못된 책은 구입하신 곳에서 교환해드립니다.
•이 책은 저작권법에 따라 보호를 받는 저작물이므로 무단전재 및 복제를 금지하며,
이 책 내용의 전부 및 일부를 이용하려면 반드시 저작권자와 도서출판 바른북스의 서면동의를 받아야 합니다.

목차

Mr. son 초보 작가가 되다 6 | 쉼표를 찍다 11 | 1 15 | 맑은 하늘바라기 18 | 내 꺼인 듯 내 꺼 아닌 내 꺼 같은 너 23 | 이 또한 지나가리라 27 | 2 33 | 솔로타임 in 헤이리 1 35 | 솔로타임 in 헤이리 2 40 | 3 45 | 그래서 다행이지 말입니다 48 | 그해 1994년 그리고 여름 52 | 4 57 | 꿈을 먹은 요정아!!! 59 | 겨울 이야기 64 | 나는 프로극한직업러 70 | 5 77 | 그런데 '다음'은 없더라 80 | 악플이라는 이름의 작품 85 | 6 90 | 어쩌다 어른이 되었답니다 글쎄요 93 | 슬기로운 격리생활 99 | 그래도 살아 있으니 살아가자!!! 104 | 내 머릿속의 지우개 109 | 습관의 발견 114 | radio ga ga 121 | 7 128 | 8 130 | 101가지 버킷리스트 132 | 결정장애에 대처하는 우리의 자세 139 | 외로움의 거리 143 | 메모광 146 | 9 151 | 10 153 | 아몬드 한 움큼의 쬐그만 행복 155 | 목사라는 이름의 권력자 160 | 우린

그곳을 낭만셰프라 부른다 167 | 자전거가 나갑니다 따르르르릉 172 | 11 177 | 12 180 | 13 183 | 자존감에 대한 짧은 고찰 185 | 암세 포도 생명인데… 그런가? 193 | 언제 철들래? 음… 아직은 199 | 우 리의 뜨거운 우정과 열정을 위하여 204 | 곶감 하나 주면 안 잡아먹 지 211 | 그대의 괄약근은 안녕하신가? 215 | 긍정의 삶 감사하는 마 음 218 | 14 227 | 15 229 | 즐거운 인생(feat. 활화산) 233 | 나의 종교 는 ○○○ 239 | under the bridge 246 | 진통제와 비타민 252 | 16 256 | 초코 초코 초콜릿 259 | 짱구야 안녕~~♡♡♡ 263 | 17 268 | 18 270 | 철수 형님과 믹 재거 행님 273 | 전망 좋은 집 280 | 키 작은 땅감나무 286 | 19 289 | 킹덤… 그 후 295 | 이제는 변해야 하 지 않을까? 300

글을 마치고

Mr. son 초보 작가가 되다

• •   내 주변의 소소한 일상들과 머릿속 생각들을 정리한 긴 시간의 작업이 끝났다. 한 페이지 한 페이지의 수고로움이 쌓여 최종 목표인 한 권의 문집이 완성되었다. 정말 알량한 지식과 형편없는 문장력으로 간신히 완성해 낸 미숙함의 결정체다. 겸손의 미덕은 사치라 여길 정도로 조잡하기 그지없다. 글쓰기를 밥벌이로 할 수 있는 이들의 필력은 진정 어느 정도일까 가늠조차 되지 않는다. 서점에서 기꺼이 지갑을 열고 소장하고픈 실력과 재능들이 부러울 따름이다. 그분들에게 세속적인 예(禮)로 존경을 표한다.

글의 일부이긴 하나 좌우가 뚜렷한 다소 위험한 주장을 펼치기도 했다. 에세이라는 문집의 성격에 맞지 않은 개인적 비판의 시각도 담겨 있다. 이런 일탈의 문장들도 에세이의 한 주제라 여기고 그냥 책 속에 담아냈다. 표현의 자유분방함 정도의 애교로 봐주셨으면 좋겠다.

시간이 지나 다른 이들에게 보여질 걸 생각하니 여태 없던 부끄러움과 어색함이 밀려온다. 다른 한편으론 의지박약인 내가 끈기 있게 이 문집을 완성해 낸 것에 대한 대견함도 크게 자리한다.

(짜식! 그 바쁜 와중에 이걸 해내다니…)

학창 시절 글 쓰는 걸 좋아하는 편도 글짓기상을 휩쓸던 문학소년도 아니었다. 국어 과목도 그다지 좋아하지 않아 선생님께 매 맞지 않을 정도의 최소 점수만 간신히 턱걸이하던 문제아였다. 외우는 것도 싫어해 교과서에 나오는 〈상춘곡〉, 〈훈민정음〉 서문 같은 건 몰라도 사는 데 아무 지장 없다 여기며 소홀히 여겼다. 글짓기 숙제, 방학 일기 숙제 같은 싫어도 해야 하는 거 빼곤 펜을 든 적이 없을 정도다. 이러니 말해 무엇 하겠는가. 모든 공부의 기본은 국어교육이라 하지 않던가. 글쓰기의 기본부터 이미 글러먹었다.

글 쓰는 게 늘 고역이던 내게 늦게나마 글쓰기의 재미를 일깨워 준 건 군대 시절 친구들과 주고받던 편지였다. 기성작가들이 담아내는 일필휘지의 내공까지 바라는 건 아니었다. 아무리 필력이 딸려도 읽을만하게 써 보내야 군에 있는 이 불쌍한 중생에게 위문의 답장이라도 해줄 것 아니겠는가. 나름 다듬고 맞춤법 하나하나 세심하게 신경 쓰다 보니 차츰 쓰는 것에 재미가 붙기 시작했다. 누구에게도 힘든 고충을 하소연할 데 없는 외로웠던 군대 시절. 그

외로움이 빚어낸 풍부한 감수성은 편지글의 수준을 나날이 높여주었다.

　평소 읽지 않던 책을 읽기 시작한 것도 그 시절이었으니 군대는 내게 육체적 정신적 성숙함을 동시에 키워준 곳이었다. 군 생활이 끝남과 동시에 지(紙)적 탐구생활도 흐지부지되었지만 말이다. 국가로부터 전역증을 하사받은 지 어언 20년이 훌쩍 지났다. 이젠 그 시절 손편지의 추억만이 아련하다. 지금은 그 추억의 바통을 이어받아 빈 시간 틈틈이 일기 쓰듯 작문에 몰두한다.

　최근까지 일기 쓰듯 조금씩 써놓은 여러 편의 글들을 처음부터 다시 시작하는 마음으로 검토하였다. 지난 몇 년에 걸쳐 SNS 여기저기 업로드해 놓은 내 글들을 다시 찾아보았다. 헤아려 보니 수백 개가 넘는다. 그중 마음에 드는 글들을 추려 목록을 나누고 정리해 보았다. 틈틈이 시간 나는 대로 쓴 글들을 합쳐놓으니 어느 정도 분량과 구색이 갖춰진다. 그리고 3년 넘는 긴 시간이 흘러 한 권의 책으로 탄생해 내 손에 쥐어졌.

　쓴 글들을 모으고 새로운 글을 쓰고 책으로 엮기 위해 많은 시간을 할애하고 써나갈 표현들을 고민했다. 나에게 이건 일생일대의 중요한 사건이다. 이 중요한 일을 대충 끄적여 일단 저지르고 보자는 섣부른 판단은 아니었다. 이 책으로 금전적인 이득을 얻기 위함은 더욱 아니다. 그럴만한 깜냥도 가치도 없을뿐더러 내 주제에 생각 자체만으로도 과한 욕심이다.

나름 심사숙고한 60여 편이 완성되기까지 나보다 앞서 에세이 작가로 등단한 친구의 속성강의도 도움이 컸다. 글 쓸 거리는 주변에서 찾으면 됐다. 다음은 친구의 가르침대로 펜을 들고 쓰기만 하면 되는 거였다. 그게 손바닥 뒤집듯 쉬운 게 아닌데 너무 만만하게 본 것이 함정이었다. 습작의 기본 소양마저 제대로 갖추지 못한 채 시작된 무모한 도전이었다. 정말 하면 할수록 어려운 게 글쓰기라는 걸 새삼 깨닫게 해줬다. 한 문장 한 페이지가 넘어갈 때마다 퇴고의 무한반복이었다. 나름 정해놓은 기준의 탈고로 가는 과정은 길고 험난했다. 그 미숙함을 무릅쓴 과감한 결정 하나, 버킷리스트 중 하나를 저지르는 데 일단 성공은 했다. 단순히 버킷리스트의 목록 하나가 체크되는 순간의 짜릿함을 맛보고 싶었는지도 모른다. 여러 리스트 중 평생 시도조차 못 할 것들도 있을 것이고 중간에 포기하는 것들도 있을 테니까.

이 책을 위해 난 잠시나마 멀티태스킹 인간이 되어야 했다. 한 번에 한 가지 일만 처리할 줄 아는 구닥다리 CPU를 가진 내가 말이다. 일도 해야 하고 글도 신경 써야 하니 머리와 몸에 조금씩 과부하가 걸렸다. 두 개 다 소홀하지 않으려 노력했지만 그런 게 스트레스가 되어 돌아오기도 했다. 가끔 쓰다가 글이 막힐 때는 잠시 휴식 같은 절필의 시간을 갖기도 했다. 짧으면 며칠 길면 몇 달 이상 접어두고 신경 쓰지 않은 적도 있었다. 안 되는 거 억지로 붙들고 있어봐야 시간 낭비일 게 뻔했기 때문이다.

전진과 멈춤의 반복으로 생각보다 긴 시간이 필요했던 나만의 비밀스러운 행각은 이렇게 마무리되었다. 내 글을 읽는 이들의 호불호와 내려질 평가에 신경 쓰지 않으려 한다. 많이 부족함을 나 자신이 더 잘 알기에 거듭된 겸손함으로 나를 낮추고 싶지도 않다.

예로부터 지천명(知天命)이라 하는 50세가 되어 하고픈 것 중 하나가 실현되어 너무 기쁘고 소풍 전날의 아이들처럼 설레는 마음뿐이다. 여건이 되어 시즌 1에서 끝이 아닌 시즌 2, 3까지 이어진다면 더할 나위 없겠다. 메모장을 열어 버킷리스트에 목록 하나를 덧붙인다.

쉼표를 찍다

 ˙ ˙   ， 쉼표, 콤마(comma) 등등 여러 명칭으로 불리는 작은 기호가 있다. 쉼표는 문장 내에서 어구를 나누어 주고 문장의 중간이나 낱말과 낱말 사이에 사용된다. 한 문장을 쓸 때 여러 단어가 두서없이 나열되거나 길게 쓴 말들은 정확한 표현을 이해하기 어렵고 의미전달 또한 제대로 되지 않는다. 이런 경우 문장 속에 쉼표를 사용하면 어구의 구분이 확실해지고 연결관계가 분명해진다.

 모양은 조금 틀리지만 악보 안에서의 쓰임도 이와 비슷하다. 만약 쉼표가 없다면 연주나 노래를 할 때 박자 맞추기가 힘들어진다. 정해진 박자 안에서 쉬어줘야 하는 틈을 놓치게 되면 호흡이 불규칙해져 곡을 제대로 표현할 수 없기 때문이다. 이렇게 쉼표는 책 속, 악보 사이사이 각각의 위치에 적절하게 활용되어 숨은 존재감을 드러낸다.

여기 또 다른 작은 쉼표 하나가 있다. 이 쉼표가 쳇바퀴처럼 반복되는 일상을 살아가는 나, 너, 우리에게 조금은 남다른 의미로 다가온다. 오늘도 바쁜 하루를 보낸 나, 많이 힘들었을 너, 열심히 살아온 우리에게…

신년 초부터 쉼 없이 달려온 나날이었다. 무심코 달력을 확인하며 말한다. "이야! 벌써 6월이 된 거야?" 엊그제 같던 1년의 시작이 중반을 내달았다. 해놓은 것도, 벌어놓은 것도 얼마 없어 뵈는데 시간은 이리도 무심하게 흘러버렸다. 책상 위에 놓인 달력의 남은 날짜들을 헤아려 본다. 이만큼 벌려면 이 정도는 일했어야 한다는 생계형 일용직의 투정 따윈 통하지 않는다. 어차피 정해진 1년 365일 안에 노는 날, 일하는 날들이 모두 속해 있다. 그 안에 할 수 있는 한 성실히 열일하는 수밖에. 다행히 꾸준하게 현장을 맡아온바 요즘 같은 불경기에도 일거리 걱정 없이 누구보다 바쁜 나날을 보내왔다.

그렇게 몇 달간 쉼 없이 지내온 내게 한 걸음 늦추고 숨 좀 고르라며 몸으로 머리로 보이지 않는 쉼표가 날아든다. 무슨 일확천금을 거머쥐겠다고 이 고생을 사서 하나 모를 정도로 정신없이 돌려온 일정에 과부하가 걸렸다. 피곤에 절어 삐걱대던 몸의 경고를 가벼이 여기고 몰아붙인 나의 잘못이다. 1년에 한두 번씩은 목이 붓고 열나고 몸살이 들어 하루, 이틀 정도 심하게 앓는다. 한 번씩 때

되면 찾아드는 연례행사인 셈이다. 이번엔 많이 무리했는지 조금 일찍 찾아오셨다. 이른 새벽부터 몸이 으슬으슬 춥고 쑤시고 목이 붓는 게 출근은 애초에 글렀다. 같이 일하는 분들에게 전화를 돌린 후 이불을 머리까지 뒤집어쓰고 잠을 청했다. 선잠에 밍기적거리다 다시 깨기를 반복한다. 몸살에 오한이 나는 몸뚱이가 애써 잠을 청하려는 몽롱한 정신을 밀어낸다. 일단 아내가 집 안에 있는 상비약과 빈속이라고 죽을 챙겨준다. 시계를 보니 7시가 조금 안 된 이른 시간이다. 병원이 열리면 두어 시간 남짓 남았다. 마디마디 쑤시는 몸살의 통증을 겨우 비집고 일어나 까끌거리는 입에 죽을 한 숟가락 욱여넣었다.

느닷없이 찍힌 쉼표가 그리 달갑지 않다. 현장 일정상 마감이 임박해 많이 바쁠 텐데 하는 괜한 조바심이 앞서며 마음이 편치 않았다. '쉼'의 시간은 몸과 마음이 완벽한 평온을 이루어야 진정한 '쉼'인 거다. 하지만 어쩌랴. 찝찝함을 뒤로하고 자빠진 김에 쉬어가기로 했다. 바깥일은 바깥에다 던져두고 잊기로 한다. 단 하루뿐인 날이 그리 길진 않겠지만 쉼을 즐기기엔 충분한 시간이다.

홀가분한 마음으로 병원을 다녀와 이른 점심을 먹었다. 처방받은 약을 먹고 두어 시간 정도 자고 일어나니 쑤시던 몸이 풀리며 한결 나아짐을 느꼈다. 다 나은 건 아니지만 오한과 근육통이라도 덜하니 살 것 같다. 밖으로 나가볼까 하는 헛생각이 슬슬 고개를 들지만 참았다. 아내는 약속이 있어 나갔고, 애들도 학교에, 집 안에는 놀거리들이 무궁무진하다. 본의 아니게 할 일을 반납한 오늘이 혼자만의 시간으로 이어진 하루가 되었다. 이런 망중한을 언제 또 즐겨보겠나. 다운받아 놓은 영화도 보고 애들 없을 때 군것질도 하며 한가함을 만끽했다. 잘 쉬고 나니 없던 기운도 나고 내일 해야 할 일들에 더 나은 결과물을 기대하게 된다. 예기치 못한 쉼표가 만든 오늘 하루가 그간 쉬는 법을 잊고 홀대했던 내 몸을 소중하게 돌볼 틈을 주었다. 나쁘지 않은 시기적절한 쉼표였고 나를 새로운 컨디션으로 리셋시켜 주었다.

  어스름해진 저녁, 학교 수업과 피아노학원, 늦은 오후 수영장까지 빡빡한 일정을 모두 마친 아이들이 엄마와 함께 귀가했다. 일일 백수 아빠가 아내와 아이들을 반갑게 맞이했다. 집에 들어왔는데 아빠가 먼저 집에 와 있는 것이 애들에겐 좋으면서도 낯선 풍경일 거다. 큰 연례행사가 지나갔고 당분간 이러진 않을 테니 낯설어해도 된단다, 딸들아!

1

∴ "슬럼프라는 자물쇠는 초심이라는 열쇠로 열면 부드럽게 열린다"라는 말이 있습니다. 누구에게나 처음은 있고 그 처음이라는 시험대를 목전에 두고 두려움과 떨림이 없다면 거짓말일 겁니다. 특출나게 뛰어난 사람들도 그러할진대 보통의 사람들이 가질 고민, 걱정, 불안한 마음이야 오죽할까요. 이왕 시작하게 된 거 시험대에 오르기 전 마음속의 작은 소리로 속삭입니다. '그래, 잘해보자' 하는 단조로운 다짐에서 자신의 모든 것을 쏟아부을 듯한 비장함 넘치는 각오들까지 각양각색의 포부를 밝힙니다. 이렇듯 처음의 굳건한 마음가짐은 시작이 반이라는 걸 여실히 보여줍니다.

아직 홈을 깎고 다듬지 않은 열쇠는 단순한 쇠붙이에 지나지 않습니다. 쓰임새에 맞는 열쇠로의 면모를 갖추기 위해 세심한 가공이 더해져야 함은 물론이고요. 초심이라는 열쇠의 완성도를 높이기 위해서도 마찬가지일 겁니다. 다짐과 포부들이 마음속 단단한 공구가 되어 열쇠에 홈을 깎고 파고 다듬어 주게 됩니다. 언젠간 마주할 슬럼프라는 자물쇠와 딱 들어맞게 만들어집니다. 정성스레 새긴 초심의 열쇠를 소중히 목에 걸고 각자 나아갈 시험대에 올라 조심스럽게 시작의 발걸음을 내딛습니다.

초심이라는 열쇠는 모두의 목에 처음부터 걸려 있던 만능키 같은 존재였습니다. 가끔 어디다 걸어놨나 하고 찾아 헤매기 일쑤지만 조금만 여유를 가지고 아래를 내려다보면 늘 걸려 있는 걸 확인할 수 있는 초심이라는 이름의 열쇠…

40고지를 넘어 이제 50을 바라보며 한창 능력치를 끌어올려 일에 열중하고 있을 나의 친구들. 사회의 중심축으로 더욱더 열심을 다해야겠지만 본의 아니게 외줄을 타듯 위태로운 상황에 직면하고 위기를 맞기도 합니다. 일에 내 전부를 몰아붙일 수밖에 없는 처지의 우리가 잊지 말아야 할 것이 있습니다. 슬럼프, 침체기에 빠졌을 때는 진전 없고 수확 없는 일들을 잠시 내려놓을 수 있어야 합니다. 멈췄을 때 비로소 느끼는 마음의 넉넉함과 금쪽같은 여유의 시간을 아까워하지 않는 것도 중요합니다. 재충전이냐 허비이냐는 마음먹기, 행동하기에 달렸습니다. 초심의 열쇠가 늘 내 곁에 존재하는 것을 떠올리고 그것에 위안과 힘을 얻고 다시 일어설 의지를 다지면 되는 거라 생각합니다.
　초심은 잃어버린 게 아니라 잠시 잊은 것입니다…

맑은 하늘바라기

· · 　　매서웠던 추위가 초봄의 온기에 밀려날 즈음 반갑지 않은 손님이 먼 대륙의 바람을 타고 날아든다. 달력을 살피니 슬슬 녀석이 올 때가 되었다. 황사라는 이름의 불청객이다. 이 불청객은 봄만 되면 초대도 없이 들이닥쳐 사람들의 눈, 코, 목을 괴롭혀 왔다. 바깥의 따스한 봄기운을 품어볼 잠깐의 시간조차 내어주기 싫은듯했다. 겨울철 미세, 초미세먼지에 숨 가쁘게 혹사당한 폐가 어마무시한 황사의 물량공세로 인해 더 힘겨워진다. 숨을 쉴 때마다 입과 목에 느껴지는 칼칼한 이물감이 불쾌하기 짝이 없다. 누군가 입속에 모래를 한 움큼 뿌리는 느낌이랄까. 콧속이 바싹 마를 정도로 수분기 없는 건조한 공기와 더해져 기관지에 착 들러붙어 기침의 빈도를 높인다. 멀건 황톳빛 하늘이 제법 묵직하게 황사와

초미세먼지를 머금고 있다. 예전에는 단순히 황사먼지만 날아들어서 사회적으로 큰 이슈는 아니었다. 잠깐 스쳐 지나는 계절현상 정도로 여겨졌었다. 하지만 최근 들어 중국의 산업화로 인한 미세, 초미세먼지 같은 독성물질들이 대거 포함돼 위험도가 한층 높아졌다. 대한민국 내 대기오염과 더해지며 대기상황이 더욱더 심각해졌다. 겨울엔 추위와 미세먼지, 봄철에는 황사로 인한 호흡기 질환에 아이들의 병원 나들이가 잠잠할 틈이 없다. 올봄에도 우리 딸들이 얼마나 시달릴지 벌써부터 걱정이다. 비라도 내려주어 탁한 대기를 씻겨주면 좋으련만 하늘도 참 무심하다. 그런 애타는 마음을 아는지 모르는지 비구름은 감감무소식, 희뿌연 태양은 묵묵히 자기 몫의 일사량을 내뿜으며 뜨겁게 열일 중이다. 미세먼지에 엄청 예민해하는 아내의 시선에서 바라본 3월의 바깥 모습은 이렇다.

유독 냄새에 민감해 자주 창문을 열어 집 안 공기를 환기시키는 편이다. 미세먼지 심했던 추운 겨울에도 아랑곳하지 않고 창문을 열었는데 계절이 바뀌어도 행동은 계속된다. 아내가 미세먼지 많을 때 창문 자주 여는 걸 싫어해 이걸로 자주 티격태격했다. 미세먼지 좀 마신다고 큰 문제 될 건 없다고 생각해 왔다. 근래 아내와 아이들이 외출할 때 마스크는 필수로 챙기고 실내의 공기청정기도 쉴 새 없이 돌아간다. 그렇지만 매일 틀어놓는 공기청정기가 영 미덥지 못하다. 오히려 환기 안 된 실내공기가 더 안 좋다는 생각에 아내의 잔소리를 무릅쓰고 창문을 열어젖힌다. 미세먼지에 대해 너무 민감하게 구는 게 아닌가 하는 생각이 들기도 한다. 매스컴에서 너무 오버하는 것도 없잖아 있고. 정말 심한 경우가 아니고서는 마스크를 쓸 필요성도 느끼지 않았다. 사람의 폐가 가진 자정능력을 믿기에 지금껏 마스크 따윈 구석에 던져놓고 호흡기 건강에 신경쓰지 않았다. 제대로 된 의학지식 없는 멋대로 정한 나만의 기준일 수도 있다. 내가 참 겁도 없긴 했다.

그리고 보면 내 일 자체가 바깥 미세먼지보다 더 안 좋은 환경의 실내 작업이다. 아직은 별 차이를 못 느껴도 더 나이 들면 확연한 차이를 실감하게 될 거라는 충고 역시 많이 듣는다. 담배도 안 피우고 나름 건강하다 자부하지만 조심해서 나쁠 건 없다.

지난 한 주 동안은 분진마스크도 없이 탁한 먼지 가득한 현장안에서 작업을 진행했다. 작업 중에 움직임이 많아 평소보다 호흡량이 늘어 해로운 먼지를 청소기처럼 싹 다 빨아들인 듯하다. 다른 때보다 피로감의 정도도 심했다. 일요일 하루 쉰 것으로 폐 속 먼지와 함께 쌓인 피로를 날리기엔 역부족이었다. 마스크 꼭 끼고 일하라는 아내의 잔소리를 한 귀로 흘린 게 조금은 후회스럽다. 전날 기관지에 낀 먼지에 특효약이라 해서 먹은 삼겹살에 시원한 캔맥주 한 잔의 민간요법으론 어림없는 모양이다. 과학적으로 전혀 근거 없는 소리긴 하나 맛있게 즐기면 약이 될 거라는 기분상의 문제일 뿐이었다. 이럴 때 몸에서 당기는 영양만점 보양식 삼겹살도 별 소용없다는 걸 몸소 체험하고 나서야 마스크의 중요성을 깨달았다.

이제 누가 말하지 않아도 알아서 찾아 쓰며 습관화되었다.

  일하는 도중 짬을 내 먼지투성이의 현장을 벗어나 잠시 바깥바람을 쐰다. 답답했던 분진마스크도 벗어 던지고 크게 심호흡을 해본다. 들숨 날숨이 자유로우니 살 거 같다. 아직 이른 봄이라 바람은 조금 쌀쌀하지만 햇볕은 따스하다. 초봄의 따사로운 볕이 포근하게 몸을 감싼다. 사람도 식물처럼 광합성이 필요한 법이다. 커피를 한 잔 마시며 벤치에 앉아 해바라기를 한다. 미세먼지, 황사 가득한 하늘이래도 구름 한 점 없는 봄날은 야외활동 하는 데 최적의 조건을 가졌다. 서울 대도심 안에서 마실 수 있는 공기야 다 거기서 거기다. 일하는 현장 안의 공기보다 더 나쁠까. 바깥 미세먼지가 좋니 안 좋니 단편적이고 배부른 걱정 따위는 지워버린다. 난 지금 어느 청정지역보다 더 맑은 공기와 푸른 하늘 아래에 나와 있다. 잠시 맑은 하늘바라기가 되어 하늘을 보며 숨을 크게 들이쉰다. 짧은 휴식시간이 끝나간다.

epilogue

  2020년 봄은 작년 이맘때와 180도 다른 상황에 놓였다. 미세먼지, 황사 따위는 애교 수준이다. 이젠 그리도 쓰기 싫었던 마스크를 내 얼굴의 일부로 여기며 지낸다. 마스크라는 녀석도 습관이 되니 그럭저럭 익숙해져 쓸만하다. 더 더워지기 전에 이 난리가 잠잠해지려나 모르겠다. 끝날 때까진 끝난 게 아니기에 최소한의 방어막은 유지해야 한다. 꾸준한 마스크 착용이 감염병을 막는 데에도 도움이 되지만 휴대용 공기청정기 역할을 톡톡히 해준다. 잘 쓰고 작업하니 퇴근 후 샤워할 때 코를 풀면 콧속이 한결 깨끗하긴 하다. 내가 지금껏 들이쉰 공기는 다 뭐였던가. 그간 현장 내 먼지에 혹독하게 시달렸을 소중한 내 코와 목, 양쪽 폐에 미안한 마음 금할 길 없다.

내 꺼인 듯 내 꺼 아닌
내 꺼 같은 너

　　매주 월요일 저녁 퇴근길이면 참새가 방앗간을 그냥 지나치지 못하듯 꼭 들르는 곳이 있다. 한 주라도 사지 않으면 밀려오는 마음속 찝찝함은 구매를 더욱 부추긴다. 어느덧 대한민국 1%를 뺀 나머지 99% 서민들의 마지막 희망이라 불리며 토요일 저녁 8시 45분 TV 앞으로 모이게 하는 이것. 로또되시겠다. 추첨방송 시작과 동시에 누군가의 인생이 역전될 채비가 갖춰진다. 번호 적힌 색색의 공들이 원통 안을 맴돌며 엎치락뒤치락 나올 순간을 기다린다. 잠시 후 무작위로 간택된 각기 다른 여섯 개의 공들이 세상 밖으로 나와 어딘가에 있을 번호의 주인들에게 첫선을 보인다. 지금쯤 어느 지역 누군가는 기쁨의 환호성을 누군가는 아쉬움의 탄식을 내뱉고 있을 것이다. 서민 99%의 희비가 공 여섯 개에 의해 엇갈린다. 너무 싱겁고 허무하게 끝나버렸다. '한 번 더 하면 안 되나?' 싶은 마음이야 굴뚝같지만 대박의 기회는 일주일에 딱 한 번뿐이다. 그 기회는 누구에게나 공평하다. 안 됐으면 다음 주를 기다려 보는 수밖에 도리가 없다.

'그래 이번 주는 내가 아니었지만 다음 주의 행운은 나일 거야'

아쉬웠던 마음도 잠시, 그깟 거 가볍게 털어버리고 잊는다. 길었던 일주일 치의 기대감이지만 구겨버린 로또용지와 함께 쓰레기통으로 처박힌다. 어차피 아무에게나 오는 행운이 아닌 걸 알기에 포기 역시 빠르다. 800만분의 1 확률이라… 거의 기적에 가깝다. 100만 년 후쯤 차례가 오려나??

이탈리아어로 행운이라는 의미의 로또… 한때 로또광풍이라 불리던 때가 있었다. 발매 초기 몇 주씩 이월되어 쌓인 수백억 원의 거대 당첨금은 사람들의 폭발적인 관심을 일으키기에 충분했다. 모두들 1등 당첨금의 향방에 촉각을 곤두세웠다. 일면식도 없는 1등 당첨자에 대한 막연했던 부러움은 당첨자가 많이 탄생한 로또명당으로 발길을 향하게 하였다. 당첨이 되면 하고픈 희망사항들로 일주일간 나름 즐거운 상상의 나래를 펼치기도 했다. 정말 많은 사람들이 복권판매대 앞에서 자신들의 지갑을 열던 때였다. 로또로 전 재산을 날린 이들도 있었으니 이쯤 하면 사행심을 통해 이익을 얻으려는 도박과 다를 바 무엇이겠는가. 자기들 손에 쥐기 힘든 걸 알면서도 왜들 그리 난리법석이었는지 지금 생각해 봐도 우습기 그지없다. 벌써 십수 년 전 얘기다. 시간이 지나고 초기의 비정상적인 광풍을 넘어 건전한(?) 복권으로서의 역할로 충실히 자리 잡은 이때도 사행성 논란은 계속되고 있다.

도박과 유희와의 애매모호한 경계가 존재한다. 법적으로는 판돈의 액수에 따라 나눈다 하나 그건 그냥 사회적 규범일 뿐 그때그때 다르다. 그것을 하는 사람들끼리의 미묘한 경쟁심리와 금전적 손실에 대한 반응들에 따라서 그 경계가 나뉠 수 있지 않을까. 쉽게 말해 돈 잃고도 희희낙락할 수 있으면 유희요, 손가락의 안위가 왔다 갔다 하면 도박이란 얘기다. 로또 역시 그냥 재미의 차원을 넘어선 최대 구입 한도를 한꺼번에 구입해도 아깝지 않은 합법적 도박이 된 지 오래다. 적은 액수를 투자해 수천수만 배의 이윤을 남길 수 있는 합법적인 투자처가 로또 말고 어디 있겠나.

장밋빛 미래는 준비되어 있는 자를 위해 존재하고 갑작스러운 큰 행운 역시도 그 행운을 감당할 능력이 된 자에게 가야 한다고 말한다. 준비되지 않은 사람에게 주어진 일확천금이 독이 되어 패가망신했다는 소식을 우리는 매스컴을 통해 종종 접한다. 당첨되면 지금의 삶보다 더 불행해지는 것처럼 여러 전문가들이 얘기하기도 한다. 그런 말, 말… 내 주변의 지인들에게서 일어난 일도, 당첨된 사람을 실제 만난 일도 없으므로 확인된 바 전혀 없다. 제대로 당첨된 적도 없는 이들이 괜한 시기심에 부러움을 감추려 내세우는 성급한 일반화의 오류가 아닐까라는 생각도 든다. 남의 인생이 어찌 될지 자기네들이 어찌 안다고 왈가왈부하는지 이해할 수 없다. 갑자기 벼락부자가 되어도 난 저치들보다 더 알찬 삶을 살 수 있다 자신하니 일단 되고 나서 생각해도 늦지 않다. 일확천금으로 인해 인생 잘되고 안되고는 전적으로 개인의 처신에 관한 문제다.

  5등이라도 되어주길 바랬지만 이번 주도 여지없이 꽝이다. 일주일의 희망 가득 즐거웠던 꿈속을 벗어나 현실로 돌아왔다. 복권기금이 모여 좋은 곳에 쓰인다면 그걸로 충분하다. 살면서 요행만을 바라서도 안 되겠지만 준비하고 노력하는 이에게 1등 당첨보다 더 좋은 '기회'라는 선물이 기다릴 것도 믿어 의심치 않는다. 그렇게 꾸준함이 답이다. 로또든 현실의 삶이든…

epilogue

  간밤에 돼지꿈을 꾼 건 아니지만 늘 그렇듯 월요일 퇴근 후 복권판매점으로 향한다. 아무것도 하지 않으면 아무 일도 일어나지 않는다 했다. 밑져야 본전이란 열린 마음가짐으로 일단 행동에 옮겼다. 1등 당첨의 간절한 기도도 단돈 몇천 원어치라도 사놓고 해야 하는 거다. 내 것이 아니지만 늘 내 것이라 여기며 이번 주도 찐한 행운을 빌어본다.

이 또한 지나가리라

며칠, 아니 일주일 전부터 가슴이 두근거리고 괜한 불안감에 잘하던 일도 실수하며 도무지 집중할 수가 없다. 이건 뭐 학창 시절 줄빠따 맞기 전 순서 기다리며 잔뜩 쫀 학생이 된듯하다. 내일 드디어 몇 달 전부터 통지를 받아놓고 미루고 미루다 간신히 시간을 내 받으러 온 건강검진의 날이다. 40세 이상이 되면 국가에서 '당신의 건강상태가 어떤지 한번 살펴드릴게요' 하며 2년마다 무료로 건강검진을 시켜준단다. 참 감사한 일이긴 하다. 검진 때문에 굶고 있는 처량한 내 위 속도 시원하게 한번 들여다봐 주기도 하고 말이다. 정확한 검사를 위해 아예 속을 깨끗이 비우겠다는 일념하에 점심 이후부터 쭉 굶는 중이다. 저녁에 아내가 검진까지 시간이 좀 널널하니 조금이라도 먹는 게 어떠냐며 죽을 끓여준댔지만 왠지 환자식 같은 기분에 정중히 사양했다. 뱃속이 허기가 지지만 참을만하다. 실은 2년 전 검사 때 전날 저녁 먹은 게 소화가 덜 되어 제대로 위내시경을 못 봐 재검사 통보를 받았었다. 그래서 올해는 '실패 없이 한 번에'를 외치며 힘들지만 금식에 집중하기로 한 거다. 이날따라 딸내미들이 먹는 고기반찬에 괜한 짜증이 밀려온다. 정말 큰 병이 생겨 먹고 싶은 것도 못 먹게 된다면 그것만큼 불쌍하고 처량한 것도 없을듯싶다. 만에 하나 그런 일이 내게 닥친다면 '그냥 앓느니 죽지'라는 말을 하게 될지 누가 알겠나. 나는 현재 아니니까라는 안일함으로 그냥 무시해 버리기엔 이거 생각만 해도 끔찍한 고통 중 하나다.

드디어 배고팠던 긴 밤이 지나고 검진 당일 아침이 되었다. 잠시나마 진정됐던 불안감과 긴장감이 2~3배로 밀려들며 가슴이 쿵쾅거리기 시작한다. 가슴 졸이는 이 느낌이 싫어 2년에 한 번 하는 검진이 그닥 반갑지만은 않다. 혹시 검사했는데 이상이 있으면 어쩌지 하며 오만가지 생각이 머리속을 맴돈다. 몇 주 전부터 속이 쓰리고 답답했던 것이 뭔가 심상찮은 예감이 든다. 이런 옘병할 나 어떡해…

병원까지 10분 남짓 걷는 동안 별생각을 다 하며 발길을 재촉했다. 드디어 병원문 앞. 크게 심호흡을 내쉬며 스스로에게 말한다.

"이 또한 지나가리라", 그것도 아주 빨리…

이 격언을 새기고 용기 내어 병원문을 열고 들어선다. 번호표를 뽑고 접수처 앞에 줄을 섰다. 11월이라 이른 아침시간인 데도 많은 공단 검진인원이 몰려 병원 안이 도떼기시장이 따로 없다. 6.25 때 난리는 난리도 아니다. 내 차례가 되고 우리 가족 전담 주치의이신 노 원장님이 문진을 하신다. 혈압은 120에 80, 정상이고 몇 가지 질문을 끝으로 문진표를 들고 뷔페코스 돌듯 각 검사파트를 돌기 시작했다. 키와 몸무게는 한꺼번에 체크한다. 169에 65킬로, 남들 클 때 뭐했나 싶은 키에 매번 실망하지만 이 정도면 준수하다. 나이 들면 오히려 줄어든다 하지 않는가. 좌우 교정시력은 렌즈를 끼고 1.0, 1.0이 나온다. 워낙 고도근시여서 이 정도도 감지덕지다. 그나마 이 나이 되도록 노안이 안 온 게 다행이라면 다행이다. 매서운 청력은 작은 소리 하나 놓치지 않는 예민함의 결정체라 말할 수 있음이다. 그다음 채혈실로 가서 채혈을 하고 나니 간호사가 종이컵 하나를 준다. 표시된 곳까지 소변을 받아오란다. '이 정도쯤은 껌이지' 하며 화장실로 가니 뒤에 같이 종이컵을 받은 또 다른 사람도 따라 들어온다. 변기 앞에서 자세를 잡는다. 근데 이거 왜 안 나오지? 생각해 보니 집을 나서기 전 긴장되어 화장실을 다녀온 게 화근이었다. 그냥 여기서 쌀 걸 후회하며 한참 종이컵을 붙들고 섰다. 어이가 없어서 웃음만 난다. 더 웃긴 건 같이 들어온 남자도 나처럼 집에서 볼일을 보고 온 모양인지 자기 분량을 채우느라 무척 힘겨워하고 있다. 둘이 나란히 소변기 앞에서 애쓰는 모습이 가관이다. 내가 먼저 할당량을 채우고 의기양양하게 화장실을 나선다. 어설픈 승리감에 도취된 것도 잠시, 드디어 올 것이 왔다. 내시경실로 들어오라고 한다. 나 같은 경우는 수면내시경이 아닌 생짜로 이번이 세 번째다. 위내시경 하기 전의 심장이 쫄깃해지는 느낌은 나만 호들갑인가 싶을 정도로 신경이 곤두선다. 그깟 콩알만 한 용종 하나쯤이야 아무렇지도 않게 제거하는 담력을 가진 나이대가 아닌가. 그런 용감무쌍함을 갖춘 중년의 사내가 쫄아서 모양새가 말이 아니다. 간호사가 미리 채비를 해놓고 기다리고 있었다. "75년 손동일 님 맞으시죠" "네 맞습니다" '알면서 묻긴 왜 물어' 속으로 궁시렁거리며 세팅된 침대에 삐딱한 자세로 눕는다. 몇 번 해봤다고 척척 자세를 잡고 누우니 "네, 잘하셨어요"라며 간호사의 영혼 없는 칭찬이 이어진다. 드디어 담당 의사 선생님이 들어오셔서 이름을 다시 한번 확인하고 기다란 내시경을 입안으로 쑥 밀어 넣는다. 등 뒤에 앉아 어깨를 가볍게 붙잡고 있는 간호사가 "힘 빼시고 꿀꺽. 네, 잘하셨어요" 연거푸 칭찬 퍼레이드다. 뱃속에 뱀 한 마리가 들어가 대가리를 기분 나쁘게 상하좌우로 꿈틀대는 느낌이 든다. 연거푸 구토증이 나 웩웩거리는데 오늘따라 다른 해보다 오랜 시간을 뱃속에 머물고 있다. '뭐 이상 있나. 왜 이렇게 오랫동안 하고 있지?' 별의별 생각이 머릿속을 스쳐 간다. 1년 같은 1분이 지나가고 내시경이 몸 밖으로 빠지며 끝이 난다. 눈물이 쏙 빠지고 입안에 침이 한가득 고여 있다. 침대 옆 작은 세면대에서 가글을 하고 눈물도 닦고 뒷정리를 마치자마자 뒤도 안 돌아보고 방을 빠져나왔다. 이제 노 원장님께 결과 듣는 일만 남았다. 다른 때보다 시간이 오래 걸린 게 마음에 걸려 초조함이 배가 된다. "손동일 님, 2번 진료실로 들어오세요" 진료실 문을 여니 원장님의 표정이 밝으시다. 이거 느낌이 좋다. "세진이 아버님, 위는 깨끗하시고 이쪽에 위염이 있으시네요. 속이 좀 쓰리셨죠?" 깨끗하다는 말씀에 안도의 한숨이 쉬어진다. "다른 건 이상 없으시고 혈압이 가족력이 있다고 하셨으니까 지금은 정상이래도 혈압관리로 적어드릴게요" 다른 말씀은 귀에 안 들어오고 오직 깨끗하다는 말씀만 머리에 남는다. 원장님께 감사하다는 배꼽인사를 끝으로 병원일정이 마무리가 되었다.

'이 또한 지나가리라'

원래는 빛나는 승리의 영광도 지금 잠깐의 순간일 뿐이니 자만하지 말고 미래를 준비하라는 의미로 쓰인 말이다. 하지만 나에겐 이 괜한 불안감과 긴장감의 순간이 빨리 지나가 버렸으면 하는 바람의 주문일 뿐이었다. 어쨌든 지나갔고 결과 또한 만족스럽다.

40대를 정의할 때 《논어》에서는 불혹(不惑)이라 지칭한다. '세상일에 흔들리지 않는다'라는 의미다. 주변의 온갖 것들에 휘둘리고 밀려나도 꿋꿋이 버티며 이 힘든 시기를 살아가고 있는 세대들이다.

밑으로는 젊은 친구들에게, 위로는 자신보다 직급 높은 상사들에게 이리 치이고 저리 치여도 넘어지지 않는 오뚜기 같은 존재…

그렇게 술기운에 자기 자신을 소개하던 한 친구의 말을 가볍게 웃어넘길 수만은 없다. 세상일에 흔들리지 않는다는 것은 세상의 모든 일에 대하여 시비분변(是非分辨)을 할 수 있고 감정 또한 적절하게 절제할 수 있는 것이라 공자께서 직접 말씀하셨다. 그러나 요즘은 조금 의미를 달리 해석해도 옳을듯하다. 공자께서 자신의 입장과 그 당시 시대적 상황에서 쓰신 이 말이 현대에서도 꼭 통한다는 생각이 들지 않는 건 나만의 견해일지도 모른다. 지금의 40대들은 아이처럼 저런 자잘한 일들에 불안해하고 긴장하는 미숙함을 가졌다. 넘쳐나는 유혹에 언제든 넘어갈 수 있는 어리석음도 가졌다. 겉으론 강한 것 같지만 더 큰 힘에 충분히 꺾어질 수 있는 연약함 또한 가지고 있다.

난 오늘 이 별것 아닌 것에 불안해하고 걱정했으며 큰일이라도 난 거마냥 혼자서 법석을 떤 철없는 불혹이었다. 창피하지만 다른 40대들도 분명 나 같았을 것이라는 믿음으로 위안을 삼을까 한다.

진짜 이거 안 하면 안 될까나? 나이가 들 만큼 들었어도 병원 가는 건 정말 싫다. 아니 너무 무섭다. 언제쯤 용기 충만, 겁대가리 상실의 경지에 이를 수 있을지…

2

드라마 〈도깨비〉 속 명대사

공유(도깨비): 18번 문제 4로 알려줬는데 2 그대로 적었더라.

소년: 전 아무리 풀어도 2더라구요. 답을 알아도 여전히요. 그래서 차마 못 적었어요. 그건 제가 못 푸는 문제였거든요.

공유(도깨비): 아니 넌 아주 잘 풀었다. 너의 삶은 너의 선택만이 정답이다.

소년: 아~ 그런 문제였구나…

공유(도깨비): 난 수천의 사람들에게 샌드위치를 건넸다. 허나 그대처럼 나아간 이는 드물다. 보통의 사람은 그 기적의 순간에 멈춰서서 한 번 더 도와달라고 하지. 당신(신)이 있는 걸 다 안다고 마치 기적을 맡겨놓은 것처럼… 그대 삶은 그대 스스로 바꿔놓은 것이다. 그러한 이유로 그대를 항상 응원했던 것이다.

아무런 희망과 의미를 찾기 어려운 캄캄한 마음속 망망대해를 헤맵니다. 한 치 앞도 보이지 않는 암흑의 순간 저 멀리 바닷길을 비추는 한 줄기 희망의 등대 불빛을 만납니다. 희망의 등대처럼 우리들도 어려운 순간 기적처럼 나타나 줄 도깨비의 존재를 간절히 바랄 때가 있지 않을까요.

없다는 걸 알면서도 말이죠…

솔로타임 in 헤이리 1

∙∙   바깥은 7월의 한여름. 밤새 튼 에어컨 냉기에 취해 머리가 띵하다. 전날 밤 귀가 후부터 틀어놓은 에어컨 온도를 너무 낮춰놓았다. "관리비 용지 나오면 마눌님 잔소리 엄청 하겠네" 혼잣말을 중얼거리며 시계를 본다. 아침 6시가 조금 넘었다. 일요일인데도 오늘따라 일찍 눈이 떠졌다. 여름이라 낮이 밤보다 훨씬 길어 6시 조금 넘은 시간인데도 해는 벌써 중천이다. 일요일이면 늦잠 자는 낙으로 사는 나. 잠은 다 잤다. 까실까실한 감촉의 이불 속에서 스마트폰으로 심심풀이 웹서핑을 하며 오랜만에 찾아온 여유를 누려본다.

그제 금요일부터 식구들 없이 집에 나 혼자뿐이다. 며칠간 홀로 잠자고 일어나고 밥 챙겨 먹고 출근하고 온전한 솔로타임을 맞이했다. 아내와 딸들은 지금 순천집에 내려가 있다. 아빠만 홀로 두고 아내와 아이들이 여행이나 시댁, 친정집에 가 있으면 최고의 해방감을 맛볼 수 있으리라는 우스갯소리를 한다. 전날 오랜만에 술을 곁들인 친목모임도 가지며 아내의 폭풍 잔소리 없는 즐거운 일탈을 보냈으나 해방감은 딱 이 아침까지인 거 같다. 장발에 멋지게 생긴 이 꽃중년 아재는 선천적 습성이 가정적인 존재임을 재차 확인하게 된다. 가족 단위 한 무리의 리더로서 암컷과 새끼들을 위해 먹이를 사냥하고 그들을 지키기에 여념이 없는 한 마리의 늑대…

평생 한 마리의 암컷과 새끼들에게만 사랑을 주는 야생 늑대의 습성을 지닌 남자라는 사실을 말이다. 지켜야 할 사랑하는 암컷과 새끼들이 없어져 버린 수컷 늑대는 삶의 의욕을 잃고 시름시름 앓다가 쓸쓸히 홀로 죽음을 맞는다고 한다. 그 정도는 아니지만 가족들이 옆에 없으니 더운 날임에도 가슴속 한구석이 시려온다. 하지만 이 늑대형 남자는 전날 많이 외롭긴 했으나 다행히 별 탈 없는 아침을 맞이했다.

일요일 아침 침대에서 부스스 화장기없는 얼굴로 아침을 함께하는 아내도 없다. 여유로운 늦잠을 자고 눈을 비비며 안방으로 쪼르르 달려오는 아이들 소리조차 없다. 이 적막함이 전혀 적응이 안 된다.

'오늘 아니면 언제 이렇게 혼자만의 시간을 가져보겠어'

이내 마음을 다잡아보지만 혼자 있음이 어색한 건 매한가지다.

그래도 홀로 고독함을 즐길 이 순간의 소중함이 급 커지며 세상 모든 유부남들이 흘려봤다던 악어의 눈물은 슬며시 걷힌다.

오후에 아내와 아이들을 픽업하러 광명역에 가야 하니 시간이 얼마 남지 않았다. 어젯밤 자기 전 생각했던 걸 실천하려 이불을 박차고 일어난다. 파주 헤이리마을에서 혼자만의 시간을 즐기기로 했던 걸 잊을뻔했다. 시리얼로 대충 아침을 때우고 채비를 마친 후 현관을 나선다. 운전석에 앉아 키를 돌려 시동을 걸었다. 그르렁거리며 걸리는 디젤엔진의 시동소리가 경쾌하다. 1분가량 예열을 겸한 간단한 차량점검을 마치고 천천히 주차장을 나선다. 송풍구의 에어컨 바람이 습한 여름철 차 안 공기에 보송보송한 쾌적함을 선사한다. 휴일 이른 시간의 자유로는 한가로움 그 자체다. 내비게이션도 켜지 않고 달린다. 몇 년 전 파주 쪽에 큰 공사가 있어서 이곳을 타고 6개월 넘게 출퇴근 도장을 찍었었다. 파주 쪽 지리는 내 손바닥이나 마찬가지다. 오늘은 업무와 상관없는 나를 위한 전용도로가 되어주었다. 카 오디오에서 흐르는 강렬한 메탈음악이 고속으로 달리는 이 순간과 찰떡궁합이다. 흔들고 싶어 목덜미가 간질간질하지만 안전운전을 위해 거친 헤드뱅잉은 자제했다. 출발 후 한 시간가량을 달리다 자유로를 빠져나와 5분 남짓, 저 멀리 헤이리마을 입구가 눈앞에 보인다. 입구에서 보이는 독특하고 세련된 건축물들과 그에 어울리는 자연스러운 조경이 빼어난 풍광을 자랑한다.

'역시 올 때마다 느끼지만 예술가들의 마을이라 뭔가 틀리긴 하구만'

일단 1차원적인 감상평을 내놓는다. 가족과의 방문이 몇 번 있었지만 아이들을 위한 방문목적이 더 컸다. 난생처음 나 홀로 방문에 앞서 어린애처럼 마냥 설렌다. 젊은 커플이 꽁냥꽁냥 다정하게 내 옆을 스쳐 지나지만 지금은 혼자 온 내가 더 폼 나 보인다. 푸하하하.

원래는 전부터 꼭 가보고 싶었던 음악감상실 '카메라타'를 가려는 게 방문의 주목적이었다. 유명한 방송인이셨던 황인용 씨가 운영하는 카페 형식의 감상실이다. 아직 오픈하려면 시간이 남아 있으니 다른 곳을 돌며 홀로 힐링을 위한 킬링타임을 즐겨보련다. 적당한 곳에 차를 세워놓고 간단히 코스를 정하여 헤이리의 곳곳을 누빈다. 오전이라 아직 바람이 덥지 않고 시원하다. 이어폰을 끼고 음악을 들으며 산책을 즐긴다. 마주치는 특이한 건축물들과 길가에 놓인 각종 조형물들을 두 눈에 담아 머릿속에 차곡차곡 그 이미지들을 정리해 놓는다. 개인적으로 사진 찍는 걸 그리 좋아하지 않아서일까, 남들처럼 스마트폰을 꺼내 인증샷을 남기는 게 익숙지 않다. 건축을 전공한 사람이 맞나 싶지만 지금은 이 멋들어진 풍경 안에 와 있는 것만으로도 그저 좋을 뿐이다. 그래도 이 공간과 시간 안에 있다는 존재의 증거사진은 몇 장 남길까 해서 폰을 꺼내 눈앞의 풍경을 앵글에 담아본다. 빨간색 올드카 옆에 오래된 물건들과 간판으로 장식된 가게 앞에 멈추어 서서 옛 기억을 꺼낸다. 지금의 아이들에게는 다소 낯선 물건들일 게다. 초등학교 앞 문방구를 축소해 놓은 세트에 각종 오래된 학용품들, 장난감, 불량식품들이 전시되어 있다. 아직도 보관상태가 양호한 걸 보니 애장품에 대한 주인장의 정성 어린 관리가 엿보인다. 조그마한 개인박물관과 공방들에 시선이 멈춘다. 들어가 볼까 말까 고민하다가 이내 발걸음을 옮긴다. 조금씩 더워지며 얼굴에 땀이 맺히기 시작했다. 잠시 그늘진 벤치에 앉아 가져온 생수 한 모금으로 갈증을 식힌다. 아직 이른 시간, 사람들의 발길이 뜸해서인지 거리가 한산하다. 오롯이 혼자만의 공간이 된듯해 마냥 여유롭다.

2편에서 계속…

솔로타임 in 헤이리 2

　　　　　'카메라타'로 가기 위한 발걸음을 재촉한다. 헤이리가 생각보다 넓은 곳이었다. 차를 그 앞에다 주차해 놓고 돌아다닐걸 하는 후회가 밀려온다. 점점 더워진다. 오래간만에 쐬는 기분 좋은 콧바람이지만 여름 땡볕에 맞서는 이 객기는 뭔가 싶다.

　몇 분이나 더 걸었을까, 저 멀리 육면체 노출콘크리트 외관의 건축물이 눈앞에 나타난다. 오늘의 목적지인 '카메라타'다. '작은방'이라는 의미의 이탈리아어라고 한다. 16세기 말 예술가 모임에서 따온 말로 클래식 음악을 좋아하는 이들을 위한 공간을 만들고픈 이곳 주인의 취향을 반영했으리라 추측한다.

　출입구의 인위적으로 녹을 입힌 코르텐강 철문의 육중함이 낯설지 않다. 인테리어 금속 일을 하다 보니 자연스레 각종 금속자재들에 시선이 간다. 뭐 눈에는 뭐만 보인다고 어딜 가든 습관적으로 두 눈은 둘러보고 손으로는 두드려 보게 된다. 이곳도 예외가 아니었다. 외벽에 '카메라타 음악실'이라 분필로 쓴 손글씨가 정겹다. 묵직한 손잡이의 문을 열고 들어가니 사진으로만 보던 높은 천장고의 아틀리에가 모습을 드러냈다. 아직 이른 시간이라 손님이 몇 테이블 없다. 카운터 앞자리에 낯익은 노신사가 커피를 마시며 책을 읽고 계신다. 이곳 주인인 황인용 씨다. 뒤를 돌아 날 쳐다보시더니 "먼 곳까지 다 와주시고 감사해요"라며 반갑게 맞아주신다.

"안녕하세요. 세월이 많이 지났는데 예전 방송하실 때랑 변한 거 없이 여전하시네요"

아직껏 변함없는 중후한 목소리와 인자한 외모가 방송에서 보던 모습 그대로다.

"하하, 알아봐 줘서 고마워요. 예술 하는 분이신가, 나이가 어떻게…"

"저도 선생님이 광고하시던 머리표 아이템플로 공부했던 94학번 중년입니다"

이 대답에 크게 웃으며 좋아하신다. 자신의 옛 시절을 공감하는 세대라는 게 반가우셨나 보다. 이분의 TV와 라디오방송을 보고 듣고 자란 나와 비슷한 세대들은 다 알 것이다. 이분이 그 방면에선 얼마만큼 영향력 있는 방송인이셨는지 말이다. 그 후로 몇 마디 더 간단한 대화를 나누었다. 방송에 나온 유명인과 이렇게 허물없는 대화를 할 수 있는 기회가 어디 흔하겠는가. 감히 악수와 사진 요청까지는 못 하겠다. 얼른 차를 주문하고 스피커가 가까운 테이블로 자리를 잡았다. 테이블 위 조그만 연필깎이, 메모지 뭉치, 조약돌에 끈으로 묶어놓은 몽당연필이 이채롭다. 신청곡을 적을 수 있는 간단한 도구들이다. 쪽지에 신청곡을 적어 DJ부스에 놓인 바구니에 넣으면 신청 완료. 필자는 클래식이라면 비발디의 〈사계〉, 베토벤의 〈운명〉 정도밖에 모르는 문외한이다. 새끼손가락만 한 몽당연필을 한 손에 쥐고 메모지만 한참 바라보며 고민한다. 팝이나 록음악이면 모를까 적을만한 신청곡이 아예 떠오르지 않는다. 책이나 읽으며 우아하게 티타임을 즐기기로 한다. 주문한 캐모마일 차와 함께 무한 제공되는 머핀이 정말 일품이다. 있는 내내 카운터에 머핀을 가지러 몇 번이나 들락거렸는지 모르겠다. 머핀 한입에 차를 홀짝거리며 바닥부터 천장까지 내부구조들을 재빨리 스캔한다. 마감 하나하나 음악을 좋아하는 주인의 손길이 닿지 않은 곳이 없을 정도로 정갈하고 깔끔한 분위기를 자아낸다. 다소 딱딱하고 차가운 느낌이 드는 노출콘크리트의 회색빛이 클래식 음악과 어우러져 의외의 조합을 연출한다. 가끔 전문연주자들을 초청해 작은 콘서트를 열기도 한단다. 이 투박한 직육면체의 건축물은 음악감상실의 역할에 충실하다. 그 목적을 위해 만들어졌다. 이곳 건축주의 의도대로 건축가가 만들어 낼 수 있는 최고의 효율과 가치를 부여했다. 음악에 관심이 많은 나에게 각종 음향장비들 역시 눈길을 사로잡는다. 브랜드는 알 수 없지만 고가의 거대한 스피커들이 테이블들을 향해 전면배치 되어 아름다운 선율로 공간을 채운다. 바구니에 담긴 쪽지 속 신청곡들을 직접 틀어주는 디제잉도 함께 하고 계셨다. 한쪽 DJ부스 쪽에 각종 음향장비와 주인장께서 직접 모으셨다는 1만 장이 넘는 클래식 LP와 각종 CD 등의 음반들이 가득하다. 이 클래식 음반 컬렉션들을 수십 년에 걸쳐 사비를 들여 모으셨단다. 대단하단 말에 앞서 존경심마저 든다. 예전에 오디오 잡지의 발행인이기도 하셨다니 음악에 대한 열정과 지식은 타의 추종을 불허하시리라. 나이가 들어도 사그라들지 않는 마니아적인 열정은 세월의 무게를 누를 수 있는 강한 힘이 아닐까. 이분의 삶과 같을 수야 없겠지만 '비슷하게나마 이루고 싶다'라는 바람을 마음속에 담는다. 이분처럼 좋아하는 일을 즐기며 좋은 이들과 공통된 취미를 함께 공유할 수 있는 소박한 공간을 갖고 싶다. 그곳이 작은 카페든 공방이든 허름한 창고라도 상관없다. 이곳 헤이리에 터를 잡고 나만의 아지트를 꾸미 인생 2막을 열면 어떨까 하는 생각도 들었다. 여기 헤이리는 개인이 운영하는 카페나 모은 소장품을 전시하거나 판매하는 숍들이 참 많다. 공방처럼 운영하며 다양한 체험도 할 수 있는 곳이기도 하다. 이곳이 언제부터 취미가, 예술가들의 집합촌이 되었는지는 잘 모른다. 좋아하는 일을 하며 경제활동까지 가능하다면 그보다 더 좋을 수는 없을 것이다. 여기는 그런 이들이 모여 있는 마을이다. 부러우면 지는 거라지만 알 수 없는 패배감이 남는 건 뭔가 싶다.

  테이블에 앉아 이런저런 상상의 나래를 펴며 미소 짓는다. 이 장소와의 짧은 만남이 많은 아쉬움으로 기억될 듯하다.

  두어 시간 앉아 있으니 엉덩이가 들썩이며 좀이 쑤시기 시작한다. 오픈한 지 한 시간도 안 지난 시점에 이미 가게 안은 만석이 될 정도로 성황이었다. 혼자 4인 테이블을 차지하고 있는 것도 조금 눈치가 보인다. 점심은 집에 가서 먹어야겠다. 좋은 기억 몇 가지와 부러운 마음을 안고 가게문을 나선다. 주차장까지 가는 길에 왔던 길이 아닌 다른 길로 돌아가 보았다. 또 다른 매력의 가게들과 전시장들이 시선을 사로잡는다. 다 들어가 보고 싶은 마음이야 굴뚝같지만 시간이 허락되지 않아 훗날을 기약한다.

  이곳이 거리상 멀고 몇몇 볼만한 전시장 같은 곳은 입장료가 비싼 편이다. 먹거리를 위한 가게들의 가격대도 높은 편이다. 그에 반해 무료로 개방되어 있는 곳들도 많고 사진찍기 예쁜 장소들도 많아 인생숏들을 남길 수 있어 데이트 코스로 그만이다. 물론 혼자만의 시간을 즐기기에도 더할 나위 없기에 심심한 솔로들에게도 강력 추천해 본다.

  다음번엔 가족들과 제대로 된 헤이리 투어를 기대하며 See you again 헤이리…!!!

                                          - 2017년 7월의 끝자락에 헤이리에서

3

　　열심히 일하는 세상 모든 직장인들에게 삼시세끼의 중요함을 말해 무엇 하리요. 한 끼 한 끼 대충대충 때우고 넘길 순 없다. 그중 점심은 직장인들의 큰 낙이자 소심한 고민거리 중 하나다. 전날 먹었던 것과 겹치지 않아야 하며 함께 식사할 상사와 부하직원들 간의 세대를 아우르는 입맛과 취향도 고려해야 한다.

　매번 시답잖은 걸로 고민 아닌 고민을 하게 되는 나 역시도 마찬가지다. 타이트한 경비와 암암리에 정해진 밥값상한선도 신경 써야 하니 단순한 문제가 아니다. 하지만 백날 고민했다 쳐도 만만한 찌개 종류 아니면 순댓국, 해장국집으로 발길을 돌릴 건 뻔하다.

　여느 날처럼 바쁜 오전일과가 지나고 기다리던 점심시간이 왔다.

오늘은 어제와는 색다른 특별메뉴를 선정해 보았다. 큰맘 먹고 현장 근처 복어집으로 발걸음을 옮겼다. 필자는 그닥 탕 종류를 즐기는 편이 아니라서 썩 내키진 않았으나 팀원 다수의 열화와 같은 요청이었다. 못 이기는 척 따라 들어간 복어집 안은 주변 회사원들로 북적인다. 복매운탕이냐 지리냐 편이 갈려 반반 두 테이블에 나눠 앉는다. 난 매운 음식에 쥐약이므로 지리 쪽 테이블에 앉았다. 1인분에 12,000원이면 평범한 노동자의 점심 밥값치곤 사악하기 그지없다. 그래도 한 번쯤은 어떠랴. 열심히 일해 본전 뽑아주면 되는 것 돈 걱정일랑 과감히 떨치고 우선 먹고 보는 거다. 본메뉴인 복지리가 상에 오르고 팔팔 끓는 국물을 한 숟갈 입에 넣는다. 오! 생각보다 괜찮은 맛이다. 복어요리 시식경험이 몇 번 없어 손에 꼽긴 하나 가게의 허름한 외관과 달리 맛이 고급진 건 분명하다. 입이 데일 정도로 뜨거우면서도 시원하다 느끼는 이 기형적이고 비정상적인 혀의 감각이 아이러니하다. 깔끔, 담백, 시원함이 공존하는 맛을 제대로 느끼며 밥 한 공기를 뚝딱 비운다. 늘 들던 밥값에서 한참을 오버했으니 오후에는 더 빡세게 일하자는 농담과 함께 짧은 점심시간의 아쉬움을 종이컵 믹스커피 한 잔으로 달랜다.

epilogue

현장으로 들어오는 길 생뚱맞은 궁금증이 갑자기 떠오른다.

아시다시피 복어의 독, 테트로도톡신은 소량 섭취만으로도 치명적인 맹독 중의 맹독이다.

'도대체 이 위험하고 먹잘 것 없어 뵈는 복어를 요리해 먹으려고 처음 마음먹었던 놈은 누굴까?'

'몸에 아무 이상 없이 단번에 성공하긴 한 걸까?'

이 글을 읽는 여러분들도 궁금하지 않으신가. 우리는 개발된 레시피대로 요리된 복어를 사 먹기만 하면 되기에 세세한 유래까지 파고들 필요는 없을듯하다. 그저 약은 약사에게 진료는 의사에게 복어요리는 해당 전문가에게 맡기는 걸로.

멋모르고 복어 취식에 성공하려 죽음도 불사했던 이름 모를 호사가들에게 경의를 표한다…

그래서 다행이지 말입니다

∙∙ '다행찾기'… TV 연예프로에서 한 중견배우의 인터뷰에 나왔던 이 단어가 낯설지 않다. 오래전, 20년도 더 넘은 시간을 거슬러 올라 짧은 머리의 군인 아저씨가 되어 그 기억을 되짚는다. 군대 시절 소소한 기억 중 하나로 인상 깊게 남아 있던 '다행찾기'.

같은 소대 고참의 관물대에 적혀 있던 짧은 글이었다. 그 말이 아직껏 내 머릿속에 강렬하게 남았던 건 고참이 말했던 다행찾기 놀이에 담긴 긍정의 힘이었다. 타고난 낙천적인 성격에 마음 씀이 넓은 그를 싫어하는 고참이나 후임은 없었다. 나에게도 믿고 따르는 좋은 고참들 중 한 사람이었으니까. 관물대에 적힌 '다행찾기'의 뜻을 묻는 내게 그는 이렇게 얘기해 주었다.

"내 주변 모든 상황에서 다행찾기를 할 수 있어. 예를 들면 우리가 오늘 사격장에서 종일 구르고 열라 빽이쳤잖아. 근데 어쨌든 무사히 사격 끝나고 복귀해 내무반에서 노가리 까며 총 닦고 있는 게 얼마나 다행이냐. 거창하게 설명할 것도 없어. 별거 아니지? 내가 가장 좋아하는 말이다"

고거 참… 거창하면서도 별거 아닌 게 아니다. 백번 옳은 말이다. 낙천적이고 밝은 면만 보는 이에게 세상은 자신에게 보이는 그대로의 모습으로 다가온다 했다. 내가 그런 성격이 아니어서일까, 조금은 낯선 신선함으로 훅 와닿는다. 난 군 생활 내내 다행찾기와는 거리가 먼 시기를 보냈다. 뒤늦은 사춘기가 또 한 번 찾아왔던 걸까. 어쨌든 별 탈 없이 건강하게 전역하고 지금에 이르러 참 다행이다. 그렇게 군대에 있을 동안의 다행찾기 중 하나는 찾았다.

생각난 김에 하루 동안 내 주변에서 일어나고 머릿속에 떠오르는 것들에 대해 하나씩 '다행찾기 놀이'라는 걸 해본다. 찾다 보니 생각 외로 많다. 쳇바퀴 같은 미니멀한 일상이라 여겼던 나의 하루가 특별하게 다가온다. 소소한 일상 하나하나가 정말 소중해지고 감사함을 더하게 된다.

알람소리를 5분 놓쳤지만 늦지 않게 기상해서 출근할 수 있어서 다행이고, 가족들을 깨우지 않게 뽀뽀를 해주고 현관문을 닫을 수 있어 다행이고, 아침에 먹는 인스턴트커피와 아몬드가 많진 않지만 일주일 치는 남아 있어 다행이고, 출근할 때 차가 조금 밀리긴 했지만 남들보다 일찍 도착해 커피 한 잔의 여유를 즐길 수 있어서 다행이고, 지금 하는 일이 딴생각할 겨를없이 바쁘고 힘들어도 나를 필요로 하는 곳이 많아 일을 계속해 나갈 수 있어 다행이고, 점심에 먹은 순댓국이 값은 좀 비쌌지만 다른 곳보다 푸짐하고 맛있어서 다행이고, 하루일과를 안전하게 무사히 마치고 집으로 돌아와 다행이고, 퇴근이 늦어져 지하주차장에 자리가 없지만 지상에는 자리가 널널해서 다행이고, 비록 많은 돈은 아니지만 일한 만큼 제때에 월급이 따박따박 들어와 줘서 다행이고, 자주 볼 수는 없어도 언제든 연락하고 가면 반갑게 맞아주는 좋은 친구들이 있어 다행이고, 친한 친구들 모두 주량은 엄청난데 담배들은 피우지 않아서 다행이고, 모두들 모난 데 없이 성격들이 좋아서 다행이고, 자주 가는 빵집엔 내가 좋아하는 빵이 다 떨어졌지만 아내와 딸들이 좋아하는 빵은 아직 남아 있어 다행이고, 조금 쓸데없어 보일 뭔가에 관심이 많고 호기심이 많아서 다행이고, 좋은 차는 아니지만 내 차로 자유로이 어디든 갈 수 있어 다행이고, 나가기 싫은 산책이었지만 날씨도 좋고 바람도 선선해서 다행이고, 소유한 LP판이 몇십 장 안 되지만 나름 명반이라 불리는 것들이 많아 다행이고, 실수로 핸드폰을 떨어트렸는데 고장 난 곳이 없어 다행이고, 책이 너무 많아 집이 좁아지긴 했지만 언제든 책을 집어 들고 읽을 수 있는 환경이어서 다행이고, 쓰던 물건이 고장 났는데 쉽게 고칠 수 있어 다행이고, 오래도록 자전거 주차장에 묶어둔 내 자전거가 도둑맞지 않아서 다행이고, 구석에 세워둔 기타가 한동안 제대로 관리가 안

됐지만 소리가 변하지 않아서 다행이고, 아이들이 시끄럽게 뛰지만 아래층 할머니가 층간소음에 민감하지 않아 다행이고, 내 응가에 욕실 변기가 꽉 막혔지만 생활의 지혜로 쉽게 뚫어서 다행이고, 세탁기에 빨래를 널다가 꼬불쳐 둔 만 원짜리 한 장을 뒷주머니에서 발견해 다행이고, 딸들과 주사위게임을 했는데 간발의 차이로 져서 다행이고, 별 기대 않고 다운받은 영화가 재밌어서 다행이고, 지나가다 우연히 들른 커피전문점의 커피가 생각보다 향긋하고 맛나서 다행이고, 베란다에 있는 화분들이 시들지 않고 잘 자라주어서 다행이고, 비록 넉넉하고 크진 않지만 나와 내 가족의 보금자리가 있어서 다행이고, 내 몸이 아프지 않고 건강해서 다행이고, 부모님들 가족들 주변 친구들 모두 건강해서 다행이고, 삼 형제들 중 가장 키가 작지만 나름 잘생기고 멋져서 다행이고, 우리 손씨 집안 아이들 모두 이쁘고 밝고 명랑하고 사랑스러워 다행이고, …!!!

하루도 안 된 시간 동안 찾아낸 '다행찾기 놀이'의 많은 결과물이 놀랍기만 하다. 예상보다 끝없이 이어지는 다행 퍼레이드에 마음이 한결 여유롭고 행복해진다. 아버지께서 말씀하셨던 긍정의 삶, 그 한 면에 이런 다행이어서 좋다는 말이 깔려 있지 않았을까. 생각해 보면 우리 주변에 무심히 지나쳐 버리는 한결같은 일상이 다행으로 가득 담긴듯하다. 애써 찾지 않으니 발견하지 못할 뿐이다.

- 2019년 가을 어느 날…

그해 1994년
그리고 여름

• • 역대 최강 폭염과 건국 이래 최악의 사건 사고들이 즐비했던 1994년. 당시의 핫이슈들과 그 뜨거웠던 94년 여름날의 기억을 더듬는다.

갑작스레 무너지고 깨지고 예기치 않게 일어난 그때의 사건들은 멀쩡했던 모두의 멘탈을 무너뜨리기에 충분했다. 동시에 오랜 시간 안일함과 타성에 젖어 있던 우리에게 경각심과 교훈만을 남긴 채 현대역사의 한 페이지로 기록된다.

지금 생각해도 유독 별스러운 한해였다. 천년만년 권력의 정점을 누릴 것 같던 38선 너머 독재자의 사망소식은 가히 충격에 가까웠다. 40여 년 전 가까스로 멈춰 선 남북전쟁의 또 다른 서막을 열듯한 불안감이 전국을 뒤덮었다. 여름이 지나 가을께 성수대교의 붕

괴가 가져온 사회적 파장 또한 만만치 않았다. 부실시공과 각종 비리의 온상으로 밝혀지며 쌓아온 신뢰도 함께 다리 밑으로 무너졌다. 기상관측 이래 87년 만에 처음이라 칭하는 역대급 더위는 기존 열대야 지속일수의 기록을 손쉽게 갈아치웠다.

  동시대의 시간터널을 지나왔다. 내 군 시절 때와는 동떨어진 사건이라 피부에 와닿지 않았다. 한강다리 한번 건널 일 없던 지방 소도시학생의 눈에 비친 TV 화면 속 사고소식도 금세 잊혀져 버렸다. 세상 다 아는 기록적인 폭염의 기억도 선명히 떠오르지 않는다. 여름 날씨를 언급하며 1994년 이후 최고의 폭염이라는 수식어를 붙일 때 "아, 그땐 그랬었지"라는 다소 무덤덤한 체감을 얘기할 뿐이다.

  그해 필자는 94학번 대학 새내기였고 첫 여름방학을 맞았다. 방학 동안 영어공부나 학과공부, 그도 아니면 아르바이트라도 해보려는 계획 따윈 없었다. 그저 친한 친구들과 같이 디자인학원 등록을 핑계로 밖에서 노닥거리기 여념 없던 철없는 스무 살이었다. 학원 수업을 마치고 역 앞 순천 1호 편의점의 시원한 에어컨 아래 차디찬 슬러시를 마시며 희희덕거리던 우리들. 그때 편의점 안에 울려 퍼지던 '마로니에'의 〈칵테일 사랑〉 가사와 멜로디만은 선명하게 기억된다. 늘 그렇듯 해마다 반복되는 무더위 정도로 여기며 빨리 지나가 버리기만 무심히 바랄 뿐이었다.

  역대급 더위와 온 나라를 떠들썩하게 한 굵직한 사건들은 아련한 기억 속 한 장면들로만 남았다. 어느덧 시간은 흘러 2018년의 여름을 맞이했다. 여름은 여름답게 더워야 제맛이래도 삼복이란 세 고개의 험난함은 고난, 고통, 역경, 시련… 그 자체다. 남태평양 고기압이 선사하는 고온다습의 찜통더위는 몸과 정신을 밑바닥까지 처지게 만든다. 그리고 난 1994년 이후 최고라 일컫는 2018년의 여름 안에서 변함없는 공사 일정을 마무리해 가는 중이다. 올여름은 호텔 신축 현장 속에서 이 더위를 맞이했다. 건물 전 층 객실 내부가 우리 팀이 담당한 구역이다. 오늘 하루만 해도 수없이 찬물을 들이켰다. 더운 와중에 물배만 차올라 와 있던 입맛까지 뚝 떨어진다. 움직일 때마다 뱃속에서 꿀렁꿀렁 요동치는 물소리에 탈이라도 나지 않을까 걱정이다. 격한 움직임 속에 먹는 것 또한 부실해지니 얼굴도 핼쑥해졌다. 작업복은 시작부터 땀으로 흥건해 세탁기에서 탈수 안 한 옷을 곧바로 꺼내 입은 듯 축축하다. 다년간 현장 일에 몸담으며 올해처럼 더위에 지쳐 수시로 바닥에 주저앉아 땀을 훔치던 적은 없었다. 더위도 나이와 비례해 체감 정도가 달라지는 것일까. 여름나기가 조금씩 버거워져만 간다. 올해는 특히나 더하다. 바람도 잘 통하지 않는 실내에 각종 공구들과 작업자들의 열기가 높은 습도와 뒤엉켜 열 피로는 배가 된다. 퇴근 후 숙소에 달린 최신형 에어컨마저 열대야의 열기를 식히기엔 역부족이다.

  우리들 일은 날씨의 영향을 많이 받는 편이다. 실내 작업이 주가 되기에 날씨로 인해 여느 공정들처럼 일을 쉬어야 한다는 얘기가 아니다. 다만 날씨에 따라 그날의 작업 컨디션이 좌우되는 면이 크다. 무더위와 강추위라는 극단적 환경이 공존하는 사계절의 대한민국이기에 더욱더 그렇다.

낙관적으로 생각해 왔다. 땀에 젖은 옷이야 세탁하면 그만이고 피곤에 지친 몸이야 잘 먹고 쉬면서 추스르면 되니까. 하지만 과한 무더위에 몸의 한계는 찾아오기 마련이다. 그 핑곗거리를 점점 떨어지는 체력과 나이에서 찾게 되는 건 또래 중년 아재들과 별반 다르지 않다. 아직은 아니라 우기지만 몸에 좋다는 영양제와 보양식에 관심을 갖고 운동의 필요성을 절실히 깨닫는 날이 머지않았음을 느낀다. 지금이 그때일 수도…

이참에 아내에게 홍삼이나 한 박스 주문해 달라 할까 봐.

- 2018년의 여름 안에서…

epilogue

이순신 장군께서는 말씀하셨다.

"필사즉생(必死則生) 필생즉사(必生則死), 죽기를 각오하면 살 것이고 살고자 한다면 죽을 것이다"라고.

속을 들여다보면 이 말 역시 강한 생존욕구의 반어법적인 표현이라 감히 결론짓는다. 죽음을 지척에 마주한 인간적인 두려움을 우회적으로 표현한 것이라 할 수 있겠다. 장군께서도 우리들처럼 두려움을 가진 평범한 인간이셨기에 가능한 해석일 수 있다. 물론 내 개인적인 의견이다.

죽을 만큼 힘겨운 올여름 나기를 빗대어 나만의 어법으로 살짝 비틀어 보았다.

"이깟 더위 덥다 덥다 투덜대면 그냥 쪄 죽을 것이요 안 덥다 안 덥다 맞서면 적응해 올여름 건강하게 살아남을 것이다"

어차피 맞서야 할 더위, 이순신 장군처럼 담대히 맞서고자 한다. 다음 주부터는 조금씩 열대야가 누그러든다니 며칠만 더 참고 견뎌보자. 저기 저 멀리 여름의 끝자락이 보이는 것도 같다.

4

∙ ∙　　이른 새벽 출근길, 운전석에 앉아 가만히 신호등의 바뀜을 기다립니다. 빨간 신호등일 때 멈춤의 시간이 생각만큼 길진 않지만 순간의 조급증은 갈 길을 재촉하기 마련입니다. 바쁜 일상을 살아가는 현대인들에게는 빨간 신호로 의미 없게 멈춰선 단 몇 분조차도 남들보다 한참이나 뒤처진 것으로 여길 수 있습니다. 하긴 그 짧은 순간만으로도 몇 킬로미터를 앞서나가기도 하며 다소 과장된 표현이긴 하나 운명을 좌우할 수도 있으니 말이죠.

가다 서다 반복되는 정체에 천재해커가 진행 방향에 맞춰 신호를 조작해 내 차만 종횡무진 달려 나가는 영화 같은 상상도 해봅니다. 오늘 일상도 자신의 맘속 파란 신호등이 연동되어 막힘없는 하루의 연속인 운수 좋은 날을 기대해 봅니다. 그래도 빨간 불일 때는 잠시 멈춰 숨을 고르고 노란 불일 때는 주변을 살펴 조심스러움을 더 챙기는 그런 하루가 되었으면 좋겠습니다. 저 앞의 신호가 파란불로 바뀌었으니 이제 출발해 볼까요. 이거 영 오늘 아침 신호 받은 형편없습니다. 그렇지만 기분만큼은 끝내주게 좋은 아침입니다…

꿈을 먹은 요정아!!!

"꿈을 먹는 요정아, 꿈을 먹는 요정아,
뿔로 된 작은 칼을 들고 나에게 오렴.
유리로 된 작은 포크를 들고 나에게 오렴.
작은 입을 있는 대로 벌려서 아이들을 괴롭히는 악몽을 얼른 먹어치우렴.
하지만 아름다운 꿈 좋은 꿈은 내가 꾸게 놔두고
꿈을 먹는 요정아, 꿈을 먹는 요정아, 내가 너를 초대할게"
큰딸이 잠자리에 들기 전 침대 머리맡에 앉아 두 손을 모으고 얼마 전 읽었던 그림책 속 주문을 외운다. 불 꺼진 어두운 방이 무서워 자꾸 악몽을 꾼다며 찾아낸 나름의 해결책이다. 이 주문으로 악몽을 먹어치우는 요정을 꿈속으로 초대할 수 있단다. 거의 매일같이 요정을 초대해야 한다며 나름 정성과 간절함을 담아 주문을 외우고 잠자리에 든다. 처음엔 책을 들고 찾아 읽더니 어느 순간부터 안 보고 줄줄 외우고 있다. 나 역시도 자주 들으니 무의식중 머릿속에 담겨 있었다. 글을 쓰는 이 순간 일필휘지로 주문을 적어내는 신공을 발휘한다. 아이들은 이런 심리적인 두려움을 극복하는 데 필요한 방법을 스스로 찾아가고 적응과정을 거치며 조금씩 성장하나보다. 딸의 이런 시도도 엄마, 아빠 없이 스스로 어둠에 대한 두려움과 맞서는 법을 찾아내 실행에 옮긴 것 중 하나일 것이다. 그전에도 몇 가지 방법들을 시도해 보며 빨리 잠들려 애써왔었다. 아직 어설프기 그지없어 바라던 효과를 기대하긴 어려웠지만 말이다.

어릴 적엔 TV에 나오는 귀신이나 괴물 따위의 무서운 이야기를 듣고 잠 못 들 때가 많았다. 무서움에 곧바로 잠이 들지 않아 밤을 꼴딱 새우고 새벽 나절에야 겨우 잠들어 늦잠을 자곤 했었으니까. 부끄럽긴 하나 그 두려움을 떨쳐내는 데 사내 녀석인 나도 긴 시간을 필요로 했다. 이런 과정을 이 아빠도 겪으며 자랐고 딸들 역시 겪고 있다. 어른이 된 지금도 어두운 골목을 지날 때, 불 꺼진 집에 혼자 있을 때 가끔씩 무섭다는 생각이 밀려드는데 애들은 오죽하랴. 나이가 들었다고 해서 겁이 없어지고 무서운 게 사라지는 것은 아니었다. 다만 그 두려운 뭔가가 다가오면 대처할 수 있는 경우의 수를 좀 더 많이 가지고 있을 뿐이다.

요정을 초대하고 난 후 조금씩 나아진다며 좋아하는 딸아이를 보면 대견하면서 한편으론 안쓰럽기도 하다. 작년까지도 네 식구가 함께 안방에서 침대 두 개를 나란히 붙이고 잠을 잤다. 허나 언제까지 한방에서 잘 수만은 없는 일. 애들이 어느 정도 자라면서부터 건넌방에서 따로 자도록 했다. 그렇게 불 꺼진 방에 자기들끼리만 있게 되니 무서워 겁이 났나 보다. 낮에는 피아노도 치고 책도 읽으며 놀던 방이 밤에는 어둡고 무서운 곳으로 변하는 것 같아 싫단다. 자꾸 공포영화 속 장면이 떠오르고 귀신이 나올 거 같고 악몽을 꾼다며 전처럼 넷이 같이 자자며 떼를 쓴다. 자기 방의 어둠뿐 아니라 늘 같이 자던 엄마, 아빠가 옆에 없는 불안함도 함께 작용하지 않았을까. 하지만 그 공간에 대한 두려움을 이겨내고 적응하는 건 온전히 자기 자신의 몫이다. 아빠로서 그저 조용히 지켜보고 다독여 주는 거 외에 해줄 수 있는 게 없다.

큰딸이 올해 한국나이로 열한 살이고 4학년이 되었다. 12월에 태어난 장단점을 골고루 가진 아직도 애기 소릴 듣고 있는 고학년 되시겠다. 1월에 태어난 같은 또래 친구들과 정신적인 것부터 성장발육 같은 외적인 부분까지 비교하는 것 자체가 무의미할지 모른다. 열 살 남짓 인생 속 10분의 1 가까운 시간을 더 살아낸 또래들과 많은 차이가 있는 건 당연하다. 하지만 자라서 뭐가 되어도 되어 있을 거고 그 점이 결국 장점으로 작용할지 누가 알겠는가. 어른이 되어서 10개월 11개월의 차이는 아무것도 아니지 않나. 같은 해에 태어난 것만으로 그냥 친구인 것을. 오히려 그만큼의 시간을 벌어

놓은 셈 치고 잘 이용해 대처하면 시간은 아이의 편이 되어줄 거라 믿는다. 마음속으로 늘 걱정은 되지만 혼자 당당히 맞서 나갈 거라는 것도…

같이 주문을 외워주고 사랑하는 이쁜이들에게 굿나잇 뽀뽀를 해준 후 조용히 방문을 닫아준다.

아름다운 꿈, 좋은 꿈 꾸길…

epilogue ─────────────────────────

《꿈을 먹는 요정》

우리가 잘 아는 유명한 소설《모모》의 작가 미하엘 엔데의 작품이다.

소설 속에 '단잠 나라'라는 곳이 등장한다. '단잠 나라'에서는 잠을 편안하게 자는 것이 무엇보다 중요해서 잠을 제일 잘 자는 사람이 왕이 될 정도다. 이야기는 단잠 나라의 공주가 밤마다 악몽에 시달리게 되면서 시작된다. 용하다는 의사, 좋은 약, 여러 분야 전문가들의 갖가지 시도로도 해결되지 않자 왕이 직접 공주를 위해 악몽을 없앨 방도를 찾아 온 세상을 다닌다. 그러기를 1년여가 지난 어느 날 숲속에서 길을 헤매며 어디로 가야할 지 막막해하던 그때 자신을 '꿈을 먹는 요정'이라 소개하는 괴상한 외모의 요정을 만나게 된다. 그와 같이 궁으로 돌아가 공주의 악몽을 내쫓고 다시 단잠을 잘 수 있게 해준다는 내용이다. 빼빼 마른 몸, 온통 가시로 뒤덮인 고슴도치 같은 머리, 주름이 가득한 얼굴에 큰 입. 흔히 알고 있는 예쁘고 귀여운 요정과는 거리가 멀다. 그리고 좋은 꿈은 놔두고 악몽을 먹어치우는 요정이라니… 작가의 상상력이 신선하게 다가온다. 작가 역시 어린 시절 어두운 밤이 무서워 악몽을 자주 꿨었는지도 모를 일이다. 중독성 있는 이 주문을 반복하다 보면 왠지 악몽이 사라질 것 같은 확신마저 든다.

잠자리에 누워 눈을 감고 마음속으로 꿈을 먹는 요정을 초대해 보려 한다. 딸들처럼 빨리 잠 못 들고 악몽을 자주 꾸는 내게도 어서 와주길…

겨울 이야기

　•　•　　　첫눈 하면 떠오르는 것들. 만나자는 약속, 따스한 커피 한 잔, 설(雪)레임, 맑고 고운 눈의 결정, 눈오리, 〈겨울왕국〉의 올라프, 눈꽃빙수, 눈밭을 뛰어다니는 귀여운 강아지, 영화 〈러브레터〉, 화이트 크리스마스… 우스갯소리로 최전방 군인들의 표현을 빌려 하늘에서 떨어지는 올해의 첫 쓰레기. 이처럼 첫눈은 아름다웠던 추억들과 섬세한 감성을 자극하며 로맨틱한 겨울낭만의 시작을 알린다. 그도 아니면 지독히도 힘들었을 군대 시절 겨울악몽의 재현이거나.

　우리들 마음속 첫눈의 기준은 각자 가진 추억과 사연들에 따라 다른 관점에서 내린다. 과거의 필자에게 첫눈은 낭만과 감성으로 기억되는 것도 아니요, 군필자이지만 예비역 남성들의 그것도 아니었다. 첫눈에 얽힌 그럴싸한 러브스토리, 일생일대의 사건 따윈 없던 내겐 평범한 기상현상 중 하나로만 와닿는 게 당연할지도 모른다. 내 예민했던 감수성이 봄 가뭄의 논바닥처럼 바싹 말라 흙먼지만 날리고 있는 건 아닌지 적잖이 걱정스럽기도 했다. 한편으론 웃픈(웃기고 슬픈) 현실이었다. 나와는 반대로 특별한 순간에 타이밍도 적절한 눈송이의 반가움과 기쁨을 만끽해 본 이들이라면 알 것이다. 사랑은 첫눈을 타고 내린다는걸. 애꿎은 눈 탓을 하는 건 아니나 솔로부대 시절엔 같은 부대원들과의 술자리로 텅 빈 허전함을 달래곤 했었다. 나를 포함 주변 솔로부대원들이 짝을 찾아 하나둘 전역신고를 마치고 커플부대에 합류한 지금은 사정이 다르다. 첫눈을 함께 바라볼 이들이 곁에 있어 더 이상 웃프거나 허전해하지 않는다.

  감성 가득 어린 첫눈이 아닌 다소 냉정하고 현실적인 접근으로 첫눈을 다시 정의해 보기로 한다. 기상학적 관점으로 각 지방 기상관측소가 위치한 곳에서 관측되는 눈만이 그 업계에서 인정하는 첫눈이라 불릴 수 있다.

  내 주관적 기준의 첫눈이란 크든 작든 눈송이가 떨어지는 모습이 그해 처음 두 눈으로 목격되어야만 첫눈으로 인정한다. 오늘 아침 그렇게 첫눈이 내렸다.

  전날의 눈 예보에 신경이 쓰여 기상하자마자 창문 밖부터 살폈다. 이른 새벽시간 주변 골목길이 하얗게 뒤덮여 있고 흩날리는 눈발을 확인한 순간 내 얼굴도 하얗게 질려간다. 출근길 내리는 눈은 최악의 교통체증과 스트레스의 단계를 뛰어넘어 공포심을 안겨준다. 일 때문에 차를 꼭 써야 하는 내게 있어 긴장의 끈을 바싹 졸라맬 수밖에 없다. 주말이 아닌 출근해야 하는 평일에 내리는 눈이라 더 최악의 불청객이다. 첫눈의 낭만을 함께할 사랑하는 이들이 옆에 있음에도 이럴 땐 반갑지 않다. 경제활동을 시작하면서 눈을 바라보는 시선은 밤낮없는 제설작업에 골병든 현역장병들과 별반 차이가 없어졌다. 이런 젠장. 눈은 주중이 아닌 일을 쉬는 주말에 내렸으면 하는 이기적인 내 소원수리를 하늘은 들어주시지 않으셨다.

유명 복싱선수 마이크 타이슨이 그랬었다.

"누구나 그럴싸한 계획을 가지고 있다. 처맞기 전까지…" 지금 눈이 오는 이 상황과 딱 맞아떨어지는 명언을 꼽으라면 이 말을 추천한다. 아무리 차와 도로를 잘 안다 자만하며 운전실력을 과시해도 눈길운전은 한번 중심 잃고 차가 돌면 그걸로 끝이다. 그저 조심, 조심, 조심만이 살길이다.

흩날리는 눈발을 보고 있노라니 출근길 걱정에 오늘 하루 깔끔히 제끼고 싶은 마음만 굴뚝같다. 궁극의 꾀병찬스가 간절하나 현장에 해야 할 일이 산더미다. 그런 것도 상황 봐가며 써먹는 거다. 예민한 관절염 환자들의 통증예보보다도 신뢰성을 의심받던 기상청 예보가 웬일로 딱 들어맞는 쾌거를 이뤘다. 그에 맞춰 지난봄 이후 한동안 여름잠을 자던 제설장비들도 잠에서 깨어 본격적인 채비를 마치고 출동했다. 전날 어마무시한 염화칼슘 살포를 시작으로 행동을 개시한 것이다. 그 덕분이었을까. 애태웠던 출근길 걱정이 한낱 기우였다는 건 출발한 지 얼마 되지 않아 알 수 있었다. 쌓이는 족족 녹아내려 도로 위 차들의 안전을 확보해 주었다. 미리 해놓은 염화칼슘 살포의 혜택을 톡톡히 누리며 잘 치워진 도로 위를 거침없이 달려 나갔다. 하지만 차 밑바닥에 엉겨 붙은 염분기 가득한 흙탕물이 차체의 노화를 촉진시키는 걸 한없이 바라볼 수밖에 없다. 한겨울이라 물이 얼어붙어 세차도 쉽지 않다. 그 정도의 작은 손실이야 있겠지만 대한민국의 제설작업 속도 하나만큼은 인정하는 바다.

  금일 출근길 내린 눈은 폭설까지는 아니었어도 오랜만에 꽤 많은 양이 내렸다. 주변 산등성에 내려앉아 제법 아름다운 설경을 담아냈다. 반대로 도심 쪽 도로는 깔끔한 제설작업에 어제와 별반 차이가 없는듯하다. 하얀 설경에 본격적인 겨울이 시작되었음을 실감한다. 여태껏 포근했던 온기는 온데간데없고 차가운 냉기만이 여민 옷깃을 파고든다. 우리나라 사계절의 뚜렷함이 예전 같지 않다고들 말한다. 여름과 겨울, 그 사이의 경계인 봄과 가을이 존재감도 없이 지나가 버려서일까. 불과 한두 달 전쯤만 해도 낮에는 더워 반팔 하나 걸치고 외출을 했었지만 언제 그랬냐는 듯 겨울외투를 꺼내 입기 바쁘다. 점점 추위를 더 타는 게 몸마저도 예전 같지 않다. 옷 틈새 속을 파고드는 찬 바람이 매섭기 그지없다. 40대가 넘어가면 근육량이 점점 줄어 추위를 더 느낀다는데 그 차이를 둔 감한 내 몸이 알아차릴 정도다. 올겨울도 별 탈 없이 잘 지나가 주면 좋으련만… 쓸데없는 걱정 하나를 매단 채 이 겨울을 맞이했다. 현재 일하는 곳이 신축 현장이라 추위에 무방비다. 상상해 보라. 건물 내부가 아직 완성되지 않아 뻥 뚫린 허허벌판에 칼바람을 맞으며 서 있는 것과 진배없다. 4계절 가운데 가장 좋아했었던 겨울 (오래된 과거형이다) 그 이야기의 시작 12월이다.

- 2019년 12월 첫눈이 내리던 어느 날…

epilogue

하늘이 도우셨는지 올겨울은 생각만큼 매서운 추위는 없었다. 겨울님이 구렁이 담 넘어가듯 은근슬쩍 넘어가 줘 황송할 지경이다. 몇 겹씩 껴입고 장갑 낀 손 호호 불어가며 추위에 떨었던 작년을 생각하면 말이다. 지금 3월의 하늘은 봄님의 따뜻한 햇살로 가득하다. 헌데 짚고 넘어가야 할 게 있다. 예년에 비해 겨울답지 않게 온화한 날씨를 또 다른 시선으로 바라보면 그리 가벼이 여길 문제는 아니다. 그게 다 지구 온난화의 직간접적인 영향으로 나타난 기상이변 아니겠는가. 대한민국뿐만 아닌 세계 모든 나라들이 함께 고민하고 대비해야 할 문제다. 원래 여름은 여름답게 푹푹 찌고 겨울은 X알 두 쪽이 꽉 쪼그라들 정도로 추워야 정상이다. 이 정상에서 비정상으로의 변화가 우리가 사는 지구에 닥친 위기임을 보여주는 것 같아 꺼림칙하다.

나는 프로극한직업러

　　처음 발 들인 일이 자연스레 몸에 배고 머리와 손에 제법 익숙해지며 그 일로 밥벌이를 하는 것. 소위 직업이란 단어를 현실적인 해석으로 정의 내려본다.

　처음 발 들였다라는 말이 조금 남다른 의미로 다가온다. 첫 단추를 잘 꿰는 것이 중요하다 했다. 생각해 보면 필자는 내리꿰어도 한참을 내리꿰었다. 한 단씩 한 단씩 단계를 밟아 고쳐 매느라 고달프긴 하나 현재 보기 어색할 정도의 모양새는 아니다.

　사람들에게 현재 가진 직업에 만족하느냐 묻는다면 아마 대부분은 손사래를 치며 내게 되물을 것이다. "그러면 그대는 어떠신가"라고. 대답은 "나 역시도…" 그냥 조금씩 익숙해지기 시작했고 만족스러워져 가는 중이라 적당히 얼버무리지 않을까.

자신이 좋아하는 일을 하며 금전적인 이득을 얻을 수 있다면 인생 최고의 행복시나리오 중 하나다. 그리되는 데는 개인의 부단한 노력과 타고난 재주, 운도 따라야 한다. 마냥 일을 즐기는 단계로 넘어서는 건 각자가 부단한 노력을 기울이지 않으면 어렵다고들 하지 않나. 일을 즐기는 것 이상으로 부모로부터 물려받은 많은 재산과 든든한 뒷배경도 한몫 거들지 모를 일이다. 즐기는 자를 이길 수 없다는 옛 선현의 말씀도 금수저들을 이길 수 없다는 현대사회의 씁쓸한 단면을 정면으로 반박하지 못하는 것처럼. 물론 힘든 업무 속에서 보람도 찾고 정도의 차이지만 자신의 일에 대한 애착과 따라오는 금전적 보상에 위안을 삼는다.

　학창 시절엔 여러모로 폼 나고 세련돼 보이던 인테리어 디자이너가 되길 꿈꿨다. 관련 공부도 열심히 하였고 노력의 결실인 기사 자격증도 취득하였다. TV 드라마나 예능 프로 속 감각적인 차림의 인테리어 디자이너들이 도면을 펼쳐 들고 현장을 누비던 모습은 동경의 대상이었다. 저게 미래의 내 모습이 되주길 바랐지만 꿈 너머 현실의 온도 차는 너무나 컸다. 마냥 화려해 보이던 겉모습과 달리 작업환경과 처우는 매우 열악했다. 실제 모습은 기대와 달리 큰 실망으로 다가왔고 일에 대한 흥미 역시 잃어갔다. 긴 방황의 시간을 지나 현실이란 적정선에 맞춰 타협했다.

　이루고 싶은 꿈과 희망사항에서 내가 해야 할 일, 할 수 있는 일로 범위도 좁혀졌다. 세상의 일이 손바닥 뒤집듯 쉬운 것이 아니라는 철든 후회와 반성 후 한곳에 정착한다. 비로소 나의 능력과 한계, 주제를 알았다는 얘기일 게다. 결국 되고 싶었던 디자이너가 아닌 3D 극한직업이라 불리는 테크니션(기술자)의 길로 들어서게 된다.

학교와는 180도 다른 실제 현장은 교실 밖 새로운 배움터가 되어 내게 가르침을 주었다. 시끄러운 소음과 먼지, 낯선 용어와 일사불란하게 이뤄지는 작업진행이 정신을 쏙 빼놓는다. 처음 얼마간은 몸과 마음이 버거웠고 당장에라도 그만두고 싶은 나날의 연속이었다. 사무직이든 현장직이든 각자의 고충이 있기 마련이고 끝없는 인내심이 요구되는 건 매한가지다. 이마저도 힘들다며 도중에 그만두면 남들 보기 쪽팔릴 거란 졸렬한 자존심만이 나를 다그치고 붙들어 맸다. 한 해 두 해 악착같이 버티다 보니 시간은 어느새 내 편이 되어 돌아섰다. 점점 일에 익숙해지고 갈고닦은 기술들이 시나브로 빛을 발하며 직업이란 틀 안으로 자리 잡았다.

다들 인테리어라 하면 포괄적으로 실내건축에 관한 모든 과정을 담당하는 거라 생각한다. 여러 개의 공정들이 묶여 하나의 새로운 공간이 만들어진다는 걸 간과하고 말이다. 내가 현재 몸담고 있는 분야는 인테리어 여러 공정들 중 하나인 '금속'이다. 말 그대로 금속, 각종 철물들을 가지고 도면에 입각해 형태들을 만들고 다듬고 금속성 마감재로 실내를 꾸미는 일이다. 인테리어 쪽에 일하시는 분들이야 굳이 설명하지 않아도 알겠지만 일반인들에게는 다소 생소한 공정일 수도 있다. 나 역시 금속이 무슨 일 하는 거냐 물었을 때 대답하기 참 애매한 게 없잖아 있었다. 직접 우리가 일하는 모습을 보지 않고 이름만 듣고 "아 그거…"라고 이해하기란 쉽지 않다. 간단히 설명하자면 카페든 전시관이든 매장이든 벽, 천장, 바닥 등을 손으로 두드렸을 때 텅텅 쇳소리가 들리면 '아 이건 금속에서 한 거구나'라고 생각하면 쉽다. 과거에 비해 목공의 비중이 많이 줄어들고 인테리어 현장의 주 공정으로 자리 잡게 된 게 이 금속공정이다. 나름 예술가라 칭하며 자부심을 가지고 자재들을 다루고 매만진다. 실(室) 안 바닥, 벽, 천장에 하나의 금속조각품을 만들어 내는 것이기에 가히 예술이라 불릴만하다.

생각해 보면 하고많은 공정들 중에 내가 왜 금속 일을 택하게 되었는지 알다가도 모를 일이다. 지금보다 좀 더 젊던 시절, 나의 자리를 확고히 할 수 없던 긴 방황의 시간을 지나왔었다. 준비해 놓은 것도 없고 뭘 해야 할지도 모르겠는데 뭔가는 이뤄야 할 것 같은 강박관념에 사로잡혔던 20대의 늦깎이 사춘기. 마음을 다잡고 시작한 실전 체험 삶의 현장은 나 자신의 미숙함을 성숙함으로 한층 업그레이드하는 시간이 되어주었다. 이런 것도 운명이라면 운명이었고 천직이라면 천직이다. 때려치우고 싶다는 말을 입에 달고 살지만 이 힘든 걸 아직껏 하고 있으니 말이다. 그것도 아주 성실히…

회사 같은 조직문화에 얽매이는 게 싫어 지금의 일을 택했고 몸

담은 지 십수 년이 지났다. 차림새만 다를 뿐 이곳도 하나의 팀으로 이루어져 있고 나이든 경력이든 간에 위계질서라는 것도 존재한다. 가르치는 사수가 자기보다 나이가 많든 적든 선배의 예로 대하는 것도 당연한 도리다. 매달 받는 월급값에 맞는 실력을 갖춰야 하는 것도, 새로운 것을 배워나가는 일도 그렇다. 어딜 가나 사람 사는 곳은 다 비슷비슷한 생각과 행동, 질서들로 점철되기 마련이다. 다만 동료들과의 관계가 정해진 규칙과 서열에 얽매이지 않고 좀 더 인간적이며 일이 비교적 자유롭고 효율적인 면을 더 중시한다는 데 차이가 있다. 지극히 개인주의적인 나의 성격과 잘 들어맞는 부분이었다. 옆으로 거슬러 가도 기간 내에 깔끔한 마감만 완성하면 되기에 과정과 절차에 매여 시간을 허비하지 않는다. 다른 공정들과의 협의와 협력도 물론 중요하지만 내 공정에 우선순위를 점유해 진행해 나가는 건 팀장의 방식이자 곧 능력이 되기도 한다.

나는 운 좋게 그런 상황판단 능력과 뛰어난 기술, 명석함을 두루 겸비한 분을 사수로 두었었다. 함께해 오며 동종업계 다른 이들과 비교해 더 많은 걸 배웠고 값진 경험들을 쌓을 수 있었다. 일이 아닌 다른 면에서도 좋은 본보기가 되어주어서 늘 배우는 자세로 임해왔다. 어쩌면 사수를 만난 것이 누구에게나 온다는 생애 세 번의 기회 중 한 번이었을 거라 확신한다.

오랫동안 이어온 동행의 시간 뒤 헤어짐의 순간도 찾아왔다. 얼마 전부터 사수에게서 독립해 본격적인 나만의 여정을 꾸려가고 있다.

조금씩 뜻을 내비쳤고 사수와 함께한 마지막 현장 하나를 마무리한 후 결심을 이행했다. 가르쳐 준 사수의 입장에서 어찌 아쉬운 마음이 없겠는가. 지금처럼 하던 대로 성실히 해나가면 어딜 가든 인정받을 수 있을 거란 조언에 진심 어린 소회가 묻어난다. 누가 옆에서 부추긴 것은 아니다. 준비가 되고 때가 되어 자연스레 각자의 길을 걷는 것일 뿐. 사정상 조금 늦춰지긴 했지만 허투루 내린 결정은 아니었다. 한 단계 앞으로 내딛는 게 힘들었지만 품었던 마음가짐도 평상시와 다를 것 없는 바쁜 일상도 계속 이어지고 있다. 더 큰 책임감의 무게가 더해졌지만 애초에 감당해 내지 못할 거면 짊어지지도 않았다. 매사에 긴장을 늦추지 않고 신중함만 잃지 않는다면 가르침을 준 사수의 명성에 먹칠하는 불상사는 없을 것이다.

'독립'. 뭔가 기념비적인 날이나 행위를 일컫는 말 같지만 실상 별거 없다. 우리 같은 업종이야 비정규직 프리랜서로 분류되는지라 거창하게 사업 내지는 창업이란 말은 쓰지 않는다. 아직 배울 게 많고 부족하다며 겸손함의 틀에 갇혀 있을 때도 있었다. 갇혀 있던 틀을 부수고 한 걸음 앞으로 나아가 나 자신을 새로운 시각으로 바라봤다. 수많은 현장에서 몸소 겪으며 쌓은 풍부한 경험, 빼어난 실력과 노련함을 지니고 있었던 걸 자각한다. 이제부터 나는 아마추어가 아닌 프로다. 프로에게 있어 겸손은 약점이다. 나만의 강점과 능력을 더 어필하고 좋은 품질의 결과물로 실력을 증명하면 그만이다.

"깔끔하게 마감해 주셔서 감사합니다. 꼭 다음 현장에서도 팀장님을 다시 뵐 수 있으면 좋겠습니다"

프로극한직업러인 나에게 있어 최고의 찬사다.

- 2020년 어느 날

epilogue

몇 달 만에 단골 공구상에 전동공구 몇 가지를 구입하러 들렀다.
"오랜만에 왔네? 요새는 어느 현장에 있어. ○○는 어딨고? 같은 데서 일 안 해?" 반가운 목소리로 사장님이 나와 사수의 안부를 묻는다. 나나 내 사수나 이 집 단골이니 안부를 묻는 건 당연지사.

웃으며 대답한다.

"같이 일 안 한 지 좀 됐어요. 잘 계실 거예요"

늘 함께 일하던 사수의 빈자리가 더욱 크게 다가온다.

'잘…'

5

　　• •　　해마다 연말이면 많은 곳에서 쓰이며 귀에 딱지가 앉게 들리는 말 다사다난(多事多端). '여러 가지로 일이나 어려움이 많음'이란 의미의 이 사자성어 하나로 모두에게 일어났던 상황들을 일일이 설명하기엔 부족할 듯합니다. 한 해 동안 많은 일에 직면했고 중요한 걸 얻기도 잃기도 했습니다. 그 틈새에서 미약하게나마 작은 위로처럼 변화와 발전을 이루기도 합니다. 다양한 시간의 퍼즐조각들 365개를 1년이라는 퍼즐판에 끼워 넣었습니다. 차근차근 모아온 하루의 조각들 중 마지막 365번째 조각이 채워졌습니다. 중간에 잘못 끼워 아귀가 맞지 않아 애를 먹기도 했지만 우여곡절 끝에 완성하고 한숨을 돌립니다.

　주어진 365일의 시간을 낭비 없이 알찬 시간이었다 자부할 수 있는 이는 손에 꼽을지도 모릅니다. 스스로 최선을 다했다 인정할 수 있다면 그것으로 나쁘지 않은 결과입니다.

한 해의 마지막 날 친구들과 여러 지인들의 메시지를 받게 됩니다. 그중 1월 1일 0시에 정확히 배달된 나이 한 살이 담긴 택배상자 이모티콘에 실소를 터트립니다. 하지만 이 장난스러운 단체 메시지가 단순함과 가벼움의 정도를 넘어선 더 큰 무게감으로 다가옵니다. 이제 해가 바뀌고 꺾어진 40대 중반을 넘어선 우리 또래들에게는 더 큰 책임과 연륜의 쌓임, 새로운 도전이 기다리고 있음을 공감하게 합니다. 한 살을 더 먹는다는 의미에 대해 좀 더 깊이 생각해 보게 됩니다.

연말이 되면 매스컴에서 명망 있는 석학들이 뜻을 모아 올해의 사자성어를 발표합니다. 그해 있었던 사회 전반의 사건 사고들과 대내외적 상황을 종합해 머리를 맞대고 만든 일종의 후일담입니다.

한 해를 보내며 필자가 나름 정리해 본 올해의 문장은 석학들의 사자성어처럼 거창한 것이 아닌 '그럼에도 불구하고'라는 흔히 쓰는 관용구입니다.

하기 싫고 힘에 부쳐 때려치우고 싶은 마음은 굴뚝같았지만 '그럼에도 불구하고' 사랑하는 가족들을 떠올리며 버틸 수 있었습니다. 원치 않은 인간관계에 치여 싫어도 좋은 척 굽신거릴 때도 많았지만 '그럼에도 불구하고' 불굴의 인내심으로 참고 견디며 한 해

동안 좋은 거래처들을 만들어 갔습니다. 국민들은 안중에도 없는 파렴치한 정치인들과 그들의 수장 때문에 실망하고 경기침체로 모두 힘든 시기를 보내고 있지만 '그럼에도 불구하고' 묵묵히 각자 맡은 바 자리에서 2019년 한 해를 살아냈습니다.

무엇보다 나의 기쁨과 슬픔을 함께 나눌 수 있는 가족과 친구들이 곁에 있어 올 한 해도 행복했습니다. 이제 딱 하루밖에 남지 않은 다시 못 올 이 소중한 날. 12월 31일, 32일, 33일… 이렇게 계속 붙들 수 있으면 좋겠지만 아쉬움을 뒤로 하고 쿨하게 보내주렵니다.

해피투게더, 해피엔딩, 해피뉴이어!!!

- 2019년의 마지막 날 쓴 일기

그런데 '다음'은 없더라

　　　　　길을 가다 우연히 고등학교 동창과 마주쳤다. 그것도 고향 순천이 아닌 서울 한복판에서 말이다. 학창 시절 같은 반이었지만 서로가 그리 친분이 두텁진 않았던 걸로 기억한다. 그래도 20년이 훌쩍 넘어 이뤄진 우연찮은 만남은 반가움을 배가시키며 악수하는 서로의 두 손에 힘을 더한다. 고교 시절 앳된 모습과 지금의 나이 든 모습에 격세지감마저 느껴졌다. 둘 다 많이 변하긴 했다.

"정말 오랜만이다. 잘 지냈어? 대한민국 참 좁긴 하다야. 어떻게 여기서 다 만나냐. 이거 얼마 만이야… 어쩌고저쩌고… 그래. 연락할게. 다음에 얼굴 한번 보자"

아쉬웠던 짧은 만남을 뒤로한 채 연락처를 나누고 각자 갈 길을 서두른다. 그 후로 기약 없는 시간만 흘러갔다. 언제 만났었나 하는 의문이 들 정도로 존재감마저 희미해진다. 우연히 만났던 날 이후로 단 한 번의 연락조차 오가지 않았고 다음 날, 그다음 날이 차곡차곡 쌓이며 그렇게 잊혀졌다.

다음에 만나면 밥 한번 먹자, 다음에 함 꼭 보자, 다음에 한잔하게, 다음에…, 다음에…, 다음에 도대체 언제? 그렇게 우린 기약 없는 다음을 얘기하며 서로의 마음속에 서로의 존재를 새겨넣는다.

이 '다음에'라는 말을 오랜만에 만나는 이들이나 주변 지인들에 의해 자주 접하게 된다. 필자 역시 습관적으로 내뱉으면서도 정작 그 '다음'이라는 일정을 구체화할 생각조차 미루곤 한다. 만남의 기회라는 것도 생각만큼 간단하게 이뤄지는 건 아니다. 상대방과 나, 둘 사이의 시간과 공간이 맞아떨어져야만 약속도 성립될 수 있는 것이다. '다음에', '다음에'를 남발하다 보면 언젠가는 약속을 이뤄낼 시간과 공간이 맞아떨어질지도 모를 일이다. 그렇게 해서 만나지기라도 하면 다행이고 아니래도 상관없다. 다음이란 찬스를 쓸 수 있으니까. 만나는 사람들에게마다 남발한 횟수가 늘어나는 이유일지도 모른다.

우리가 오래간만에 만나는 친구나 지인들에게 하는 습관적인 인사말, '다음에…' 그 말의 속뜻이 참 궁금할 때가 있다. 모두들 그렇게 무심히 쓰고 있으니 다음에 꼭 봐야 한다는 책임과 의무 또한 없는 것도 사실이다. 딱히 예의를 갖춰 해줄 수 있는 말이 떠오르지 않아서일 수도 있다. 기약 없는 헤어짐의 과정을 무난히 넘기는 자연스러움이 이 말을 자주 쓰게 하는 가장 큰 이유가 아닐까.

뜬금없긴 하나 시간이 지나서 만나자고 연락을 한다면 상대가 어떤 반응을 보일까 역시 궁금해진다. '예의상 그랬던 거뿐인데 이 사람 진짜로 들이대네' 라며 마음속으로 정색할지도 모를 일. 동시에 머리를 굴리며 거절할 핑곗거리를 찾으려 고민할 수도 있다. 아님 뜻밖의 반가움에 기다렸다는 듯 유난함을 드러낼 수도 있다. 아무렴 친해지고 싶다면 서로 먼저랄 것 없이 연락하고 만날 약속을 잡는 게 정답일 거다.

세상도 변했고 세대별로 대인관계의 소통방식 또한 변했다. 직접 연락해 얼굴을 대하는 일상적이고 평범한 만남이 친분을 쌓고 지속된 인연을 이어가는 가장 좋은 방법인 건 두말할 필요가 없다. SNS 속 프로필사진과 게시물만 보고 얼굴 한번 못 본 이에게 친구, 친구 하며 아는체하는 유별나고 요상한 방식보단 지극히 상식적인 교류다. 우리 또래 X세대들은 그런 식으로 친구를 사귀진 않았다. 또한 그런 관계가 오래 지속될 거란 생각도 하지 않는다.

이젠 앞으로 '다음에…'라는 말 대신 먼저 이렇게 말해보는 것도 좋을듯싶다.

"지금 시간 되면 차나 한잔하자. 식전이면 밥이나 한 끼 하든가. 이렇게 만나기도 쉽지 않은데 말야"

반가움과 아쉬움이 교차하는 이 순간 하는 말치고 가볍지도 거창하지도 않다. '다음'이라는 시간은 '다음'에 다시 온다는 보장이 없다. 당장 시간이 안 된다면 어쩔 수 없지만 '다음에'는 그 후에 써도 늦지 않다.

epilogue

필자는 일정 빼곡하게 약속을 만들려고 안달 난 사람은 아니다. 뭣 때문인지 요새 들어 몇 안 되는 약속들조차 취소할 핑곗거리부터 찾으려 애쓴다. 평일이든 주말이든 누굴 만나고 싶다는 생각이 확 줄어들었다. 그저 피곤하고 바쁘다는 두루뭉술한 핑계 따위가 먹히지 않는 시대인지라 싫을 때도 억지 만남을 끌어오는 경우도 적지 않았다. 혼자 하는 취미생활만으로도 충분히 만족스러웠다. 여러 명이 모인 자리에 가면 최대한 빨리 볼일만 마치고 그곳을 벗어나고 싶다는 생각에 마음만 조급해졌다. 점점 자발적 외톨이를 자처하듯 밖이 아닌 집에서의 시간을 더 원하게 되었다. 사람들을 마주하는 게 조금씩 부담스러워지고 피하고 싶은 사람들만 하나둘씩 늘어만 갔다. 다음에 시간 되면 만나자는 지키지 못할 약속만을 녹음기처럼 반복하며 일터와 집을 오가는 생활패턴만을 고수하기 시작했다. 말로만 듣던 대인기피증 초기증상이 이런 걸까? 남들에게는 말 못 할 작은 고민거리가 생겼다. 진정 덜 외로워 봐서 하는 배부른 투정으로 보일 수도 있으려나… 혼자 속으로 애태운다고 해결될 문제는 아닐 것이다. 이러다간 쟤는 원래 저런 애라며 날 멀리하려 할 수도 있겠다는 불안감도 엄습한다. 이런 증상은 힘들더라도 사람들과 섞이며 자신을 드러내야 자연스레 치유될 수 있다고 했다. 밑도 끝도 없는 잠수도 정신건강에 해롭긴 마찬가지다. 엄지손가락에 약간의 부지런함을 강제 주입해 자판을 두드리기 시작했다. 오랜만에 연락한 지 오래된 지인들에게 메시지를 보냈다. 따로 변명하지 않아도 가끔 누구나 그럴 수도 있다는 이해심 가득 담긴 자연스러운 답장들이 도착했다. 만나자는 문자들도 함께…

악플이라는
이름의 작품

　··　　그녀가 처음 가요계에 데뷔했을 때 모두들 예쁜 꽃이라 말했다. 각종 매체들에 의해 더욱 화려한 빛깔로 치장되어 절정의 인기를 등에 업고 꽃밭에 안착하는 듯했다. 그렇게 심어진 꽃밭 위로 물을 주며 정성스레 가꿔주지 못할망정 말도 안 되는 키보드 워리어들의 악플과 온갖 악성루머들에 아파하고 힘들어하다 결국은 꺾여버리고 말았다.

　오늘 한 여자 연예인의 안타까운 사망소식을 접하였다. 누군지는 다들 잘 아실 거라 굳이 실명을 따로 거론하는 것도 고인에 대한 예의가 아니라 여겨 생략한다. 자칭 페미니스트는 아니었지만 스스로의 행동에 늘 당당했고 자신감이 넘쳤다. 그녀의 사생활이 이슈화될 때마다 달린 악성댓글들과 꼬리표처럼 따라다니던 노출 관련

기사들에도 별다른 논쟁을 만들지 않고 무시하며 활발한 활동을 이어오던 중이었다. 이런 그녀의 갑작스러운 사망소식은 충격이 아닐 수 없었다. 받아들이는 연예인의 입장에서 강한 멘탈의 소유자라도 지속적인 비난의 악플과 악성루머들은 단단했던 멘탈을 야금야금 갉아먹고 병들어 가게 했을 것이다. 그닥 관심 갖지 않던 연애 면에 뜬 기사를 보며 나와 다른 타인에 대한 비판과 오지랖이 만들어 낸 집단 괴롭힘에 대해 잠시 짚고 넘어간다. 비난하고 질타할 누군가가 표적이 되면 맹수들이 먹잇감을 사냥하듯 공격해 지치게 하고 낙오시키며 물어뜯는다. 그리고 사냥이 끝나면 언제 그랬냐는 듯 얼마 지나지 않아 머릿속에서 지워버린다. 다른 사람 앞에서는 대놓고 한마디도 못 하는 쓰레기 같은 루저의 전형이다. 사이버 공간 내에서 익명성이 보장되고 얼굴이 드러나지 않는 점에 없던 대담함도 생기게 된다.

포털사이트에 악성루머나 댓글을 퍼트리는 루저들은 머릿속에 어떤 사고방식을 가지고 있는지, 할 일들이 그리도 없는지 진심 궁금할 때가 있다. 보통의 사람들은 자기 일상이 더 중요하고 남의 일에 관심 없고 귀찮아서라도 안 하는 것들이다. 필자 역시도 일과시간에 스마트폰을 들여다보며 여유 있게 노닥거릴 시간조차 없는 건 다른 이들과 마찬가지다. 지인들의 SNS 속 게시글에 답글 하나, '좋아요' 표정 하나 달아줄 짬도 없어 무심히 넘겨버리기 일쑤다. 다들 게시글 한번 올릴 때마다 많은 부분을 신경 쓸 텐데 너무 성의 없게 대하는 건 아닌지 미안한 마음이 들 때도 있다. 하지만 어쩌다 쓰게 되더라도 댓글 하나하나 기본 맞춤법부터 상대방이 봐서 기분 나빠할 단어나 문장들이 없는가 찬찬히 살핀다. 세심하게 검토해 보고 올리고자 하는 글에 상대가 기분나쁠 수도 있을 거라는 생각이 조금이라도 들면 과감히 지워버린다. 그런 건 안 올리느니만 못하다. 아무리 친한 사이더라도 얼굴 보며 얘기하는 것과 글 몇 줄로 답하는 것은 천지 차이다. 자칫 단어 하나가 돌이킬 수 없는 상황을 만들 수도 있음을 알고 있다면 신중함은 필수다. 요즘 국회에 악플에 대한 강력처벌법안이 마련 중이라는 소식이 있다. 일반인들에게도 충분히 일어날 수 있는 일이기에 미적대지 말고 속히 법안이 통과되길 바란다.

어느 유명 여자 연예인이 방송 중 했던 말이 있다.

"조용히는 살고 싶고 잊혀지기는 싫다"

이거 무슨 '말이야 방구야'라는 소리가 절로 나오는 모순된 이 말에 연예인들의 인기와 관심에 목매는 심리가 모두 함축되어 있다. 사람들의 관심으로 먹고살다가 조금씩 인기라는 거품이 사그라들며 어느 순간 잊혀지는 게 연예인의 삶이다. 잊혀짐과 무관심이 그 무엇보다 두려운 연예인들의 숨은 심리라고 해도 무방하다. 전성기 때처럼 활발한 활동을 하지 않더라도 팬들과의 지속적인 소통을 위해 SNS를 많이 활용한다. SNS를 통해 자신을 아는 모든 이들에게 화려하게 치장된 일상을 과시하고 소통하며 그들의 기억 속에서 잊혀지지 않으려 애쓴다. 필요 이상으로 팬들의 관심 표현에 연연하며 더욱 예민한 반응을 보일 수밖에 없을 것이다.

펜은 칼보다 강하다는 말처럼 글자 한 자 한 자의 힘은 어떻게 쓰느냐에 따라 독이 되기도 약이 되기도 한다. 사회 여러 전반에 걸쳐 영향력을 행사하며 그 구성원인 개인들의 삶을 뒤바꿀 수도 있다. 요즘 많이들 이용하는 SNS 서비스는 많은 부분을 바꿔놓고 있다. 이런 매체들이 없던 시절만 해도 휴대폰이나 수첩에 저장되어 있는 지인들과 통화나 문자, 아니면 포털사이트의 이메일로 간단히 서로의 안부를 묻고 정보들을 주고받았다. 점차 개인홈피 열풍을 시작으로 블ㅇ그, 카ㅇ, 밴ㅇ를 지나 ㅇㅇㅇ북, ㅇ위터, ㅇ스타그램 같은 많은 SNS 서비스가 활성화되면서 그에 따른 폐해 또한 늘어난 게 사실이다. 필자 역시도 한때 푹 빠지다시피 하며 SNS에 매일같이 글을 올리던 적이 있었다. 글을 올리기 위해 평소에는 잘 안 보던 책들을 접하게 되고 주요뉴스나 사회적 이슈를 메모해 놓기도 하였다. 나름 글을 쓰기 위한 소재거리를 찾으며 잡다한 지식 역시 늘어나는 순기능이 있었다. 순기능이 있다면 역기능도 있는 법. 2년 가까운 시간 동안 글을 올리면서 점점 나 스스로가 요즘 말로 관종(사람들의 이목을 끌기 위해 온라인이나 SNS에서 무리한 행동을 하는 사람을 비하하는 인터넷 용어로, '관심병 종자'의 준말)이 되어가고 있다는 생각이 들기 시작했다. 그날 올린 글의 조회수를 궁금해하고 다른 이들이 덧붙인 댓글들을 보며 내 글에 대한 반응을 살피게 된다. 안 좋은 댓

글들에 대해 아무렇지 않은 척 쿨한 척 대인배처럼 굴지만 속마음은 전혀 그렇지 않았다. 스마트폰을 습관적으로 열고 있는 나 자신을 보며 문득 뭔가 잘못되었다는 생각이 머릿속을 스쳤다. 그 생각이 듦과 동시에 자주가기 목록에서 삭제하고 업로드도 중단해 버렸다. 어쩌면 변변찮은 글 몇 자에 기분이 좋았다 나빴다 의도치 않은 맘고생을 한 건 아닌지 허탈함도 느껴졌다. SNS를 멀리하고 내 시간이 좀 더 세이브되는 좋은 점도 있었다. 그렇게 중독 아닌 중독의 추억을 떠올리며 방관자의 일상 속에서 이런 사건들을 바라본다. SNS와 멀어진 지 오랜 시간이 지났고 흥미 역시 사라졌다. 중독이라고 했지만 독하게 마음먹으니 끊어내는 데 단 며칠로 충분했다. 그만큼 아무것도 아닌 하찮은 거였던 걸 증명한 셈이다.

  자신이 올린 한 줄의 글이 끼치는 영향력을 알고 있다면 한 번쯤은 고민하고 주의를 기울여야 하지 않을까. 또 남을 비방하고 그 사람 일에 오지랖 넓게 참견할 시간에 내 곁의 사람들과 일상들을 더 챙기는 것이 더 우선인 것도. 지금도 늦지 않았으니 과거의 흑역사일 수도 있는 웹상의 흔적들은 스스로 찾아내어 하나하나 반성하듯 지우는 것도 좋을듯하다. 어리석었던 실수가 인생의 걸림돌이 되어 돌아오게 된다면 그 부분은 스스로 자초한 것이다. 대한민국 네티즌들의 힘이 법을 초월할 만큼 강력하다는 걸 안다면 변명의 여지 따위는 절대 없다.

– 2019년 어느 가을날에…

6

"그동안 애용해 주셔서 감사합니다" "고별정리"

꽉 막힌 퇴근길, 건물을 한 바퀴 휘감을 정도의 거대한 현수막이 둘러싼 한 대형마트의 외벽이 시선을 사로잡는다. 고딕체의 둔탁하고 각진 검은색 글씨의 대형 현수막이 쌀쌀해진 날씨에 처연함마저 감돌게 한다.

'이상하네. 멀어서 잘못 읽었을 거야. 그럴 리가 없어' 평소 미덥지 못한 시력을 탓하며 잘못 봤나 싶은 생각에 차의 속도를 늦춰 재차 확인한다. 15년 남짓 한자리를 지키며 영업을 해온 ○○마트 구로점의 폐점을 알리는 현수막이다. 뭔 일인가 싶다. 전국 각지에 흩어진 같은 이름의 매장 중 비교적 큰 규모를 자랑하던 곳이다. 작년에 방문했을 때만 해도 많은 손님으로 인산인해를 이뤘던 걸로 기억한다. 갑작스러운 폐업이라니 믿기지가 않는다.

 대형마트들의 시대가 저물고 있다고 한다. 각종 매스컴에서도 빨간불이라는 다소 격한 표현을 써가며 변화의 흐름을 이야기한다. 업체들 역시 전국의 매장 수를 구조조정하고 매장운영의 효율성을 극대화하려 안간힘을 쏟고 있다. 오프라인에서 온라인으로 서서히 바뀌어 가는 유통망의 변화를 코로나19라는 변수가 결정적 치명타를 날린다. 이곳도 구조조정의 서슬 퍼런 칼날을 비껴갈 수 없었나 보다. 저곳에 고용되었거나 입점해 계시던 많은 이들은 어찌 되나 하는 걱정도 앞선다. 당장 내 앞에 닥친 시련이 아니니 제3자의 입장에서 무관심할 수도 있으나 남 얘기 같지 않다. 나 역시 이분들처럼 비정규직 프리랜서인 것을. 그렇다고 그분들의 현실에 100% 공감한다 말할 수 있는 처지도 아니다. 부디 좋은 해결책이 제시되었으면 하는 바람이다.

 폐점을 앞둔 이 매장은 나에게도 남다른 인연이 있는 곳이다. 15년 전 신축할 당시 인테리어 공사에 참여했었고 그 공사 이후로 전국의 같은 매장만 네 군데를 더 진행했었다. 다섯 번째를 하게 됐다면 눈감고도 척척 완성해 내지 않았을까 싶을 정도로 손에 익숙하다.
 내 텅 빈 장식장으로 입양된 첫 건담 프라모델을 구입했던 곳이고 나를 건프라의 취미로 인도한 장난감 덕후의 성지이기도 하다. 다양한 종류와 많은 수량으로 아이들 성탄절 선물을 고르기에도 최적의 장소였다. 거창한 사연이 깃든 건 아니지만 좋았던 기억과 장소로 남아 있었기에 괜한 아쉬움은 어쩔 수가 없다.

 있는 그대로도 쓰임새 있는 건물이지만 허물고 새롭게 다시 짓는다고 한다. 뭐가 들어오든 간에 오래도록 그 자리를 지키며 번창했으면 하는 바람이다. 아마도 그들은 계획이 다 있을 것이다…

어쩌다 어른이 되었답니다
글쎄요

　　　　　어쩌다 어른이 되었단다. 그냥 남들과 같은 날들을 그럭저럭 지나오며 성인, 어른이란 타이틀을 달았다고 말한다. 어느 순간 다들 날 어른이라 부르며 납세와 병역 같은 의무를 지우고 사회에 필요한 일원으로서 충실하길 강요했다. 어쩌다 거저 어른이 된 건 아닐 텐데 너무 막 대하는 게 아닌가라는 생각에 서운함마저 든다.

　우리는 아무것도 없는 무(無)에서 어느 날엔가 세상에 나와 1, 2, 3… 이렇게 한 해 한 해를 넘겨 나이라 칭하는 세월의 숫자를 늘려갔다. 검었던 머리카락이 희끗희끗해지고 남은 날이 살아온 날보다 적게 남아 있음을 깨달으며 늙어간다. 100을 넘기는 건 정말 특별한 경우고 평균 80~90 사이까지 건강하게 헤아릴 수 있다면 나름대로 만족스럽다.

　장수한다는 게 더할 나위 없는 축복이었던 때도 있었다. 연세 많은 어르신들의 경험에서 우러나온 말씀과 처신들이 현명함으로 받아들여지던 시절이기도 했다. 그랬던 게 요즘은 막막한 노후의 삶을 고민해야 하는 세상이 되어버린 게 현실이다. 준비 없이 맞이하는 노후를 재앙이라고 했던가. 의학의 발달로 관리만 잘해도 90세, 100세까지도 바라볼 수 있게 되었지만 풍요로운 노년이 모두에게 허락되는 건 아니었다. 옛 어른들의 말씀처럼 젊을 때 성실함의 대가는 반드시 복이 되어 돌아오는 거라 믿고 있는 1인이다. 열심히 살아온 만큼 따라오는 보상은 합당해야 하며 젊어서 고생을 골병이라 평가절하시키는 것은 어리석은 일이라는 것도 당연한 이치다. 원인이 있으면 그에 따른 결과가 있고 세상 모든 일이 그리 호락호락하지 않음을 같이 배워간다. 정해진 인생 교본 같은 고리타분한 얘기로 들리긴 하나 가슴속에 늘 새겨야 할 중요한 말이다.

　그런 머리 아픈 고민 따원 없었던 갓난아기 때가 가장 행복한 시기였을지도 모르겠다. 잘 먹고 잘 자고 잘 놀고 가끔 생글생글 웃기만 해도 모든 사람들의 이쁨을 듬뿍 받던 때가 있었다. 지나가는 귀여운 아기들의 모습을 바라보며 나 역시도 부모님의 관심과 사랑, 돌봄을 독차지하던 때가 있었음을 떠올린다. 이제는 내가 유모차를 밀며 그 안에 뉘어 있는 작은 천사를 향해 행복한 미소를 짓는다. 내 것을 모두 내줘도 아깝지 않을 만큼 사랑스럽다. 시간이 흐르고 이 작은 천사에게 질풍노도의 시기가 찾아와 내 속을 뒤집어 놓기도 하겠지만 사랑으로 이해하며 부모로서 책임을 다한다.

누군가 그랬다. 아무리 햇빛을 가려주고 비바람을 막아줘도 '생각할 줄 아는 생물'을 기른다는 건 가장 어려운 농사를 짓는 거라고. 육아를 농사에 비유하는 건 아무리 세심하게 준비하고 대비해도 작황을 예측할 수 없고 몸은 몸대로 힘든 점이 육아와 많이 닮았기 때문일 것이다. 어릴 때는 "그래, 너도 너 같은 아들딸 낳아봐라"는 말을 부모님께 들으면 한쪽 귀로 흘리며 무시하기 일쑤였다. 이젠 부모가 되어 내 아이들에게 같은 말을 대물림하며 상황은 역전된다.

그다음 세대를 아우르며 뫼비우스의 띠처럼 돌고 도는 부모 자식 간의 영원한 논쟁거리가 아닐 수 없다. 하지만 육아의 고충을 온몸으로 실감해도 그런 소소한 일상들이 사랑으로 이해되고 삶의 이유가 되어준다.

살아가며 많은 인연들을 만나고 지나쳐 가며 순간순간 많은 장소들에서 그들과 함께해 왔다. 인간이란 여러 사람들과 조화롭게 어울려 살아야 하는 사회적 동물임을 자각한다.

산부인과 의사든 산파 할머니든 태어나자마자 내 엉덩이를 한 대 철썩 때려주는 낯선 이들과 엉겁결에 첫 만남을 가졌다. 첫 호흡과 함께 힘찬 울음을 터트리며 행복해하는 부모님 품에 안겨 그날의 주인공이 되었다. 그런 만남을 시작으로 자라면서 주변의 가족들,

친구들, 동료들, 하다못해 나의 뜻과 다른 이들까지 인맥이라는 이름으로 주변을 채웠다. 초중고를 거쳐 대학에 입학해 동기들, 선후배와 친밀감을 유지하며 그들과 함께 젊은 시기를 만끽했다.

순진했던 중고딩 시절 어리다는 이유로 금기시됐던 것들을 성년이 되어 합법적으로 누리기 시작한다.

음주가무, 먼 곳으로의 여행, 서클활동, 연애, 등등 논다는 말이 더 어울리는 잡다한 것들이다.

그렇게 노는 것도 잠시. 대한의 남아들에게는 올 것이 왔다. 살벌한 남북의 분단국가 대한민국 4대 의무 중 으뜸이라 칭하는 국방의 의무가 기다리고 있다.

낯선 군복을 걸치고 낯선 동기들 낯선 선임들과 엄격히 통제된 낯선 환경을 난생처음 접하게 된다. 평소에는 전화 한번 하지 않던 불효자가 부모님을 그리워하며 전화기를 붙들고 쓴 눈물을 삼키기도 했다. 각종 힘든 군사훈련 과정 속에서 나태함과 나약함의 종지부를 찍고 진짜 사나이로 거듭난다.

허나 이제까지 경험한 것들은 진짜배기를 만나기 전 워밍업에 불과하다. 어른이라는 무게의 중압감을 본격적으로 실감할 수 있는 건 졸업과 동시에 맞닥뜨릴 자본주의의 현실에서다.

TV 프로 〈동물의 왕국〉의 단골 사자성어 "약육강식" "적자생존"의 법칙이 적용된 철저한 경쟁사회다. 군대보다 더 철저하게 계급사회인 이익집단 속에서 자기의 역량을 모두 펼쳐 보여야 한다. 워

커홀릭으로 살아가며 사랑하는 가족에게 소외될 수도 있고 멀쩡했던 건강을 하루아침에 잃을 수도 있다. 또한 친했던 이들과의 관계가 소원해지기도 한다. 상사의 썰렁한 농담에 오버 리액션으로 답하고 내가 저 자리에 오르면 저러지 말아야지 굳게 다짐도 해본다. 후에 자신이 그 자리에 올라 상사로서 그런 낙이라도 없으면 무슨 재미냐며 그 썰렁함을 정당화시킬지도 모를 일이다. 지위가 오르며 자신보다 아랫사람들의 모범이 되어주기도 했고 반대로 그들에게 원망과 지탄의 대상이 되기도 했다. 위로는 상사에게 아래로는 부하직원들에게 치이며 고달픈 나날이지만 오늘도 변함없이 출근 도장을 찍으며 버텨낸다. 사회생활을 하면서 영혼까지 탈탈 털린다는 말이 괜히 나온 게 아닌듯하다.

필자는 나이 들어가는 게 썩 나쁜 것만은 아니라 생각했고 어릴 땐 얼른 어른이 되고 싶었다. 어른이 되면 학교라는 곳을 벗어나 더 자유롭게 내 뜻을 펼치며 즐겁게 살아갈 수 있을 거라 생각했다. 나의 기준, 어른의 기준으로 뭔가를 결정하고 행동에 옮길 수 있다는 게 얼마나 멋진 일인가.

물론 그에 따른 책임감의 무게 또한 가볍지 않았음은 당연했다. 남들에 비해 썩 버라이어티하지 않은 단순, 평범한 청소년기를 보냈던 것도 한 이유가 될 수 있겠다. 그 시기 매사에 최선을 다하지 않은 게으른 면도 있었으니 지금 와서 그에 대한 변명 따위는 하지 않으련다.

이런 글을 본 적이 있다. "영원히 살 것처럼 꿈꾸고 내일 죽을 것처럼 살아라". 어느 순간 내 머릿속에 좌우명처럼 들어앉아 하루하루를 소중히 여길 것을 일깨워 주었다. 오늘도 힘들었고 어차피 내일도 힘들 테니 불만은 뒤로하고 현재에 충실하란 얘기기도 하다. 나를 포함 우리의 어른들은 다들 그렇게 열심히 살아왔고 앞으로를 살아낼 것이다. 한땐 주름잡았다는 허풍을 늘어놓긴 하나 나름 시대의 흐름을 이끌어 온 주역이기도 했다. 각자에게 주어진 세월 동안 많은 것을 배우고 경험하였고 희생도 감수하며 각자의 위치에서 빛을 발했다. 누구보다 열심히 앞만 보고 달려온 어른들에게 '어쩌다'라는 낱말이 주는 뉘앙스가 그리 달갑지만은 않다. 그런 모범어른들의 값어치를 길 가다 운 좋게 주운 동전 하나의 값어치로 폄하시키는 기분 나쁜 어감으로 느껴지는 건 어쩔 수가 없다. 한 케이블 채널의 〈어쩌다 어른〉이라는 제목의 프로를 시청하다 문득 이 프로의 말장난 같은 제목에 이런저런 생각들을 적어본다. 어쩌다 고스톱 쳐서 딴 푼돈 가치의 가벼움이 아닌 묵직한 내 삶의 무게를 잘 버티고 있는 우리들 모두는 진정한 어른들이다. 존중받아 마땅한 이 땅의 모든 어른이들에게 아낌없는 찬사와 격려를 보낸다.

가끔 꼰대라는 말로 무시해도 상관없다. 기성세대들의 꼰대식 화법과 행동들도 엄마의 잔소리처럼 필요한 경우들이 있다. 삶의 경험에서 우러나오는 충고 정도로 여기고 이해해 주길…

슬기로운 격리생활

　　때는 바야흐로 2020년… 대한민국은 물론이고 지구촌 곳곳에 큰 변고가 날아들었다. '코로나19'.

그 이름도 생소한 한낱 바이러스의 기세가 수그러들 기미가 보이지 않는다. 단 몇 개월 만에 전 세계 수백만의 확진자와 수만 명의 사망자가 발생한 최악의 사태로 치달았다. 단기간의 휴교령과 사회적 거리두기 정도로 해결될 수준을 이미 넘어서 버렸다. 국가 간의 교역은 물론 입출국조차 제한되어 천문학적 경제적 손실은 헤아릴 수조차 없다. 미국과 유럽연합 같은 선진국들의 위기상황은 기약 없는 현재진행형이다. 방역 모범국이라 칭찬받는 대한민국도 지금 확산세가 다소 누그러들었지만 언제 터질지 모르는 시한폭탄을 안은듯하다. 뉴스에 나온 팬데믹이란 용어가 전염병의 세계적

유행이란 뜻인 걸 난생처음 알게 되었다. 이미 전 세계가 그 상황에 접어든 것도. 수시로 날아드는 안전안내문자가 불안감을 더 가중시킨다. 오늘은 어디서 확진자가 나왔나, 그 사람의 동선이 어디 어디인가 촉각을 곤두세운다. 제발 우리 동네, 내 일터 주변이 아니길 기도하면서…

얼마 전 국무총리의 브리핑에 깊은 시름이 묻어난다.

"생활방역은 코로나19 이전 삶으로의 복귀를 의미하는 것이 아니다. 예전과 같은 일상으로는 상당 기간, 어쩌면 영원히 돌아갈 수 없을지도 모른다"

슬프지만 요즘 상황이 이렇다. 지구촌을 둘러싼 이 낯섦이 무력감마저 안겨주었다. 우리 모두가 이런 삶의 변화에 차근차근 대비하고 적응해 살아가야 한다. 퇴근 후 친구들과 시원한 맥주 한잔에 하루의 스트레스를 풀던 소소한 일상을 그리워할지도 모른다. 예전처럼 사람들 많은 장소에서 마스크 없이, 거리두기 없이 희희낙락하던 평범했던 일상으로 돌아가지 못할 수도 있다. 코로나19 초기에는 '메르스 때처럼 좀 이러다 말겠지' '한두 달쯤 지나면 잠잠해지겠지'라며 무신경했다. 얼굴에 마스크를 쓴 모습과 마스크를 사려고 약국 앞에 몇 시간씩 줄 서 있는 모습들이 낯설고 신기하기까지 하다. 아무런 마음의 준비도 없이 우리는 평범하기에 더 소중했던 일상과 멀어져야 했다. 우리의 일상이, 우리의 사회가, 우리의 세계가 이렇게 어이없게 대혼란기에 빠져들 줄은 꿈에도 생각지 못했다. 안타까운 마음에 한숨을 내쉰다. 코로나19의 발원지이자 초기 확산을 막지 못하고 어떤 게 진실인지조차 헷갈리게 사실을 은폐하기 바빴던 그 나라 탓을 하면 뭐 하겠나. 그곳 역시 수많은 희생을 치르고 있고 지역봉쇄의 강수로 겨우 확산세를 잠재워 가고 있다. 그런 어리석은 실수를 또 한 번 반복하지 않기를 바랄 뿐이다.

집콕, 방콕이 대세가 되어버린 요즘이다. 모두들 자의 반, 타의 반 집돌이, 집순이가 되어 코로나19와의 접촉을 피하려 한다. 아내와 아이들 역시 바깥출입을 자제하고 자발적 격리생활을 지겹도록 누리는 중이다. 학원 한두 군데, 집 앞 놀이터, 식료품을 사기 위한 장보기 정도의 외출로 이 답답함이 달래질지 의문이다. 학교의 개학도 잠정 연기됐다. 섣부른 개학은 바라지도 않는다. 준비 없는 개학이 예측 못 할 확산으로 이어질 수 있기에 조심스러운 판단은 당연하다. 사상 초유의 온라인 개학이 시작되고 아이들 모두 컴퓨터 앞에 앉아 이게 수업이라며 듣고 있는 모습에 헛웃음만 나온다. 애들이 뭔 고생인가 싶다. 일주일 정도 지나니 온라인 수업에 나름 적응해 학습능률도 오르는 거 같아 한편으론 안심이 된다. 초기의 접속혼란에 비하면 크게 나아진 건 분명하다.

이 난리 통이 등 떠민 자발적 격리생활을 슬기롭게 넘길 해결책이 시급하다. 단순히 시간 때우는 걸 넘어 집 안에서도 충분히 알찬 시간을 보내기 위한 구체적인 계획 말이다. 우선 개인위생을 위해 외출에 대비한 마스크와 손소독제를 준비해 두는 건 기본이다.

청결한 격리구역 유지를 위한 미뤘던 집 안 정리와 구석구석 대청소도 필수사항이다. 슬기로운 격리생활을 위한 기본 환경 준비는 대충 마쳤으니 이제 시간 활용을 어떻게 하느냐를 고민한다. 켜켜이 쌓아두고 못 봤던 책들이나 다운받은 영화를 본다든가 트레이닝 동영상을 틀어놓고 가벼운 운동을 하는 것도 권장해 본다. 평소에 배우고 싶었던 악기들을 연습해 보는 것도 좋고 말이다. 아님 집 안 인테리어를 자재만 구입해 손수 시공해 보는 것도 좋을듯하다. 하나하나 찾아보면 집에서 혼자, 가족들과 할 수 있는 게 생각보다 많다. 슬기롭게 넘긴다는 표현을 쓰기도 민망하지만 그런다고 과하게 유난 떨 것도 없다. 평소엔 바쁘고 귀찮다는 핑계로 하지 못하던 것들이다. 부담 없이 시도해 볼 만한 가벼운 미션들이다.

우리가 아는 확진자가 코로나 확진자가 아닌 '살이 확 찐자'라는 우스갯소리가 나돈다. 연일 계속되는 집콕에 활동량이 줄면서 불어난 체중을 빗댄 기발한 언어유희다. '확 찐자'를 피하기 위해 필요한 게 단순히 칼로리 소모를 위한 운동뿐만은 아닐 것이다.

슬기롭고 건강한 집콕을 위한 나름의 방법들을 찾았다면 가볍게 실천에 옮겨보자. 코로나 사태가 마무리 되어갈 때쯤 깨끗하고 예쁘게 집 안 분위기가 바뀔 수도 있다. 독서를 많이 해 마음의 곳간이 풍족해졌거나 악기실력이 일취월장했을 수도 있다.

규칙적인 홈트레이닝으로 뱃살이 쏙 들어갔다면 더할 나위 없음이다.

코로나19가 한참 유행인 지금이 애석하게 꽃 피는 봄날의 한복판이다. 따스한 햇살과 예쁜 꽃들의 유혹이 달콤하다. 하지만 나들이 명소들에 넘쳐나야 할 상춘객들의 발길이 뚝 끊겨 지역상인들도 울상이란다. 코로나19의 여파에 직격탄을 맞은 것이다. 어쩌면 "이런 시국에 어딜…"이란 말을 달고 살면서 생겨난 자연스러운 현상이기도 하다. 지금 당장 봄나들이 못 한다고 해서 어디 큰일 나는 것도 아닐 테니 당분간은 자중하는 게 옳다고 본다.

올해 잠깐 잃어버린 봄은 내년엔 아무 일 없던 듯 다시 찾아올 것이다. 국민 한 사람 한 사람이 방역당국의 지침에 잘 따르고 올바르게 대처하면 상황도 조금씩 나아질 거라 믿는다. 우리는 이런 어려움에 직면하면 어떤 나라들보다 강한 단결력을 보여주지 않았나. 어딜 가도 자랑스럽게 내세울 수 있는 대한민국의 강점이자 위기에 대처하는 숨은 내공이다. 그렇게 대한민국은 한고비 한고비 슬기롭게 대처했고 지혜롭게 넘겨왔다.

— 2020년 코로나19가 한창이던 어느 날…

그래도 살아 있으니 살아가자!!!

•• 평일 오후 퇴근길. 마포대교의 정체가 평소 때보다 심한 것이 뭔가 심상치 않다. 다른 다리들이 무너져서 이쪽으로 차들이 몰린 것도 아닐 텐데 답답함만 앞선다. 이미 다리 초입에 진입했으니 오도 가도 못 하는 상황이다. 앞쪽에 무슨 사고라도 났나? 예상 밖의 정체에 슬슬 짜증이 밀려오지만 돌아서 가기엔 너무 늦어버렸다. 아주 천천히 거북이걸음으로 전진하며 알 길 없는 전방의 상황을 주시한다.

다리 중간쯤 갔을까, 119구급차 경찰차들이 줄지어 서 있고 경찰관이 수신호를 하며 차량의 흐름을 통제한다. 뭔 일이지? 교통사고가 크게 났나 해서 창문을 내리고 밖을 살피는데 교통사고는 아니다. 그런데 다리난간 쪽에서 경찰들과 119구조대가 맨땅에 주저앉은 누군가를 꼭 붙들고 있는 모습이 목격된다. 순간 구조작업이었음을 직감했다. 40, 50대 정도 돼 보이는 남자인데 다리시설물 관리를 위해 설치한 가설 사다리 쪽으로 내려간 듯하다. 언뜻 보기에도 만취상태로 몸을 제대로 가누지 못해 구조대가 애를 먹고 있었다. '맞다. 여기는 마포대교였지'라는 생각이 번뜩이며 절로 고개가 끄덕여진다.

한강을 가로지르는 스물일곱 개 대교와 네 개의 철교들이 있다. 그중 자살자들이 가장 많아 '죽음의 다리'라는 오명을 쓰고 있는 곳이 이곳 마포대교다. 예상컨대 자신에게 닥친 시련을 견디다 못해 세상을 등지려 했지만 그 직전 누군가에게 발견되었음에 틀림없다. 안타까움과 궁금증이 교차하고 작은 안도감 역시 밀려온다.

천운처럼 절묘한 타이밍이었을지 모른다. 스스로 죽기를 각오하고 매듭진 삶의 끈을 푸는 길고 긴 고뇌의 과정을 거친 후 난간을 움켜쥔 손을 놓는 건 찰나의 순간이다. 삶과 죽음의 경계가 손끝의 밀고 당기는 조그만 힘에 의해 결정된다. 가느다란 경계선 위에서 외줄타기하듯 위태롭던 순간 안전망에 걸려 멈춰 섰다. 그에게 냉정했을 세상이지만 허망한 죽음 또한 용납지 않았다. 구조된 이가 어떤 고통과 절망감의 사연으로 자포자기해 세상을 등지려 했는지 알 길은 없다. 같은 시간 마포대교를 지나던 제3자이자 방관자였던 나 같은 이들은 특히 말이다. 피치 못할 개인사정을 모두 해결해 줄 수도 없다. 당사자도 다른 이에게 말 못 하고 속으로 고민하다 내린 힘든 결정이었을 것이다. 이런 극단적 시도가 자신의 힘든 속내를 증명할 최종 선택지가 된 상황이 안타까울 뿐이다.

'에이, 죽을 각오로 살아가면 못 할 것도 없을 텐데…'

대부분은 이런 마음가짐으로 살아가는 게 옳다 믿으며 충고 역시 해준다. 하지만 반대로 삐뚤어진 시선으로 바꿔보면 허무주의의 정서가 더해진다.

'정말 죽을 마음으로 살았지만 안 되는 일이 세상천지더라. 난 어쩔 수 없는 인생의 실패자, 패배자야…'

과거 스스로 죽음을 선택했던 이들이 이런 생각을 가지고 있었을까. 전자의 마음가짐이 더 옳다고 믿는 사람들이 볼 땐 쉽사리 이해할 수 없고 공감하지 못할 부분은 존재한다. 누구나 살면서 위기를 겪는다. 감기 앓는 정도의 가벼운 것부터 인생을 송두리째 흔들 정도의 큰 위기까지 다양하다. 대부분의 사람들이 위기 때마다 절망하며 쉬이 모든 걸 체념하지는 않는다. 넘어져 시간이 좀 걸릴지라도 다시금 일어나려 애쓰는 게 보통이다. 구조된 남자는 다시 일어서서 걸어야 하는 긴 시간 앞에서 지레 겁먹고 포기했거나, 극한 상황 속에서 넘지 못할 한계와 마주했을 수도 있다. 그를 두둔하는 건 아니나 인간이기에 충분히 그럴 수 있다 여긴다. 앞서 말했지만 방관자의 입장에서 그 사람을 다 알 길은 없기에 조심스레 추측해 볼 뿐이다. 다행히 내 주변에 삶의 포기를 심각하게 고려해 봤거나 잘못된 선택을 했던 이들은 없었기에 감정이입이 잘 안되는 점도 있다.

  그의 심정을 이해하려 하지 않고 왜 죽을 각오로 살지 않았나 하는 비판과 충고 따위는 하지 않겠다. 개똥밭에 굴러도 이승이 낫다는 속담이 있다. 어쩌면 그에겐 지저분한 개똥밭에 실제 굴러본 적도 없는 이가 지껄이는 배부른 잔소리일 수도 있다. 지금 이 순간 절실한 건 비판과 충고가 아닌 따뜻한 위로와 격려, 신세한탄이라도 들어줄 수 있는 누군가일 테니까. 자의든 타의든 끔찍한 결과로 이어지지 않고 삶의 끈을 붙잡게 되었다. 그도 그리 쉽게 죽을 운명은 아니었나 보다. 살아서 소중히 쓰임 받을 운명이었을지도 모를 일이다. 이제부터 어떻게든 살아갈 일만 남은 이름 모를 그에게 마음속으로 행운을 빌어준다. 또 오늘 같은 어리석음을 반복하지 않았으면 한다. 현재(present)의 시간은 누구에게나 공평하게 주어진 선물(present)이라 하지 않던가. 오늘 그를 구하기 위해 애쓴 많은 이들이 안겨준 큰 선물이다. 받은 선물의 의미가 헛되지 않도록 마음을 다해 성실히 살아갔으면 하는 바람이다.

– 2020년 1월의 퇴근길 안에서…

epilogue

  그날 집으로 돌아와 인터넷과 TV 뉴스를 찾아봤지만 오늘의 사건이 언급되진 않았다. 더 큰 사건 사고가 일상다반사라 이 정도는 시답잖은 뉴스거리도 아니라는 걸까. 적잖은 인원이 동원되었던 이 구조소식은 그 자리에 관여했던 이들만 아는 단순한 해프닝으로 막을 내린듯하다.

내 머릿속의 지우개

∴ "여기 위치가 ○○사거리에서 좌회전 신호 받고 두 블록 지나 ○○상가 건물 끼고 우회전하면 일방통행 도로가 나와. 직진하다가 첫 번째 골목길 나오면 바로 우회전, ○○식당 골목으로 100미터 정도 쭉 들어오면 편의점이 보일 거야. 그 옆 빨간색 벽돌 건물이야. 찾아올 수 있지?"

'……(깊은 한숨과 함께 긴 침묵)'

같이 듣던 다른 이는 장황한 설명에 과부하가 걸린 머리를 쥐어짜며 고민 중이다. 허나 이 몸은 문제없다. 두 귀를 통한 위치정보 입력과 동시에 머릿속엔 이미 대동여지도 한 장이 펼쳐진다. 내가 누구인가. 서점에서 산 지도책 한 권이면 못 찾는 길이 없는 인간 내비게이션이다. 한번 갔던 길은 잊지 않고 기억해 다음에 다시 가더라도 헤매지 않고 찾아간다. 그러나 2022년을 살아가는 지금은 '나도 한때는 인간 내비게이션이었다'라며 과거의 영광을 곱씹는다. 이게 다 몹쓸 디지털기기에 의지해 오면서부터다. 그 뛰어났던 길 찾기 능력이 현저하게 떨어진 것이…

　40대 중후반 우리 또래들은 70년대에 태어나 80, 90년대 학창시절을 거쳐 21세기 최첨단의 현재를 살고 있다. 아날로그의 느리고 차분한 감성과 디지털의 전광석화를 모두 경험한 축복받은 세대라고도 한다. 그와 동시에 빠름의 대명사 디지털의 편리함에 알게 모르게 중독되어 가고 있었다. 그에 따른 부작용은 생각보다 심각했다. 벌써부터 치매인가 싶을 정도로 길 찾는 게 예전 같지 않다. 아는 길도 내비게이션의 도움을 받아야 비로소 안심이 된다. 그것뿐인가. 자주 쓰는 번호가 아니면 휴대폰 연락처 목록을 한참 뒤져야 원하는 번호를 찾을 수 있다. 누가 물을 때 순간 아내와 내 전화번호가 기억이 안 나 당황스러운 적도 있었다. 삐삐를 차고 다니던 시절만 해도 외우고 있던 번호만 기본 수십 개였다. 아니 몇백 개씩 외우는 이들도 주변에 적잖았다. 2G에서 5G까지 디지털 무선통신의 발달과정과 반대로 가는 우리의 두뇌. 점점 일상생활에 필요한 단순기억능력도 떨어졌다. 최후의 보루였던 계산기 저리 가라 하는 암산실력마저 저 멀리 대기권 바깥으로 날아가 버린 지 오래다. 스마트폰 메모리가 날아가거나 폰을 잃어버렸을 때 크게 당황하고 식은땀이 흘렀던 경험을 누구나 갖고 있다. 최근 들어 이슈가 된 디지털치매라 불리는 대표적 증상들이다. 다들 그러려니 하고 살아가지만 괜스레 걱정 또한 앞선다. 나 혼자만이 아닌 다른 이들 역시 겪는 문제라며 가볍게 넘길 수만은 없다. 편리함 때문에 사용하던 것들로 인해 본의 아니게 바보가 되었다. 득(得)이 있으면 실(失)이 있는 법이었다.

조금은 낯선 단어 디지털치매. 앞서 말한 사례들처럼 일상의 흔한 실수들을 전문용어처럼 표현한 것뿐이다. 이를 심각한 병증으로 여기며 고민하는 이들도 적잖다. 하지만 전문가들은 이게 꼭 나쁜 것만은 아니고 디지털치매를 꼭 병으로 볼 필요 또한 없다고 한다. 단순암기나 암산 같은 기능을 디지털기기에 많이 의존하고 있지만 환경의 변화에 따른 자연스러운 적응일뿐이라고 했다. 디지털 시대에 인간의 두뇌가 저사양으로 떨어진 듯하나 이 부작용은 개인적인 불편함 그 이상도 이하도 아니라고 본 것이다. 특단의 대책이 필요할 만큼 전화번호 기억 안 나고 길치가 되어가는 게 우리에게 치명적 약점이나 오류는 아니었다. 한편으로 첨단기술을 개발하고 통제하고 응용해서 더 좋은 결과물을 만들어 내고 있다. 첨단기능을 응용해 다양한 형태로 정보를 흡수하는 능력이 더 발달한 것은 환영받을 일이다. 인간은 편리함을 위한 창의적인 능력에 늘 뛰어남을 보여왔다. 인류가 시작되면서부터 만들어진 각종 도구들과 발명품들이 이를 증명한다. 발달의 속도도 해가 거듭될수록 빨라진다. 빨라진 속도에 얼마 전까지 신식이던 것이 금세 구식 취급을 받는 게 현실이다.

관련 전문가들은 디지털치매가 특별한 질병이 아니므로 손쉽게 예방할 수 있는 방법도 알려준다. 첫 번째 해결책으로 양손을 많이 움직이는 것이다. 이는 뇌의 좌우가 골고루 균형 있게 발달하게 한다. 두 번째 메모하는 습관, 독서와 외국어 공부 등의 지적 자극 역시도 도움이 된다고 한다. 하지만 그보다 우선시되는 건 스마트기기 사용의 최소화가 아닐까(지금 나부터 글을 쓰며 스마트폰을 붙들고 있으니 이 부분은 할 말이 없긴 함).

언급한 해결책들 모두 평소 알고 있고 쉽게 실천할 수 있는 것들이었다. 이미 생활 속 깊숙이 들어와 버린 신문물의 축복을 외면할 수는 없다. 제시해 준 아날로그적 생활방식과의 병행으로 뇌의 균형을 맞춰가는 게 가장 효과적인 방법이다. 아날로그적 생활방식의 매력은 기꺼운 과정들에서 느낄 수 있다. 하나하나 손이 가며 나름의 절차를 거쳐 완성되는 일련의 과정. 그 불편함을 감수할 수 있을 만큼의 감성적 인내를 동반한다. 다소 성가실 수도 있을 이 과정들을 하나의 즐거움으로 여기며 감수한다. 컴퓨터 자판으로 쓰는 이메일이 아닌 손글씨로 보내는 종이편지, MP3 같은 디지털 음원이 아닌 카세트테이프나 LP플레이어로 듣는 음악 등이 그 예라 하겠다.

디지털 디톡스(digital detox)라는 말이 있다. 디지털 홍수에 빠진 현대인들에게 각종 전자기기 사용을 멀리하고 명상, 독서 등을 통해 몸과 마음을 회복시키는 것을 말한다. 디톡스(detox)의 사전적 의미인 '해독하다'라는 말을 써야 할 정도로 이 독에 심각히 중독되었나 싶어 꺼림칙하다. 이미 일상 속 깊숙이 파고든 디지털기기 없는 삶을 상상조차 하기 싫은 것도 매한가지다. 하지만 있다가 없어진다 해도 잠시 불편함을 느낄 것 말고는 살아가는 데 별 지장은 없을듯하다. 대체할 또 다른 재밋거리야 주변에 얼마든지 있고 사용량을 조절할 수 있는 의지야 다들 가지고 있을 테니까. 가지고는 있겠지??

epilogue

퇴근 후 저녁시간. 최첨단 잡동사니들을 잠시 내려놓고 소중한 내 눈과 대뇌에 휴식을 안겨줄 뭔가를 찾아봤다. 즐겨하는 건프라나 악기들 말고 더 지적인 행위 말이다. 그러고 보니 우리 집에 책이 아주 많다는 걸 잊고 있었다. 그래, 이거야라며 마음속으로 유레카를 외친다. 전부터 꼭 읽어보려 찜해두었던 책 한 권을 꺼내 들었다.

'……'

종이에 인쇄된 글자들을 쳐다보고 있으니 얼마 안 있어 망할 졸음이 밀려온다. 내 그럴 줄 알았다는 아내의 잔소리를 한쪽 귀로 흘리고 조용히 소파와 한 몸이 되었다. 판단 미스였다. 나란 사람은 진정 책과 친해질 수가 없는 것일까. 학교를 온전히 졸업한 게 신기할 따름이다.

습관의 발견

1. 새롭게 들여야 할 좋은 습관들이 있다

가급적 짧은 시간이라도 노트북, 스마트폰 화면 속 영상이나 글이 아닌 종이 위에 쓰여진 활자들을 눈에 들이려 한다. 나의 독서 시계는 20대 때 군 전역 이후로 멈춰버렸다. 그 뒤 띄엄띄엄 보던 책들도 스마트폰 구입 이후에 거의 손을 놓고 말았다. 그래도 사라진 독서 습관을 다시 들이는 게 수십 년 헤비스모커의 금연결심처럼 어려운 일일까. 이까짓 거 그냥 책 펴서 쳐다보기만 하면 되는 것, 못할 건 또 뭔가. 근거 없는 자신감이 하늘을 찌른다. 여태 못했던 건 아니고 시간 없어 안 한 거라 합리화시킨 혼자만의 알량한 생각이다.

모처럼 몇 해 전 사다 놓고 읽다 만 책 한 권을 꺼내 들었다. 침대 머리맡에 기대어 책을 읽는 모습에 아내가 눈이 동그래지며 말한다.

"어이구 웬일이야. 책 보고 있어? 안 하던 걸 다 하구 별일이네. 그 책 다 읽기는 할거지?"

"당연하지"

'그래, 맘껏 놀려보시게. 내가 전생에 서책을 벗 삼아 학문과 덕성을 키우던 고귀한 선비의 삶을 살았을지 누가 알겠어. 푸하하하'

내 원래 이러지 않았으니 놀랄 만도 놀릴 만도 하다. 30분 넘게 꽤 많은 페이지를 넘기며 독서에 열중했다.

얼마 지나지 않아 이게 웬걸, 내가 원래 난독증이 있었나 싶다. 읽을수록 글자들이 종이 위를 떠다니며 당최 내용에 집중이 되질 않는다. 엉덩이도 들썩들썩 좀이 쑤시고 눈꺼풀도 내려앉으려 한다. 조용히 책을 덮고 이불 속으로 파묻혔다. 저게 얼마나 갈까 싶은 아내의 의심스러운 눈초리와 오래 못 갈 거라는 예감은 정확히 적중하고야 말았다.

"으이구, 내 이럴 줄 알았어" 앙칼진 호통과 함께 요란한 등짝 스매싱에 정신이 번쩍 든다. 아내의 손이 매섭다.

가을은 독서의 계절이란 말이 출판사의 얄팍한 상술이라 하기엔 독서와 찰떡궁합인 계절인 건 부인할 수 없다. 오래 앉아 있어도 엉덩이에 땀 밸 일 없는 산뜻한 뽀송함과 선선한 기온은 최적의 독서환경이다. 역설적으로 통계상 가을에 책 판매량이 저조한 것 역시 한국의 쾌청한 가을정취와 무관하다 하진 않을 터. 왜냐. 놀러 다니기 딱 좋은 계절이기도 하니까.

그렇잖아도 올가을은 오시는 걸음이 요란하다. 여름 내내 맑은 날 없이 이어지던 긴 장마가 겨우 끝나는가 싶더니 이내 서늘한 저녁 바람을 몰고 가을이 고개를 들었다. 삼복더위의 끝 말복을 기점으로 확연히 달라진 온도 차를 느낄 수 있다.

이렇듯 쾌적한 독서환경이 제공되는데 어찌 책을 멀리할 수가 있단 말인가. 누굴 탓하겠나. 내 새털 같은 엉덩이와 산만한 집중력, 바위처럼 무거운 눈꺼풀 때문인 것을. 진득하지 못함에 아내가 핀잔을 주더라도 차츰차츰 습관을 들이다 보면 머지않아 1주 1책 하는 날이 오지 않겠는가. 졸리니 일단 한숨 때리고 보자.

꾸준한 운동으로 건강한 습관을 들이려 한다. 일하는 근육, 운동하는 근육은 둘 다 그게 그거라 믿고 있는 1인이다. 속 빈 강정이지만 평소 활동량이 많아 몸이 또래 친구들에 비해 날씬한 편이다. 섭취한 칼로리 이상 열량을 소모해 아직 거추장스러운 지방 덩어리를 배 앞에 달고 다니지 않는다. 다만 옆구리 좌우에 달라붙은 도톰한 햄 덩어리가 떨어질 생각들이 없으시다. 그도 나름 매력 있는 비주얼 담당이었지만 이젠 보내줘야 할까보다. 어떻게? 열심히 운동해서…

나이 먹어 그렇다는 자연스러운 핑계가 통할 수 있는 건 자신의 몸 상태와 건강뿐인 것 같다. 바쁘게 앞만 보고 달려온 대한의 남아들에게 튀어나온 뱃살과 각종 성인병은 열심히 살아온 날의 훈장일지도 모른다. 나를 포함 거의 모든 중년 아재들이 운동 부족, 끈기 부족 진단을 받고도 손 하나 까딱하기 싫어하는 환자들이다. 되도 않는 핑곗거리로 운동에 소홀했던 지난날을 정당화하는 건 아니다.

'그래, 이제부터라도…'

고이 간직해 왔던 옆구리살과 게으름을 떨쳐낼 과감한 결단력이 내 등을 떠민다. 가족이 있는 이 몸은 혼자만의 것이 아님을 깨달은 걸까. 아니면 아내의 홈트레이닝을 보며 발동한 단순 호기심일까. 요 몇 달 새 사뭇 달라진 아내의 모습에 홈트레이닝의 생생한 효과를 목도한다. 헬스장 PT를 끊어 전문가의 체계적인 트레이닝을 받으면 더할 나위 없겠지만 시기도 좋지 않고 비용도 만만찮다. 코로나19의 여파가 생활의 많은 걸 바꿔놓았고 모바일 콘텐츠의 영향력을 무시할 수 없다. 각종 홈트레이닝 영상들이 온라인에 넘쳐난다. 잘 따라 하며 규칙적인 일상으로 바꿀 수만 있다면 최소의 금액으로 최대의 효과를 얻을 수 있다. 내 몸은 가장 좋은 답을 알고 있다. 내게 잘 맞고 효과적인 게 어떤 건지…

결심 후 곧바로 실행에 옮겼다. 실내자전거로 가볍게 30분 유산소운동으로 워밍업을 해준다. 다음 근력운동으로 그 힘들다는 플랭크 자세를 3분 넘게 버텨낸다. 세 타임 반복 후 첫날을 마무리한다. 나 아직 죽지 않았다. 남들은 1분 버티기도 힘들다는 극한의 자세다. 코어근육이 잘 발달된 건 분명하다. 조금만 더하면 몸짱도 시간문제일 듯하다. 이번에도 자신감만큼은 하늘을 찌른다. 결심이 서고 운동을 시작한 지 이틀이 지나고 대망의 작심삼일이 밝았다. 3일째가 되니 몸이 찌뿌둥하고 만사가 귀찮아진다. 일이 많아 피곤하단 비겁한 변명을 늘어놓으며 오늘은 그냥 건너뛴다. 앞으로 계속 건너뛸 것 같다는 말에 불길한 예감이 등 뒤로 쓰윽… 여지없이 아내의 등짝 스매싱이 날아든다. 이거 날이 갈수록 매섭다.

2. 나에겐 반드시 버려야 할 나쁜 습관이 있다

평소 작은 일에도 쉽게 화내고 뜻대로 되지 않는 일에 짜증을 부리는 습관을 버리려 한다. 집에서는 덜하지만 밖에서 일하는 시간 동안은 미간의 주름을 구겼다 폈다를 무한반복 한다.

괴팍하다 여길지 모르나 일을 할 때 처음과 끝맺음의 모든 과정을 혼자 계획하고 결정하려 한다. 처음 독립된 현장을 맡아 일할 때부터 독하게 마음먹은 게 있다. 남에게 절대 휘둘리지 않겠다는 나름의 원칙이다. 내 고집과 방식대로 진행해야만 하는 일종의 독선(獨善)이라 하겠다. 지금껏 부족하나마 완성도 있는 마감과 품질을 위해 최선을 다했다. 덕분에 주변의 좋은 평가와 그에 따른 보답도 따라주었다. 그렇게 하나하나 작은 규모에서 큰 규모의 현장까지 긴 시간을 달려왔다.

도면을 챙겨 받아 작업의 시작과 중간, 마감과정을 머릿속에 그려보고 현장 구석구석을 돌며 꼼꼼히 검토한다. 모든 일이 내 생각처럼 순탄하게 흘러가면 얼마나 좋겠는가. 문제는 그다음이다. 계획했던 진행과정의 전반이 타의에 의해 다른 방향으로 비껴가는 걸 참지 못한다는 데 있다. 과정이 의도치 않게 틀어졌다 한들 해결 못 할 것은 없다. 방법을 찾으면 시간이 조금 걸리더라도 충분히 해결할 수 있지만 지독스러운 고집이 발목을 잡는다. a부터 z까지 거침없어야 할 일련의 과정 중 발생하는 변수를 받아들이지 못하고 스트레스를 받는다. 같이 일하는 이들에게 내 지시와 다른 어긋남에 대해 화를 참지 못하고 쏟아낸다. 뜻대로 되지 않는 답답함을 짜증으로 표출한다. 부끄럽지만 내가 가진 가장 큰 단점이자 반드시 버려야 할 나쁜 습관이다. 혼자 사는 세상이 아니란 것을 가끔씩 잊을 때가 있다. 그럴 때마다 누군가 해주던 지적과 충고의 말을 고깝게 들었던 어리석음이 후회스럽다. 오랜 시간 망각과 후회를 반복하는 동안 성격 급하고 충동적인 나로 인해 마음의 상처를 받은 이들도 제법 있었으리라. '화'를 제대로 컨트롤하지 못하는 나를 이해해 줄 사람은 많지 않다. 이제부터 안 그러면 되지라는 단순한 결심만으로 쉽게 바뀌지 않을 거란 것도 잘 알고 있다. 화를 다스리는 방법이야 책이나 인터넷에서 정보를 얻거나 주위 사람들에게 도움을 청할 수도 있다. 다만 변화를 위한 지속적인 의지가 관건이다. 타인의 시선을 의식한 것이기도 하지만 결국은 나 자신을 위한 것이다. 모난 돌이 정 맞는다 했다. 마음속 모난 곳을 스스로 쳐내고 깎고 다듬는 수련을 해야겠다. 마음의 건강과 여유를 위해서라도 조급해하지 말고 조금씩 천천히 바꿔가야겠다.

　한 철학자의 명언을 빌린다.

　"화를 내며 보내기엔 우리의 인생은 짧다"

radio ga ga

　　　　　라디오라는 매체가 주는 특별한 감성코드가 있다. 여타 다른 디지털 매체들과 차별화된 아날로그적 감성은 잊고 있던 옛것들에 대한 향수를 불러일으킨다. 그것은 형형색색의 화려함이 아닌 오래되어 색 바랜 흑백사진 같은 수수함과 잔잔한 명암의 대비로 다가온다. 라디오는 유일한 전달수단인 소리만으로 무한한 상상력을 자극하며 흑백명암 위에 본래의 색을 덧칠할 감성 어린 과정을 더한다. 80년대 컬러TV의 보급과 MTV 채널의 출현으로 라디오의 전성시대가 끝나는 듯했다. 하지만 디지털 시대의 흐름을 역행하듯 그 시절을 그리워하는 많은 이들에 의해 다시금 라디오가 주목받고 있다. 대중화되었던 CD에서 음원파일과 스트리밍 서비스로 대체된 이때에도 레트로 감성을 간직한 마니아들이 꾸준하게 LP음반을 찾는 것처럼 말이다. 각종 자극적인 미디어의 홍수 속에도 주머니 속 스마트폰, 아내의 주방 한편 누군가의 작업장 한쪽 구석에 아직껏 자리를 지키고 있다. "Video killed the radio star"를 외치던 어느 노래의 후렴구가 무색하기만 하다.

라디오는 각종 뉴스들과 필요한 정보를 알려주고 DJ의 달달한 멘트와 음악을 들려주기도 한다. 청취자들과 함께 울고 웃고 공감하며 상황에 따라 일어나는 감정의 변화를 공유한다. 이렇듯 실시간으로 청취자와 함께 호흡할 수 있는 점은 라디오만이 가진 장점이다. 이 매력에 푹 빠진 많은 이들의 손에 펜과 수화기를 들게 했다.

라디오에 얽힌 추억들은 학창 시절 얘기에 빼놓을 수 없는 단골메뉴 중 하나다. 인터넷게시판과 문자메시지로 대체되어 더 이상 볼 수 없게 된 정성 가득한 손글씨의 엽서들. 그 안에 담긴 따뜻했던 사연들.

"사랑하는 친구 ○○, △△, …와 같이 듣고 싶어요"

우리들 학창 시절 라디오에 사연을 보낼 때 꼭 쓰던 공통멘트였다. 이 멘트는 개인을 넘어 우정이란 유대감 형성의 숨은 공로자가 아닐 수 없었다. 보낸 엽서가 채택되어 사연이 소개되고 선물까지 받았던 친구들도 주변에 있었다. 그 대목을 녹음해 들려주며 으스대던 녀석들이 부러우면서 한편으론 '나도 한번 보내봐?'라는 호기심이 일어 따라 해보기도 했다. 결과는 무(無)당첨의 쓰라린 기억뿐…

한 라디오 프로의 애청자로서 요즘도 틈나는 대로 사연이나 신청곡을 보내기도 한다. 보내놓고도 특별히 PD들에게 눈에 띄는 사연들이 아니었는지 방송을 탄 적은 한 번도 없었다. 이런 것도 남보다 뛰어난 글재주와 함께 운도 따라야 하나보다. 하지만 포기란 없다. 오늘도 난 짧은 건 50원 긴 건 100원의 정보이용료가 드는 문자메시지를 방송국에 아낌없이 날려준다.

차에 오르면 습관적으로 라디오를 켠다. 한 주파수의 채널로 고정하다시피 하니 전원스위치만 올리고 볼륨만 적당히 조절하면 그만이다. 음악을 듣기 위함도 있지만 배경음이 되어 운전할 때 들리는 잡다한 주행소음을 덮어주기도 한다. 라디오 소리는 반 평 남짓한 차 안을 나만의 새로운 소리 공간으로 재탄생시킨다. 무엇보다도 긴 시간 지루함을 즐거움으로 바꿔주니 장거리 운전에 빠질 수 없는 보이지 않는 길동무다.

필자가 즐겨듣는 〈○○○의 음악캠프〉는 DJ의 무뚝뚝한 말투와 풍부한 음악 지식, 탁월한 선곡들이 나만의 라디오 취향과 맞아떨어진다. DJ의 긴 멘트와 출연진들의 수다로 시끌벅적 산만한 프로는 그닥 좋아하지 않는다. 간단한 멘트와 함께 바로 음악을 틀어주는 전형적인 라디오 진행방식이 좋다. 요즘 잘나가는 인기를 이용해 DJ로 캐스팅되어 진행하는 걸 우연히 들어볼 때가 있다. 솔직히 말해 '뭐야, 이건 내가 해도 얘보단 낫겠다. 하다 하다 쟤가…?' 소리가 절로 나오는 이들이 진행하는 경우도 적잖다. 전문적으로 MC

나 DJ를 하던 사람이 아닌 많이 알려지고 일정 이상 팬덤이 형성된 이들을 기용하는 추세다. 개인적으론 못마땅해도 방송국은 그게 아닌 모양이다. 청취율을 높이기 위한 목적인 건 이해하지만 효과는 '글쎄올시다'인 경우도 허다하다. 하지만 사람도 적응의 동물이기에 손발 오그라들던 서투른 진행도 시간이 지나며 귀에 익숙해져 간다. 그래도 틀린 게 아니고 다른 것이라 말하기엔 일반적인 기대치를 밑도는 경우가 많다. 이에 관한 건 개인적인 취향이기에 불필요한 논쟁으로 번질듯하니 이것으로 마치겠다.

뮤직카페 DJ들을 마냥 동경하던 때가 있었다. 새치머리 희끗한 지금보다는 조금 더 젊었던 시절이었다. 일반인들과는 다른 세상에 있는듯한 라디오 DJ들과 비교해 내 주변 가까이 있어서인지 편안함과 친숙함이 더했다. TV 속 더벅머리 장발에 빨간 스카프, 뒷주머니에 얼굴만 한 도끼빗을 꽂은 느끼한 겉모습은 웃음을 위한 과장된 설정일뿐이다. 현실에선 그와 다른 차분한 모습으로 부스 안에 앉아 음반들을 살피고 다음 곡들을 준비한다. 각 테이블에서 올라온 신청곡을 받아 준비해 온 멘트와 함께 음악을 틀어주는 모습이 진지하다. 단순작업 같지만 나름 철저한 준비와 전문적인 지식이 필요하다. 여러 장르의 음악을 섭렵해야 하고 약간의 글발과 순발력도 갖추어야 한다.

대학 시절 친구가 DJ 알바를 하던 카페로 하루가 멀다 하고 드나들었다. 부스 안에 들어가 음반도 찾아주고 멘트원고 쓰는 걸 거들기도 했다. 한참 록음악에 푹 빠져 지내던 때였다. 가벼웠던 주머니 사정 따윈 개의치 않았다. 같은 음악을 좋아하던 친구들과 고성능 오디오 시스템을 통해 최상의 음질로 음악을 들을 수 있다는 자체만으로도 너무나 행복했던 시절이었다. 그때 이후부터 변함없는 록음악에 대한 애정은 심각한 음악적 편애를 만들기도 했다. 다소 누그러들긴 했지만 과한 록스피릿으로 다른 장르의 음악들은 삼류로 치부해 버리던 편협한 사고의 소유자였고 골수마니아였다. 휴대용 카세트를 항시 챙기고 이어폰이 귀에서 떨어질 날이 없었다. 청력에 탈이 생기지 않은 것만도 다행이었다. 수많은 록밴드의 테이프가 내 카세트플레이어를 거쳐 갔고 모르는 밴드가 없을 정도였다. 모자란 용돈에도 하나둘 사 모은 테이프만도 수백 개였다.

숫기 없는 나와는 사뭇 다른 진지한 모습의 그들을 보며 '나도 해보고 싶다' 하며 꿈꿔보던 때가 있었다. 무조건 많은 밴드와 그들의 노래들을 다 꿰고 있다 해서 되는 게 아니었다. 확실한 건 아마추어가 아닌 그 일로 밥벌이를 하는 프로들은 뭔가 다르다는 것이다. 라디오 DJ든 동네의 작은 뮤직카페 DJ든 남다른 입담과 재치 있는 순발력, 음악적 지식을 고루 갖춰야 하는 건 당연지사. 그냥 좋은 이들과 즐거운 시간을 함께하고 함께 들을 수 있는 것으로 만족함이 현명했다. DJ부스 안에서 어색한 멘트를 날리는 내 모습에 창피함으로 밤에 혼자 이불킥을 날렸을지도…

가끔씩 풍부한 감수성과 낭만 가득했던 그때 모습이 그리워질 때가 있다. 하지만 긴 하루를 뒤로하고 가족들이 기다리는 집으로 향하는 중년 아저씨의 모습이 현재 내 …ing다. 지금 위치를 지켜내야 하는 현실의 벽에 부딪혀 꿈은 꿈으로만 간직해야 하는지도 모른다. 요새는 운전 중 재미로 라디오 속 DJ가 나라는 엉뚱한 상상을 해보며 나름의 멘트를 날리기도 한다. 보고 듣고 할 사람도 없으니 부끄러움은 나 혼자만의 몫이다.

"오늘도 손동일의 음악캠프 출발합니다"

홀로 차 안에서 외치는 어설픈 멘트지만 실제로 진행하는 중이라면 정말 짜릿할 것 같다.

"어이 손 DJ, 오늘은 무슨 노래 들려줄 거야?"

epilogue

그룹 '퀸'의 < radio ga ga >가 라디오 전파를 타고 흐른다. 초반 인트로의 드럼비트가 전율의 예열을 달군다. 이어 가세하는 웅장한 신디사이저 음색은 온몸의 털을 곤두세우고 소름 돋게 만드는 마성의 사운드다.

퀸의 오랜 팬인 내게 수십 년이 지나도 들을 때마다 늘 새로운 떨림을 선사한다. 일단 귀를 열고 들어보는 거 이외에 따로 설명이 필요 없는 명곡(名曲) 중의 명곡이다.

이 곡은 라디오에 대한 그리움과 영원함을 노래했다. 아이러니하게도 앨범 발매 당시 시대를 앞서가는 그들의 뮤직비디오는 MTV 시대의 수혜를 톡톡히 입는다. 단순히 듣는 음악에서 보는 음악으로 바뀌어 가는 시대의 흐름을 잘 만난 것이다.

7

　　스트레스, 요즘 현대인이 입에 달고 사는 외래어 1위라는 글을 본 적이 있습니다. 그만큼 사람들이 정신적, 육체적 스트레스를 호소한다는 방증이기도 하구요. 하지만 스트레스에도 나쁜 스트레스와 좋은 스트레스가 있다는 걸 아시나요? 그것으로 자신에게 어느 정도의 긴장감과 업무에 효율을 줄 수 있다면 좋은 스트레스, 반대로 내적 불편함과 그걸 극복하지 못한 우울함, 불안함이 지속된다면 나쁜 스트레스라 할 수 있습니다. 외부의 자극에 각자 대처하는 과정과 방식에 따라 좋은 스트레스와 나쁜 스트레스가 되는 건 종이 한 장 차이 아닐까 싶습니다. 포털사이트 연예면에 한 아이돌그룹 멤버의 기사를 본 적이 있습니다. 가수활동 중 그 스스로 쉽진 않았겠지만 악플을 거의 안 본다는 얘길 하더군요. 태생이

낙천적이고 스트레스받는 일을 싫어해 항상 즐겁게 살려고 한다는 얘기두요. 그야말로 자신에게 스트레스가 되는 요인을 원천적으로 차단하고 극복하는 가장 손쉬운 방법을 알고 있는 겁니다. 요즘 같은 세상에 그러기엔 힘들지만 좋은 면만 바라보려 노력하는 긍정의 마인드로 살아가는 것. 이게 스트레스와 멀어지는 최선이 아닐는지요.

그런데 말입니다. 오늘이 일요일인데도 일이 바빠 출근해야 하는 이 상황은 저에게 좋은 스트레스일까요, 나쁜 스트레스일까요. 육체적, 정신적 스트레스가 자웅동체처럼 공존하는데 말이죠. 다만 전 그것이 알고 싶습니다만…

그냥 좋게 생각하렵니다. 먹고살기 정말 힘드네!

8

∘ ∘   어느 날 다윗 왕이 보석 세공인을 불러 명령을 내렸다.
"짐을 위해 반지를 만들고 그 반지에 글귀를 하나 새겨 넣어라. 그 내용은 내가 승리했을 때 기쁨에 취해 자만해지지 않도록, 또한 동시에 절망에 빠져 있을 때 수렁에서 건져줄 수 있는 그런 글이어야 하느니라"

보석 세공인은 왕의 명령대로 아름다운 반지를 하나 만들었지만 적당한 글귀가 생각나지 않아 고민을 하다가 지혜로 소문난 솔로몬 왕자를 찾아가 조언을 구했다.

"폐하의 황홀한 기쁨을 절제해 주고 동시에 폐하께서 낙담했을 때 격려를 줄 수 있는 말이 무엇일까요?" 솔로몬이 미소를 지으며 대답했다.

"이렇게 쓰시면 됩니다"

"이것 또한 지나가리라(It shall also come to pass). 폐하께서 승리의 순간에 그 글을 보시면 자만심을 가라앉히게 될 것이고, 절망의 순간 그것을 보신다면 곧 용기를 얻게 될 것입니다"

책에서 보았던 짧은 한마디이지만 참 많은 걸 담고 있다고 생각합니다. "이것 또한 지나가리라" 지금 기쁜 순간, 힘든 순간은 앞으로 살아갈 인생의 일부분일 뿐입니다. 세월이 야속한 게 아니라 세월은 약(藥)인 겁니다…

101가지 버킷리스트

∙ ∙   죽기 전에 해야 할 혹은 평생 한 번쯤 해보고 싶은 걸 적은 목록을 '버킷리스트'라 한다. 모두들 마음속에 원하는 버킷리스트를 가지고 살아간다. 목록의 개수가 중요한 건 아니지만 기왕이면 많은 게 좋지 않을까. 다양한 걸 경험해 봤다는 얘기고 즐거웠던 인생의 증거이기도 하다. 생이 다할 때쯤 목록 중의 절반도 못 해봤다 해서 뭐라 할 사람은 아무도 없다. 그것만으로도 감사히 여기며 생의 마침표를 찍을 수 있을 것이다. 나름 알찬 인생을 살았다는 자부심은 덤으로 가져갈 수 있을 터.

이제부터라도 틈틈이 생각나는 대로 하나씩 적어보도록 하자. 그리 거창하지 않아도 된다. 각자 인생이란 바구니 속에 적은 쪽지를 던져 넣으시라. 그 속의 내용은 당신만의 비밀이다. 다 되면 수많은 쪽지 중 하나를 골라 펼쳐보자. 영화 〈포레스트 검프〉의 초콜릿 상자처럼 어떤 게 걸릴지는 누구도 알 수 없다.

오래전부터 간직했던 엉뚱 발랄한 바람들이 하나둘씩 떠오른다. 그럼 나도 장난기 가득 미소를 머금고 하나씩 적어 던져넣겠다. 적다 보니 101가지가 되었다. 시답잖은 내용이 대부분이지만 다분히 엉뚱한 나에겐 재미와 호기심의 충족, 그 이상이다.

왜 101가지냐고 물으신다면 음… 백 개보다 하나가 더 많아서? 그냥 아무 이유 없다.

1. 걸어서 제주도 가기 ☐
2. 며칠 동안 날 새서 영화 보기(졸릴 때까지 잠 안 자고 버티면서) ☐
3. 단 거 마음껏 먹고 살찌웠다 다시 빼기 ☐
4. 나이키 운동화 한정판 사 모으기 ☐
5. 내가 거쳤던 전국의 현장들 다시 한번 둘러보기 ☐
6. 빈 땅 사서 예쁜 집 짓기 ☐
7. 날씬하게 나이 들어 스키니진 입고 다니기 ☐
8. 명품 손목시계 구입하기(짝퉁 말고 진품으로) ☐
9. 옛 멤버들과 다시 밴드를 만들어 합주하기 ☐
10. 딸들 20, 30, 40, 50, 60살 생일에 가족사진 찍기 ☐

11. 2종 소형 면허 취득하기 ☐
12. 바이크 타고 대륙횡단 해보기 ☐
13. 50세 이전에 에세이집 출판 ☐
14. 나무 위에 13층 나무집 짓기 ☐
15. 장롱을 들어 올려 그 밑에 먼지 깨끗이 청소하기 ☐
16. 4륜 픽업트럭 타고 오프로드 코스 주행 ☐
17. 계란 한 판으로 왕계란말이 만들어 혼자서 다 먹기 ☐
18. 로커들처럼 길게 머리 길러 헤드뱅잉 해보기 ☐
19. 호텔 스위트룸에서 라면 끓여 먹기 ☐
20. 존경하는 건축가 안도 다다오의 작품 투어 ☐
21. 도쿄 오다이바 건담상 앞에서 사진 찍기 ☐
22. 70세에 사람들 모아놓고 70세 기념 콘서트하기 ☐
23. 전투기 탑승체험 해보기 ☐
24. 전투기 비상탈출 레버 시험 삼아 당겨보기 ☐
25. 스카이다이빙 도전하기 ☐
26. 아내에게 자전거 가르쳐 주기 ☐
27. DJ부스가 있는 커피숍 개업해서 신청곡 받기 ☐
28. 라테아트 배우기 ☐
29. 모아놓은 피규어와 건프라 유산으로 상속해 주기 ☐

30. 혼자 있고 싶을 때 짱박힐 아지트 만들기 □

31. 〈배철수의 음악캠프〉 1일 DJ가 되어 진행하기 □

32. 군대에서 한 달 살기 □

33. 비싼 고급 자전거 장만해 출퇴근하기 □

34. 직접 그린 그림 몇 장 붙여놓고 깜짝 전시회 □

35. 스위스 몽트뢰 재즈 페스티벌 관람하기 □

36. 최고시급 받고 편의점 알바해 보기 □

37. 가족들 얼굴 그림으로 남기기 □

38. 작은 도서관과 장난감전시관을 지어 아이들에게 개방하기 □

39. 63빌딩 옥상에 올라가 몰래 볼일 보기 □

40. F1카 타고 시속 300킬로미터로 질주해 보기 □

41. 딸들 결혼식 때 깜짝 축가 불러주기 □

42. 네일아트를 배워 아내와 내 손톱 장식해 보기 □

43. 작은 공방(작업실)에서 금속공예품 만들기 □

44. 어려운 이웃을 위해 봉사활동 하기 □

45. 트위스트김처럼 트위스트 추기 □

46. 자연인처럼 움막 짓고 몇 달간 지내보기 □

47. 재밌는 아재개그로 빵빵 터트리기 □

48. 마당에 예쁜 개, 고양이 키우기(단 집 안에는 안 됨) □

49. 한옥학교를 수료해 한옥 집짓기 □

50. 프라모델을 돈 받고 대신 만들어 주기 □

51. 록페스티벌 놀러 가서 밤새워 놀아보기 □

52. 박학기의 노래 〈비타민〉 딸들과 연주하기 □

53. 전국의 크고 작은 전시회 투어하기 □

54. 캠핑카를 장만해 지방출장 시 숙소 대신 사용하기 □

55. 멍때리기 대회 참가해 우승하기 □

56. 누군가의 고민 들어주고 해결하기 □

57. 내가 낸 책 베스트셀러가 되면 인세 전액 기부하기 □

58. 보컬 트레이닝 받아 〈she's gone〉 소화하기 □

59. 제대로 된 요리 몇 가지 마스터해 지인들 초대해 파티 열기 □

60. 식물 이름 많이 외워서 아내에게 아는척하기 □

61. 사서삼경 공부하기 □

62. 영화에서처럼 빗물로 샤워해 보기 □

63. 전국 유명 카페들 찾아다니며 커피 마시기 □

64. 자전거 말고 벤츠 안에 앉아 서럽게 울어보기 □

65. 기네스북에 도전하기(근데 뭐로?) □

66. 길었던 머리 빡빡 밀기 □

67. 정비를 위한 차고 만들어 내 차 튜닝하기 □

68. 〈비긴어게인〉처럼 길거리에서 버스킹해 보기 ☐

69. 제빵사 자격증 따서 내가 먹을 빵 내가 만들기 ☐

70. 비행기 조종 자격증 따기 ☐

71. 유화 그리는 법 정식으로 배우기 ☐

72. 애니메이션 〈Up〉처럼 풍선 타고 하늘 날기 ☐

73. 작은 배역이라도 영화나 드라마에 출연하기 ☐

74. 좋아하는 록스타들 사인받고 같이 셀카 찍기 ☐

75. 나만의 ○튜브 채널 만들기 ☐

76. 작사 작곡에 도전해 보기 ☐

77. 딱 100살까지만 살기 ☐

78. 80킬로 쌀 한 가마 쌀알 개수 세어보기 ☐

79. 선생님이 되어 아이들 가르치기 ☐

80. 영화 〈김씨 표류기〉처럼 한강 밤섬에서 살아보기 ☐

81. 여러 나라의 독특한 음식들 종류별로 맛보기 ☐

82. 배낭메고 걸어서 전국 일주 ☐

83. 호화요트에서 비키니 미녀들과 와인 한 잔의 여유 즐기기 ☐

84. 수영 배우기 ☐

85. 중학교 1학년 수학부터 다시 공부하기 ☐

86. 열심히 몸 만들어 바디프로필 촬영하기 ☐

87. 심리학을 공부해서 사람들 행동 관찰하기 □

88. 죽기 전에 금강산 관광 다녀오기 □

89. 고가의 난초 키우기 □

90. 비 오는 날은 언제나 김치부침개에 막걸리 한잔하고 드러누워 종일 잠자기 □

91. 나이 먹고 꼰대 소리 듣지 않기 □

92. 고급 외제차 사서 골프채로 때려 부수기 □

93. 롯데마트 토이저러스 통째로 털어와서 애들에게 나눠주기 □

94. 시니어 모델 도전하기 □

95. 오래된 빈티지 소품 수집하기 □

96. 버즈두바이의 꼭대기 층 계단으로 올라가 보기 □

97. 크리스마스에 산타복장 입고 고아원 방문하기 □

98. 물공포증을 극복, 심해로 스킨스쿠버 해보기 □

99. 페트병으로 뗏목 만들어 한강 건너기 □

100. 홍길동 같은 자경단을 조직해 범죄자들 작살내기. 특히 아동 성범죄자들 □

101. 사진작가에게 제대로 배워 작품사진 찍기 □

결정장애에 대처하는
우리의 자세

"어느 것을 고를까요. 알아맞혀 보세요. 딩동댕동…"
집에 놀러 와 있던 조카 녀석이 거실에서 두 가지 장난감을 놓고 누나들과 고민하면서 부르는 선택송의 일부다. 나 역시도 저맘때의 선택에 대한 고민을 저런 식으로 해결했던 경험자의 시선으로 봤을 때 뭘 고르려고 하는지 뻔히 들여다보인다. 같이 놀아야 하는 누나들의 눈치를 봐가며 적당한 선에서의 합의(?)를 이끌어 내야 하기에 이런 선택송으로서 이 상황을 갈무리하는 것일 게다. 자신이 맘에 들어 하는 장난감이지만 그것을 과감히 누나들에게 선뜻 양보해 주고 싶진 않은 눈치다. 그건 누나들도 마찬가지인지라 손이 왔다 갔다 하는 모양새를 유심히 살피고 혹시 모를 부정에 대비하며 촉각을 곤두세운다.

대개는 이미 마음속에 진짜로 원하는 것이 정해져 있는 상태로 1절을 낭송하기 시작한다. 1절을 낭송할 동안 원하는 곳에 손이 가면 그것이야말로 최상의 시나리오고 그러지 않으면 나올 때까지 가사를 더 연장해 가며 억지로 짜맞추기를 시도한다. 하지만 과유불급이라 했던가, 자꾸 가사를 연장하고 억지로 짜맞추기가 길어지니 누나들 역시 가만있질 않는다. 이젠 더 큰 권력을 가진 중재자가 나설 차례다. 결국은 말다툼으로 이어지기가 무섭게 아내가 머리에 뿔 하나를 세우고 중재에 나선다. 이건 네꺼, 저건 네꺼 이렇게 한번 혼쭐들이 나고서야 다시 거실에 평화가 찾아온다. 귀여운 녀석들…!!! 멀리서 이 상황을 지켜보는 나로서는 하는 짓들이 귀여워서 웃음만 난다.

얇디얇은 육아지식 정보로 추측건대 아이들의 이런 행동은 모두 다 가지고 싶은 과한 욕심에서 비롯된다. 하지만 그럴 수 없음을 깨닫고 운빨로서 그중 그나마 괜찮다 생각하는 걸 골랐다는 서투른 자기위안일 수도 있으리라. 물론 그 선택송이 100% 가까운 만족을 가져다주지는 못한다. 나이가 어리든 많든 무소유의 이념을 몸소 실천하는 성인군자가 아닌 이상 인간의 소유욕에 끝이란 없다.

이런 게 언제 적부터 우리의 어린 시절과 함께해 왔는지 모르겠지만 우리 세대보다 훨씬 더 오래전부터 존재했던 건 분명하다. 다만 가사만 조금씩 변형되었지 목적은 별다를 게 없는 하나의 놀이로서 이해하면 될 것이다.

'쓸데없는 고민 같은 거 집어치우고 이렇게 고르는 게 나아… 암 그렇고말고'

우스갯소리로 다 큰 어른이 되어서도 고쳐지지 않는 영구적 불치병 중 하나인 결정장애를 한 방에 날려줄 최선책이 아닐 수 없다.

세상 살면서 마주하는 선택의 순간들이 수도 없이 많다 보니 우린 늘상 고민과 결정이라는 딜레마에 빠진다. 짜장면이냐 짬뽕이냐를 고르는 것은 이미 오래된 고전처럼 여겨지는 고민거리의 조상격인 아이템이다.

자기 차보다 다른 차가 가는 차선이 더 빠르게 느껴지고, 친구가 고른 옷이나 신발이 더 좋아 보이며, 아메리카노냐 카페라테냐 마키아토냐 등등… 고를 수 있는 항목이 많아질수록 다양한 선택이 가능하니 더욱더 혼란스러울 수밖에 없다.

어릴 적 '어느 것을 고를까요…'에서 시작한 선택이라는 명제는 세월이 흘러 인생의 새로운 출발점이 되기도 하는 대학교나 전공과목 결정부터 국가의 중대사까지 그 영향력을 행사하기 시작한다. 어떤 대학, 어떤 과를 전공해야 내 미래의 삶이 더 행복하고 풍요로워질 것인가, 이 중에 어떤 사람을 뽑아야 이 나라가 경제, 안보, 정치위기 등을 잘 헤쳐나갈 수 있을까 하는 것들 말이다. 아침에 눈을 뜨는 순간부터 밤에 잠드는 순간의 평범한 일상들이 선택의 연속이지만 그중 어떤 것이 더 중요한가를 판단하는 건 남이 아닌 나 자신의 몫이다. 어느 책에 보니 남의 도움이 아닌 자신 스스로 최상의 선택을 했다고 느낄 때 가장 큰 만족감과 행복감을 느낀다고 한다. 아버지가 골라주신 회사, 어머니가 골라주신 신붓감, 형이 골라준 자동차, 친구가 골라준 옷 등등. 생각만 해도 이건 아니다 싶다. 다 커서도 이러는 사람들이 존재할까 싶지만 생각보다 많은 이들이 간단한 결정조차 남에게 의지하며 살아간다고 한다. 나도 뭔가 중요한 문제를 대신 결정해 줄 누군가가 간절할 때가 있지만 그래도 나의 선택을 더 믿는 편이다. 그게 잘못된 결과를 낳을지라도 결국 책임질 범위 내에서 벌어지는 일들은 나 스스로 수습할 수 있기에 가능한 일이다.

우리가 아는 모든 정보력과 지식을 총동원하고도 제대로 된 판단이 서지 않을 때 마지막 비장의 카드가 기다리고 있다. 조카가 하던 "어느 것을 고를까요. 알아맞…"

이걸로 세상만사 모든 일을 손쉽게 결정지을 수 있다면 얼마나 좋을까 생각해 본다.

- 2019년 8월의 어느 날

외로움의 거리

　　다양한 인터넷, SNS 서비스의 등장 속에 많은 모임과 만남이 손바닥만 한 스마트기기를 통해 손쉽게 해결되는 요즘이다. 디지털 세계 속 인연이 빠르게 현실 속 우정, 연인으로 발전할 수도 있다. 그렇게 맺어진 인연들은 디지털 시대의 도래가 가장 반가울 최대의 수혜자들이다. 반대로 너무 간단하고 쉽게 연결된 관계들이라 가벼이 여겨서일까, 관계정리 역시 손쉽게 클릭 한 번으로 로그아웃된다. 내 가족 빼곤 완벽한 타인이라 결론지어도 무방할 정도다. 조그마한 화면 속 여러 명의 친구들과 함께하고 있지만 화면에서 눈을 떼고 뒤를 돌아보면 바로 옆에 아무도 없는 삭막함이 어색하다. 함께하고 있지만 외롭다고 느끼는 순간을 캡처해 놓으면 이런 모습일 것이다. 뭔가 섬뜩하면서 웃기면서도 슬픈 모양새다.

그렇게 우리는 온라인이든 오프라인이든 함께 있으면서도 저마다 알 수 없는 외로움과 공허함을 경험한다.

> 외로움이 당신에게 속삭일 때 이제는 더 이상 피하거나 두려워하지 말자/외로움은 누구에게나 죽는 날까지 헤어질 수 없는 친구일 뿐이다.
>
> 넥스트 1집 <외로움의 거리> 가사 중에서

꽉 막힌 퇴근길 차 안. 주행 중 엔진소리와 흘러나오는 라디오 소리 외에 다른 건 없다. 퇴근길의 러시아워 속 같은 방향, 같은 차선에 선 다른 이들도 나와 별반 다를 게 없다. 그저 앞차의 꽁무니만 쳐다보며 아무 느낌 없이 느릿느릿 주행을 이어가다 보면 가끔 그런 생각이 든다. 같은 도로 위 수많은 행렬들 속에 함께 있지만 자동차라는 좁은 공간 속 대다수는 혼자다.

하루 종일 여러 사람들과 부대끼는 일과시간이 끝나고 철저하게 혼자만의 시간이 오며 찾아오는 약간의 외로움. 오늘 하루 나를 피곤하고 성가시게 했던 사람들 다 떨쳐내고 혼자 있다는 안도감. 이 두 상황을 홀로 폼 내며 은근히 즐기고 있는 걸 보면 아직 진정한 외로움의 감정을 제대로 맞닥뜨려 보지 못했다는 얘기일 수도 있겠다. 동시에 밀려오는 이 외로움과 안도감의 정체가 뭔지, 이 느낌을 말이나 글로 표현하기가 애매하다. 결국은 싫어도 유지해야 하는 인간관계를 억지로라도 이어가려 애쓴 정신적 대가이자 부작용이 아닐까.

  오늘 하루 유독 다른 날보다 작업이 힘들었고 사람들에 치이고 그 때문에 몸도 마음도 많이 지쳐 있었나 보다. 잠시나마 먹히지도 않을 감성팔이를 해대는 걸 보니.

메모광

메모를 위한 종이 몇 장과 줄자를 가지고 실측과 시공 상태 확인을 위해 현장 전체를 층층이 누빈다. 아침부터 점심 직전까지 반나절의 시간 동안 땀을 비 오듯 흘리며 걸음을 재촉했다. 때는 7월 여름의 한복판. 더우니까 여름이라지만 이럴 땐 원망스럽다. 얼핏 본 휴대폰의 만보기가 이미 11,000보가 넘어 12,000보를 향해 간다. 앞으로 체크하러 가야 할 곳들이 열 군데가 넘게 남았다. 점심은 건너뛰든 느지막이 김밥으로 때워야 할까보다. 같이 일하는 분들은 먼저 식사를 하러 보내고 아직 남은 곳을 향해 발길을 돌린다. 30분 남짓 더 돌았을까, 드디어 현장 전체 109세대의 실내계단 실측과 확인이 모두 끝났다. 이제 이면지에 임시로 적은 각 세대별 치수들을 사무실에서 정리해 자재 발주와 제작도면만 그려놓으면 끝. 서둘러 사무실로 가는 도중 발걸음을 멈춘다. 뭔지 모를 불길함이 쎄하게 뒤통수를 스쳤다. 들고 다니던 파일을 급하게 펼쳐놓고 이면지를 확인하려는 순간 그 자리에 얼어붙는다.

'이런 옘병할!!! 치수 적은 종이가 도대체 어디 간 거야' 사무실로 가는 도중 어딘가에 흘린 게 분명하다. 현재 서 있는 곳을 중심으로 흘렸다고 의심되는 장소로 다시 되짚어 가본다. 아무리 찾아도 안 보인다. 그렇다. 여긴 드넓고 복잡하기 그지없는 거대한 현장 아닌가. 지나온 길에 다른 작업자들의 통행도 많았고 지게차들도 여러 대 작업 중이었다. 떨어진 자리에 그대로 있을 리 만무하다. 맥이 빠져 그 자리에 주저앉아 잠시 멍을 때렸다. '나 오전 내내 뭐 한 거지'

이럴 때일수록 침착해야 하지만 침착이고 뭐고 불같은 짜증이 확 밀려온다. 내 두 다리의 고생은 어디에 하소연하랴. 홧김에 굴러다니던 깡통을 발로 뻥 차보지만 화가 누그러지지 않는다. 종이 몇 장 분실에 고스란히 오전 반나절이 날아갔다. 누구든 오늘이 이승의 마지막 날이고 싶지 않다면 내 심기를 건드리지 않길 바랄 뿐이다. 망연자실(茫然自失), 아연실색(啞然失色), 자포자기(自暴自棄)… 나의 현 상태를 세 고사성어가 대변해 준다. 허나 누구를 원망하겠는가. 정신없이 흘리고 다닌 내 부주의인 것을. 어차피 어수선한 현장 안에서 잃어버린 메모가 나 여깄소 하고 다시 나타나진 않을 터. 시공상태는 전부 확인했으니 실측만 다시 하면 될듯하다. 사무실 의

자에 앉아 커피를 한 잔 마시며 마음을 추슬러 본다. 점심을 건너뛰었는데 배고픈 줄도 모르겠다. 다시 네 시간가량 정신없이 뺑뺑이를 돌았다. 머리도 팽 돈다. 만보기는 3만 보를 훌쩍 넘어가 역대 도보기록을 갱신했다. 고강도의 행군을 두 번 반복하고 나니 퇴근 시간이 임박해 온다. 서둘러 정리해서 자재를 발주해 놓고 제작치수를 뽑아 파일에 소중히 끼워 넣었다. 두 번 실수는 절대 용납하지 않는다. 혹시 몰라 사진도 찍어 저장한다. 한 번 잃어버려 허비했던 시간들을 뼛속 깊이 반성하며 말이다. 근래 몇 안 되는 대참사라 표현하는 며칠 전 현장에서 발생한 웃지 못할 사건이다.

평소에 메모를 위한 다이어리나 노트를 잘 들고 다니지 않는다. 귀찮게 양손에 뭔가 들려 있는 걸 싫어하는 성격 때문이다. 나의 두 손은 항상 가볍게 유지한다. 현장에서 뭔가를 기록할 일이 있으면 주변의 석고보드, 자재 쪼가리나 박스종이, 도면의 한 귀퉁이 같은 데 기록해 두었다가 시간이 지나 다시 옮겨 적었다. 일에 관련된 중요한 기록을 위해 샤프펜으로 적을 수 있는 곳, 손에 잡히는 것 뭣이든 메모지로 바꾼다. 하지만 결정적 실수는 그 메모들을 소중히 챙기지 않는다는 것. 여기저기 주머니에 넣고 다니다 지워져 못 알아보거나 잃어버리기 일쑤다. 적었던 사실을 까맣게 잊고 다니다 한참 후에 발견된 메모를 보며 실소를 금치 못할 때도 있다. 도면 같은 인쇄물들을 잘 못 챙기는 것도 피차 매한가지. 도면용 파일이 있어도 아무 데나 넣어놔 찢어지고 해지고 잃어버리고 다시 인쇄하기를 되풀이해 왔다. 현장에서는 세밀함과 꼼꼼함이 둘째가라면 서러운 나란 사람이 가진 의외의 반전이다. 내 속에 나도 모르는 털털함이라는 이중인격이 존재하고 있었나 보다. 생각해 보면 오늘만 그랬던 건 아니었다. 이번엔 분실의 규모가 크고 타격이 크니 더 민감해진 것뿐이었다. 중요한 메모나 도면들을 잘 보관하고 관리하는 것도 능력이니 아직 팀장으로서 가야 할 길이 멀다. 모든 걸 머릿속에 다 담을 수 있을 정도의 기억력 천재도 아니면서 허술하기 그지없다.

학창 시절 국어 교과서에 나왔던 수필가 이하윤의 〈메모광〉이 떠오른다. 주인공인 작가의 기억력과 맞바꾼 수많은 메모들과 정리 습관들에 대한 자전적이고 고백적인 문체로 쓰여진 수필이다. 늘 메모하는 습관과 사소한 메모까지 챙기며 보관하던 작가는 어느 날 친구의 집에 초 대받아 갔다가 소중한 메모봉투를 두고 오게 된다. 늦은 밤 시간, 두고 온 메모봉투의 부재에 온 신경이 곤두서 끝내 숙소를 나서 기차로 두 정거장이나 되는 먼 거리를 다시 돌아가는 수고를 마다하지 않는다. 스스로 광적인 집착이라고까지 칭하던 그였기에 잃어버렸던 메모들 하나하나가 그저 의미 없는 종이조각들은 아니었으리라.

작가의 상황이 이러한 내 상황과 비슷하게 겹친다. 늦은 밤 친구 집을 다시 찾아간 수고를 감수한 것처럼 나 역시 몇 시간이 넘는 수고를 반복해야 했다.

작가가 가진 일종의 강박증적인 메모습관까지는 아니어도 현장 내에서 뭔가를 적고 기록하는 것은 그에 못지않다. 나 역시 뇌의 기억력이 망각의 힘을 이겨내지 못하기에 늘 메모에 의존하는 편이다. 여기 필자와 진정한 메모광이셨던 수필가 이하윤의 차이라면 그 기록의 흔적들을 잘 간수하느냐 못 하느냐의 차이일 것이다.

오늘도 습관적으로 아무 종이에다가 중요한 치수들을 낙서하듯 적고 주머니 이곳저곳에 넣어두는 나를 발견한다.

그리 혼나고서 또, 또… 쯧쯧쯧.

9

　　머리 감을 때 항상 샴푸를 애용합니다. 기능 면에서 머릿결과 두피 관리에 비누보다 뛰어나고 무엇보다도 은은하고 싱그러운 향기가 가장 큰 이유입니다. 샴푸를 고를 때 특정 브랜드에 연연하지 않고 뚜껑을 열어 마음에 드는 향이 나면 그뿐입니다. 효능은 모두 거기서 거기입니다. 좋은 향기는 기분 좋은 하루의 마무리로 이어주기 때문이죠. 고도근시라 안과 쪽 기능은 남들에 비해 조금 뒤떨어집니다. 반면에 냄새나 소리 같은 이비인후과 쪽 감각은 탁월한 편이라 관리에 신경을 많이 쓰는 편입니다. 아주 가끔 복잡한 전철이나 버스를 타고 출근할 때면 무수한 인파들 틈에서 풍기는 수많은 냄새들이 코끝을 스쳐 갑니다. 사람들의 체취와 주변의 다양한 냄새들이 섞인 북적대는 객차에 몸을 싣고 목적지로 향해 갑니다. 마침 어느 역에 도착했을 때 스크린도어가 열리며 풍겨오는 향긋함을 따라 저절로 고개가 돌아갑니다. 아니나 다를까 전철에 오른 이는 젊은 여자 승객입니다. 이 승객의 머리카락에서 나는 감은 지 얼마 안 된 약간 덜 마른 듯 촉촉한 샴푸 향이 아침 공기의 상쾌함과 더불어 기분 좋은 출근길을 만들어 줍니다. 승객 한 사람으로 인해 썩 상쾌하지 않던 주변 냄새가 향기로 바뀌는 마법입니다. 그래서 기능적인 면도 중요시하지만 더 좋은 향기가 나는 제품을 고르는 데 신경을 쓰는지도 모르겠습니다. 퇴근할 때쯤이면 온갖 냄새에 희석되어 온데간데없이 사라져 버리긴 하지만요. 이것저것 써보고 고르고 해서 선택된 샴푸는 한동안 욕실 속 애용품이 됩니다. 후에 더 좋은 향을 발견하면 욕실 속 애용품도 바뀌겠지만 그건 나중의 일입니다.

그런 걸 보면 마음속 내면의 향기도 중요하지만 타인에게 풍겨지는 겉의 체취 역시도 중요한 것 중 하나가 아닐까 싶습니다. 처음 본 사람의 첫인상을 좌우하기도 하고 그 사람의 생활습관도 대략적으로 엿볼 수 있습니다.

이른 아침 출근길 여러분의 머리에선 어떤 향이 나나요? 그다지 좋지 않은 냄새다 싶으면 샴푸를 한번 바꿔보는 건 어떨까요? 아마 주변 사람들이 더 그 변화를 확실히 눈치챌 겁니다…

10

플라세보(placebo) 효과라는 게 있습니다. 환자에게 아무런 효과 없는 가짜 약을 진짜 약이라 속이고 먹게 했을 때 실제로 병세가 호전되는 현상입니다. 플라세보 효과를 우리들 일상 속에도 쉽게 접할 수 있습니다. 마음먹기에 따라 그 결과가 나타난다는 심리적 자극이라 바꿔 말할 수 있겠네요. 자신감이 없어지고 스스로의 부족함을 탓하기 전 마음속으로 '이까짓 거 정말 아무것도 아니야. 내가 맘먹은 대로 어떤 어려움도 잘 헤쳐나갈 수 있어'라며 자기최면을 걸어보는 겁니다. 당장 눈에 띄는 효과를 기대하는 건 아닙니다. 다소 기다릴 줄 아는 인내심도 필요합니다. 그리 마음먹은 것만도 원하는 결과를 향해 한 발짝 나아간 거나 마찬가지입니다.

저 역시 항상 잘될 거고 잘하고 있어라고 믿는 희망의 언어를 곁에 두고 실천하며 힘든 시기를 잘 헤쳐가고 있습니다. 여러분도 이 가짜 처방전을 속는 셈 치고 믿어보는 것도 나쁘지 않을 거란 생각이 듭니다. 이 가짜 약은 먹는다 해서 탈이 나거나 하진 않습니다. 손해 볼 것도 없잖아요. 그까짓 거 한순간 마음먹기에 달린 거 아닐까요?

아몬드 한 움큼의
쬐그만 행복

가스밸브를 열고 레인지에 불을 붙인다. 가장 강한 화기에서 딱 두 단계를 낮추면 아몬드를 볶기 적당한 불꽃이 올라온다. 그리고 깨끗이 씻은 프라이팬을 가스불 위에 올리고 적당한 온도로 잘 달군 다음 확인차 물을 몇 방울 떨어뜨린다. '치익' 하며 물이 금세 마르는 걸 보니 적당한 온도가 되었다는 신호다. 이제 생아몬드를 후라이팬의 면적만큼 펼쳐주고 타지 않게 조심조심 휘저어 주기만 하면 된다. 가스레인지 옆에 걸려 있는 낡고 작은 나무 숟가락이 유일한 전용 도구로 활약한다. 너무 오래되고 낡아 아내도 잘 사용하지 않는 숟가락이라 아몬드 로스팅 전용으로 잘 사용 중이다.

몇 분 정도 흘러 아몬드의 고소한 향이 가스불의 열기를 타고 코끝에 다다른다. 다 볶는 데 걸리는 정확한 시간을 재본 적은 없지만 대략 5분에서 7분 정도가 되지 않을까 싶다. 순전히 냄새와 눈의 감으로만 볶고 있다 해도 과언이 아니다. 생아몬드는 연한 갈색이지만 익어가며 색의 변화가 조금씩 눈에 띈다. 연한 갈색에서 미묘하게 더 진해지는 타이밍은 오랜 노하우가 있어야 알아챌 수 있는 꽤 섬세한 작업이다. 이 작업은 속까지 깊숙이 골고루 잘 익는 건 물론이거니와 색의 변화를 잘 캐치해서 타지 않게 하는 게 가장 큰 관건이다. 숟가락으로 저어주는 타이밍이 안 맞아 살짝 타는 게 한두 개 나오면 아차 싶은 마음으로 얼른 입속에 넣는다. 실패작은 절대 있을 수 없다. 순간의 방심으로 젓는 걸 잠깐 멈춘 찰나 이런 어이없는 상황이 발생했다. 입속에 넣은 실패작 한두 알, 살짝 타긴 했지만 맛은 더없이 고소하다. 이제 레인지의 불을 끄고 슬슬 마무리 단계에 접어든다. 부채를 가지고 살살 열을 식혀주며 동시에 수저를 휘저으며 남은 후라이팬의 열기를 아몬드에 담아낸다. 아직 덜 식어 뜨거운 걸 몇 알 집어 입에 넣어본다. 정말이지 말로 설명할 수 없는 아몬드의 고소함과 따뜻함이 입속에 가득해 절로 미소가 지어진다. 후라이팬 위에 그대로 상온에 식혀 밀폐용기에 담기만 하면 당분간 아침식사 대용으로 손색없는 건강한 먹거리가 되어줄 것이다. 마트에 가면 생아몬드 말고 좀 더 비싼 가격의 볶아진 것도 팔지만 그래도 내가 직접 볶는 값진 수고로움과 과정의 즐거움을 대신할 수 없다. 당연히 가격 대비 양도 더 많다.

대체 얼마나 대단한 요리를 하는 데 요란인가 싶을 것이다. 이게 Mr. son표 잡탕라면과 함께 가스불 앞에서 자신 있게 할 수 있는 몇 안 되는 부엌놀이 중 하나다. 보기와 다르게 할 줄 아는 요리가 거의 없다는 얘기다.

TV에서 한 외국인이 집에서 직접 원두커피를 볶아 커피를 내려 마시는 장면을 본 적이 있다. 커피원두를 직접 고르고 볶아 핸드그라인더로 가는 일련의 과정에 정성을 들이는 모습이 꽤나 인상적이었다. 그는 원두 선택부터 로스팅, 그라인딩, 추출의 과정 자체를 즐기고 취미처럼 매일 이런 시간을 가져왔다고 한다. 커피 한 잔을 만드는 복잡한 과정을 통해 마음의 여유를 챙기고 차분히 하루를 돌아보는 시간을 갖는다고 했다. 일본의 다도처럼 커피한잔의 여유가 수행이 되고 마음의 안정을 얻는 단순한 식음(食飮) 그 이상의 의미가 되어 다가간다. 이 정도 정성까지는 아니더래도 가스불 앞에 서는 짧은 시간 동안 잡생각을 덜고 젓는 행위에 집중하려 애쓴다. 태우지 않으려는 게 더 큰 이유지만 그 몇 분간의 집중이 만들어 낸 잘 익은 고소함은 최고의 별미다.

문득 국민학교 시절 엄마의 바쁜 일손을 도와 후라이팬에 깨를 볶던 생각이 떠오른다. 볶는 게 서툴러 타지 않게 부지런히 숟가락으로 저어주지만 가스레인지 주변으로 톡톡 깨가 튀며 어지럽히는 게 다반사였다. 그래도 엄마의 일손을 덜어드리고 싶은 마음에 기꺼이 그 일을 자청하곤 했었다. 참깨의 고소한 향이 코끝에 퍼지면 엄마의 확인 후 신문지 위에 깨를 부어놓는다. 뜨겁게 볶아진 깨가 신문지 위에서 식어갈 때쯤 나름 잘 볶았다는 엄마의 칭찬에 어깨가 으쓱해지고 절로 미소가 지어졌다. 덜 식어 열기가 남은 깨를 손에 얹어 호호 불어 입안에 털어 넣었다. 볶은 깨의 고소한 향이 아직 코끝에 맴도는 듯하다. 성인이 된 지금은 아침밥 대신 한 줌씩 주머니에 넣고 갈 아몬드를 볶고 있지만 그때만큼의 고소했던 향과 맛에 비할 바가 아니다.

누구나 미각과 후각에 남은 좋은 기억들을 간직하고 있다. 어릴 적 엄마가 해주시던 맛난 간식들, 친구들과 하굣길에 함께 먹던 길거리 음식들의 군침 도는 맛과 소박하고 정겨운 냄새. 꼭 비싸고 호화로운 먹거리가 아니더라도 당시 그걸 먹던 장소와 함께 있던 사람들과의 시간이 합쳐져 맛과 향도 배가 되는 게 아닐까 싶다.

지방현장을 마치고 올라와 집에서 출퇴근한 지 어언 두 달 반이 넘어가고 있다. 요즘은 아침밥 대신 먹는 것에 대한 선택의 폭이 넓어서 좋다. 좋아하는 크림빵에 직접 볶은 아몬드까지 지방에 나가 숙소생활 때보다 훨씬 입이 호강 중이다. 원래 아침밥을 잘 챙겨 먹지 않고 믹스커피 한 잔만 들고 가거나 아님 빈속으로 출근했었다. 부모님 말씀이 아침을 잘 챙겨 먹어야 하루가 든든하다 하셨지만 한쪽 귀로 흘려듣기 일쑤였다. 전부터 아침을 먹지 않고 속을 비우는 게 습관이 되어서 그런지 밥을 먹으면 속도 부대끼는 게 편치 않았다. 남들보다 이른 출근길 많든 적든 먹을거리를 입에 넣고 속을 채우다 보니 조금씩 습관도 바뀌어 갔다. 이제 아침에 뭔가 입에 넣고 오물거릴 게 없으면 허전할 정도다.

　오늘 아침은 다른 날보다 더 쌀쌀하다. 11월의 차디찬 바람에 가을 정취를 온전히 즐길 시간조차 없이 맞이하는 초겨울 추위가 더 매섭게 느껴진다. 어제 하루의 짧았던 휴일을 마감하고 한 주를 시작하는 월요일 아침이 되었다. 빈속을 채워줄 한 줌의 꼬소한 아몬드와 한 잔의 믹스커피, 그리고 늘 애정하는 크림빵 하나를 가방에 넣고 출발을 위한 힘찬 시동을 건다. 버벅거림 없는 일발시동의 경쾌함이 잠이 덜 깬 몸에 힘을 더해주었다. 이번 한 주도 별 탈 없이 좋은 일들만 가득하길 기대해 본다.

- 2020년 11월 어느 월요일 아침…

목사라는 이름의
권력자

　　　　　그날따라 뉴스를 끝까지 시청했던 게 화근이었다. 요즘 속된 말로 빡친다라는 말이 절로 튀어나올 정도였다. 한 목사가 광화문광장 수천 명의 시민들과 신도들 앞에서 집회와 시위를 주도한다. 말 한마디 한마디 내뱉는 꼴이 가관이다. 정말 어이없는 낭설과 정치적 발언들에 참을 수 없는 분노가 치밀었다. 또 집회현장에서 하나님의 일에 쓰인다며 헌금통을 돌리는 장면에서 쓴웃음이 터진다. 저리 모아진 돈이 그들이 섬기는 하나님의 일에 옳게 쓰였을 리 만무하다. 결국은 집회의 목적이 정치적 금전적 이익을 얻기 위함이 아니고 무엇이겠는가.

　　필자는 신학과는 거리가 먼 사람이다. 기독교 교파 전체와 종교 전문가들을 상대로 신랄한 비판과 논리적 언쟁을 벌일 만큼 종교적 지식이나 경험도 없다. 그들 관점으로 수준 미달의 눈높이를 가진 내가 감히 말한다. 대한민국 교회는 처음 이 땅에 들어왔을 때의 순전했던 모습을 거의 잃어버렸다라고. 어느 시점부턴가 계파 간의 갈등, 금전적 이해관계와 세속적인 권력이 얽히고설킨 교회의 모습에 환멸감과 동시에 안타까움을 느꼈다. 그리고 요사이 정치, 사회 문제에 관여하는 예측불허의 행보로 목회자로서 양심과 사명을 저버리는 행태까지…

목회자들이 꽉 막힌 구시대적인 편협한 사고와 정치적 견해를 가지면 안 된다. 그런 이가 수천 명 신도들이 있는 교회를 이끌고 입으로 하나님의 말씀을 전하는 것 자체가 다분히 위험천만한 일이다. 자칫 목회자 개인의 목소리가 곧 하나님의 가르침으로 변질되어 전달될 것이 분명하기 때문이다.

딱 그 수준밖에 되지 않는 목사를 옳다고 지지하며 박수 치는 이들은 과연 뭐라 불러야 할까. 저들 역시 한통속으로 엮어버리면 그만이다. 이단이 왜 이단이라 불리는지는 모두의 눈에 보이는 대로다. 누가 봐도 의심스러운 것을 자기네들끼리 맹신하는 그릇된 신념에 **빠져버린** 것이다.

이제 수많은 계파들로 나뉘어 어느 곳이 이단인지조차 구분하기 애매해진 대한민국의 교회다. 목회자란 원래 시대의 양심이자 영적 지식인이고 누구보다 선을 행함에 있어 솔선수범하는 이들이다. 참된 기독교인으로서 세상의 빛과 소금이 되기를 다짐하며 신학공부에 매진하였을 것이다. 그러기에 더욱 자신이 끼칠 사회적 영향력에 대해 깊게 고민해야 마땅하다.

이런 비판 가득 냉소적인 문장들이 어설픈 정의감으로 써 내려간 글이 아니다. 결코 나 혼자만의 소신이 아니란 얘기다. 이미 종교를 넘어 많은 이들이 문제를 제기하고 있다. 비판의 목소리에 한 번쯤 귀 기울일 줄 알고 자성의 목소리를 내는 종교인들이 더 많다는 사실도 알아야 한다. 교회도 그 존재의 본질을 벗어나지 않는 선에서 변해가야 할 때라 생각한다. 마틴 루터의 날 선 종교개혁도 신을 섬긴다는 자들의 썩은 비리를 그냥 넘기지 않고 비판의 소리를 낸 것에서 시작되었다. 다시금 현대판 종교개혁의 필요성을 실감한다. 특히 이 땅에서는.

저녁 뉴스에 나온 그 목사를 보며 저게 과연 하나님의 말씀을 전한다는 자의 입에서 나올 언행과 행동거지인가 되묻고 싶었다. 그를 따르고 지지자라 칭하는 모든 이들은 알아야 한다. 당신들이 존경에 마지않고 떠받드는 목사가 사회에 어떤 악영향을 끼치는지, 한국 기독교 전체에 어떤 해악이 되고 있는지를 말이다. 그간 기독교라는 종교에 대해 거부감이 없었거나 무관심했던 사람들의 입에서조차 개독교라는 상스러운 말을 내뱉게 한 장본인 중 하나라는 걸. 이성을 가진 이라면 조금만 생각해도 그의 행동과 말의 옳고 그름을 판단할 수 있다. 예수께서 무거운 죄의 십자가를 지고 골고다 언덕을 오르실 때 이런 걸 아셨을까. 저런 자들이 자기의 이름을 빌려 전도를 구실 삼아 사리사욕을 챙기고 시커먼 권력의 욕심을 채울 거라는걸. 알고 계셨더라면 허탈함과 참담함을 느끼시고 후회하셨을지도 모를 일이다. 그 모든 걸 다 품으셨다 치더라도 나의 얄팍한 이해심으론 도저히 용납이 되지 않는다. 그런 자들의 죄까지 한꺼번에 지실 걸 아셨다면 무거웠던 십자가를 산 아래로 던져버리셔야 했다. 한껏 오만하기 그지없는 자들의 입에서 나온 예수라는 이름이 얼마의 값어치로 신도들에게 팔려나갈지 알고 계셨다면 말이다.

저녁 뉴스가 끝나고 욱하는 감정에 휘둘려 메모장을 열어 글을 써보았다. 내 마음속 깊은 곳에 감춰져 있던 사악함이 저들을 향해 저주를 퍼붓는 것 같다. 섬찟함에 몸서리가 쳐진다. 나름 순화되고 걸러진 언어만을 사용하려 노력했다. 작가인 친구가 그랬다. 개인이 쓴 에세이에 특정 사안에 대한 비판이나 종교, 정치적 색채가 드러나서는 안 된다고. 하지만 못할 것도 없다. 내 글이 다소 위험한 발언일 수 있고 자칫 편향된 사고로 치우쳐 보일 수도 있다. 나도 저치들처럼 법에 명시된 행동, 표현의 자유라는 걸 행하는 것뿐이니 잘못된 건 아니라 본다. 그저 머리가 말하고 손이 기록하고자 하는 욕구를 잠재울 수 없어 두어 시간 정도 바지런을 떨어보았다.

사회적 갈등과 분열을 야기하는 소수의 종교인들을 보며 우리들에게 있어 종교란 왜 존재할까라는 궁금증에 도달한다. 필자의 결론은 나와 우리 모두에게 종교란 신의 이름이 아닌 나 자신의 이름으로 살아가는 것이라 정의를 내리고 싶다. 모든 이는 신 아래에 종속된 게 아닌 개개인의 인격체로서 존중되어야 하고 더 우선시돼야 한다. 신은 인간을 지배하는 존재가 아닌 가치로운 삶에 대한 깨달음, 믿음으로 얻는 마음의 위안 그 이상도 이하도 아니다. 무신론자로 살자는 얘기도 아니요 종교라는 개념과 범주를 없애자는 얘기 역시 아니다. 다소 개인주의적 발상이긴 하다. 개인주의는 다른 사람이나 사회 전체의 이익을 무시하고 자기 자신의 이익만을 추구하는 이기주의적 사고방식과는 반대의 개념이다. 진정한 의미의 개인주의는 사회 속 구성원인 개인의 권리를 중시하면서 동시에 사회에 대한 개인의 자율적 책임을 강조하는 것이라 했다. 하나를 위한 모두가 아닌 모두를 위한 하나, 그것이 개인주의의 삶을 사회적 차원에서 들여다본 것이다. 개인이 외치는 목소리 안에 신의 이름이 함께하는 동시에 그건 특정 종교의 발언과 진배없다. 몇몇의 문제 종교인들로 인해 다수의 선량한 종교인들과 각각의 종교교파들이 비난을 받아선 안 될 일이다.

  마치 과격분자처럼 독설을 퍼붓는 내게 돌을 던질 이들은 개독교도라 비난받는 일부의 사람들일 게다. 자신과 반대되는 이들을 결코 수용하지 못하는 자들이기에 충분히 그리고도 남을 거라 여긴다. 그들이 뭐라 하든 평범하고 소박한 나만의 종교, 신념을 가지고 살아가면 그뿐이다.

- 2019년 겨울 어느 날

epilogue

해가 바뀌고 2020년 대한민국에 큰 위기가 닥쳤다. 아니 대한민국을 넘어 전 세계가 눈에 보이지 않는 바이러스의 침공에 속절없이 무너졌다. 전 세계 수억 명이 감염되고 그중 많은 사람이 목숨을 잃었다. 각국이 방역과 사회적 거리두기에 여념이 없고 감염을 막기 위해 고군분투하고 있다.

하지만 이런 비상시국에도 작년과 마찬가지로 광화문광장의 목사는 여전히 변치 않는 뻔뻔함을 유지하고 있다. 한 종교단체발(發) 대규모 집단감염이 조금씩 수그러들어 겨우 한숨을 돌리는 듯했다. 모든 개개인과 종교단체들이 사회적 거리두기에 동참, 대면모임과 예배를 자제하고 있다. 그럼에도 그와 그의 추종자들은 종교의 자유라는 명목으로 꼰대보수정치의 수호자를 자청, 여전히 집회와 예배를 강행한다. 도저히 납득이 가지 않는 비상식적인 행동에 기가 찰 뿐이다. 급기야 그 목사의 교회와 집회에서 그토록 우려했던 집단감염마저 번지기 시작했다. 코로나 상황의 안정을 위해 많은 이들이 애써온 시간과 노력들이 수포로 돌아갔다.

종교의 자유가 전체 사회의 안위에 해가 되는 범위를 넘는다면 그건 자유가 아닌 무책임이자 심각한 양심의 부재를 의미한다.

"하나님은 곳곳에 계실 수 없어서 어머니를 이 땅에 보냈고, 사탄은 곳곳에 있을 수 없어서 목사를 보냈다"

한 누리꾼의 분노와 반감 가득한 쓴소리에 공감의 박수를 보낸다. 한때나마 신앙의 힘을 믿었고 하나님께 의지하고 가르침에 합당한 기독교인으로서의 본분을 다하려 노력했다. 하나님이 계신다면 저런 식의 이기적이고 왜곡된 믿음을 강요하시지는 않을 거라 생각한다. 다 성숙하지 못하고 어설픈 믿음을 가진 이들끼리 계명과 율법 따위를 들먹이며 강요하는 것일 뿐.

우린 그곳을
낭만셰프라 부른다

오랜만에 수원 화성행궁으로 아내와 두 딸과 함께 나들이를 나왔다. 그간 대전과 집을 오가며 밥벌이에 여념 없던 바쁜 나날이었다. 쉬는 날마저 불규칙해 차를 이용한 장거리 외출은 언감생심이었다. 엄마 아빠랑 나들이 가는 것만으로도 마냥 들뜬 딸들의 뒷좌석 수다가 즐겁다. 3월 중순의 날씨치곤 춥지 않고 볕도 적당하다. 화성행궁은 여러 볼거리도 많고 주변에 성곽 둘레길이 있어 가볍게 산책하기엔 그만이다. 옛말에 행궁 나들이도 식후경이라 했다. 오늘은 먹는 것 역시 중요한 일정에 속한다. 서로의 가족들과도 친분이 두터운 친구의 가게 오픈 축하와 요즘 수원에서 핫하다는 맛집 탐방을 겸한 먼 나들잇길이다. 여기서 핫한 맛집은 오픈한 친구의 가게를 이른다. 오픈한 지 몇 달이 넘었지만 이제서야 얼굴을 비춘다. 일이 바빠 시간 내는 게 쉽지 않은 걸 이해해 주지만 미안한 마음은 어쩔 수 없다. 반갑게 우리 가족을 맞아주는 친구에게 그간의 안부와 축하인사를 전한다.

친구의 수원 입성은 긴 시간을 지나온 녹록지 않았던 힘든 여정의 마지막 종착역인 셈이다. 수년간 서울에서 가게를 운영해 왔지만 장사라는 게 늘 예상 못 한 복병을 만나기 마련이다. 그전 신사동에서는 성공적으로 안착해 몇 년간 주변 맛집으로 자리 잡았었다. 친구들 모임의 아지트 역할을 톡톡히 해주며 모두에게 기분 좋은 추억들을 만들어 주기도 했다. 하지만 계약만료 시점에 닥친 예기치 못한 뒤끝에 작은 생채기를 내고 만다. 엎친 데 덮친 격으로 새롭게 시작한 논현동에서의 씁쓸했던 고배로 큰 위기를 맞게 된다. 홀로 가게를 운영하며 늘 순탄할 수만은 없었나 보다. 이제는 높이 날아오를 일만 남았다. 스스로를 응원하며 새로 시작할 곳을 물색했다. 강남 한복판에서의 성공과 실패 후 새롭게 각오를 다지고 찾아낸 기회의 땅 수원 행궁동. 이곳에서 또 한 번 맛의 승부수를 띄우기로 한다. 친구의 요리실력이야 정평이 나 있어 음식 맛이야 두말하면 잔소리다. 문제는 입지조건과 다른 가게들과의 차별성 아니겠나. 부동산 전문가가 아니니 장황한 설명까지 덧붙이진 못하겠다. 친구 가게 밥 한 끼 먹으러 가는데 전문적인 분석이 뭐가 중요하랴. 그냥 보고 느낀 점만 간단히 적어봤다.

우선 출입구 위 명조체로 또박또박 쓰여진 '낭만셰프'라는 간판이 눈에 들어온다. 부르기도 기억하기도 쉬운 가게 이름이다. 술, 음악 좋아하고 사람 좋고 낭만 가득한 친구의 새 별명으로 딱이다. 이제부터 백 셰프가 아닌 낭만셰프로 불러주리라. 전 가게 '맛다방' 이란 이름도 독특하고 기억에 남는다. 여담으로 백종원의 **빽**다방 이 이걸 따라 하지 않았나 하는 의문도 살며시 든다.

　겨자색 페인트 마감의 외벽은 다소 밋밋해 보이는 심플한 외관에 생기를 불어넣는다. 발품 팔아 셀프시공을 한 실내는 아늑한 분위기와 군데군데 포인트 공간을 두어 독특함을 더했다. 군더더기 없는 깔끔함과 무난함으로 다가온다. 가게 위치는 장사에 문외한인 내가 봐도 주변 화성행궁이라는 지리적 이점을 최대한 살릴 수 있는 곳이다. 행리단길이라는 별칭으로 잘 알려진 수원의 관광 명소에 자리 잡고 있다. 큰길에서 약간 안쪽으로 들어가야 하지만 그렇다고 눈에 띄지 않는 구석진 곳에 위치한 건 아니다. 가게 터 선정에 많은 고민이 필요한 부분이긴 하나 이 정도면 탁월한 선택이다.

　메뉴의 변화는 그야말로 신의 한 수라 해도 과언이 아니다. 주력이었던 한식메뉴를 제쳐두고 선택한 파스타 요리로 주변 가게들과의 차별화를 꾀한다. 신메뉴의 추가로 다양함도 추구했다. 거기에 맛과 가격, 두 장점을 모두 갖춰 주머니 가벼운 젊은 연인들의 필수 데이트 코스로 손색없다. 톡톡 튀는 느낌의 가게 내 포토존은 각종 SNS 속 페이지를 장식하기도 한다.

　필자는 이곳을 젊은 연인들이 좋아할 만한 화성행궁 데이트 코스의 화룡점정이라 일컫는다. 근래에 행궁동 맛집으로 입소문이 퍼지며 피크타임에는 자리가 없어 대기하는 손님들로 문전성시를 이룬다. 내가 찾은 날은 운이 좋았다. 주말인데도 시간대를 잘 맞춰 와서 기다림 없이 바로 자리를 잡을 수 있었다. 가족들과 1인 1메뉴의 에티켓을 실천하며 맛있는 파스타를 즐겼다. 간만의 외식에 아내와 아이들도 신났다.

오래 앉아 있지는 못하겠다. 밖에서 대기하는 손님들이 자꾸 우리 쪽을 흘깃거리는 것 같아 괜스레 눈치가 보인다. 자연스레 포크질이 빨라졌다. 식사 도중 옆을 돌아보니 그새 자리를 잡은 손님들로 북새통이다. 서둘러 식사를 마치고 밖으로 나와 잠깐 짬을 내고 나온 친구와 짧은 대화를 나눴다. 눈코 뜰 새 없이 바쁘지만 밝은 얼굴에서 여유가 느껴진다.

자고로 자영업의 전성시대를 살고 있다. 하루에도 수많은 가게들이 원대한 시작을 알리며 새롭게 자리를 잡는다. 시장경제 안에서 열에 아홉은 얼마 못 가 나가떨어질 정도로 경쟁 역시 치열하다. 그 경쟁의 틈바구니에 껴 있는 자영업자들 입장에선 장사가 잘되어 몸이 바쁜 것만큼 좋은 것은 없을 것이다. 새 가게가 잘되고 있어 친구인 내가 기분이 좋다. 그간 마음고생도 컸던 만큼 더욱 번창하고 끝없이 펼쳐지는 아름다운 꽃길만 걷길 바랄 뿐이다. 돈 세다 지쳐 잠들어라는 덕담(?)을 날려준 후 다음 목적지인 화성행궁으로 발길을 옮긴다.

– 2018년 3월의 어느 날…

epilogue

서울 모임 친구들 중 가족 방문은 우리가 처음이다.

"친구들, 말로만 축하한다 하덜 말고 다들 시간되믄 파스타나 한번 먹으러 오드라고. 행여 가게 되면 서로 연락해서 오래간만에 가족 동반으로 모이면 더 좋고…"

자전거가 나갑니다
따르르르릉

"따르릉따르릉 비켜나세요. 자전거가 나갑니다 따르르릉…"

딸들과 오랜만에 공원으로 콧바람을 쐬러 나와 자전거를 타고 트랙을 누빈다. 일요일이 아니면 딸들과 온전히 놀아줄 수 있는 날이 없기에 더욱 함께해 주려 노력한다. 몇 달 연속 대전에서 지내다 보니 가족들과의 주말 하루가 너무나 소중하다. 그래서 아이들 역시도 내가 올라오는 토요일 저녁을 학수고대하며 한 주의 긴 기다림을 보낸다. 멀리는 못 가더라도 이렇게 가까운 공원에서 함께 시간을 보낼 수 있는 것만으로도 너무 행복하다. 특히 아이들과 함께 타는 자전거는 최신식 놀이기구가 부럽지 않다. 자전거 인라인 전용트랙이 갖춰진 공원이 집에서 멀지 않아 참 다행이다. 초등학생 딸들이 자전거를 탈 수 있게 되면서 쉬는 날 공원행을 택할 구실이 생겼다. 성인이 되어서 배우게 될 자동차 운전과 더불어 많은 이들이 자전거 역시 배우게 된다. 운동신경이 무(無)에 가까운 우리 큰딸도 예외는 아니었다.

때는 바야흐로 2년 전 초여름 6월. 큰딸의 자전거에 달린 보조바퀴를 슬슬 뗄 때가 되어간다. 우리 천진난만 큰따님 손세진 양은 아직 마음의 준비가 안 된 모양이다. 자기랑 친한 몇몇 친구들이 이미 보조바퀴를 뗀 것이 약간의 자극제가 되긴 했지만 실행에 옮기는 건 큰 결심이 서야 했다. 쇠뿔도 단김에 빼라 했다. 말 나온 김에 공구상자에서 렌치를 가져와 보조바퀴를 떼어내고는 둘이 아파트 1층 주차장으로 내려갔다. 둘째 세은이는 응원한다고 킥보드를 타고 나와 언니 옆에 서 있다.

"아빠가 뒤에서 잡고 중심 잡아줄 테니까 세진이는 핸들 꽉 잡고 페달만 힘차게 밟으면 되는 거야 알았지" 넘어지지 않게 잡아준다는 아빠의 말이 미덥지 못한 듯 자꾸 뒤를 돌아보는 딸의 눈빛에 불안함이 담겨 있다.

"자! 출발…" 1미터도 못 가서 페달에서 자꾸 발이 미끄러진다. 잡고 있어 넘어지진 않지만 보조바퀴 있을 때랑 힘주는 타이밍이 달라서 잘 안되나보다. 다시 심기일전해서 출발한다. 계속 전진을 하면서 스스로 중심점을 찾으려 애써야 한다. 몸에 그 중심이 자리 잡는 순간 넘어지지 않고 앞으로 나아가는 것이 자전거의 간단하고도 중요한 원리다. 가다, 서다, 넘어지다를 반복하며 터득한 기술(?)은 평생 머릿속에 기억되어 근육과 신경이 반사적으로 작동하는 마법을 보여준다. 우리 딸도 처음이라 서툴지만 곧 자전거와 한 몸이 되어 이 땅의 모든 자전거 도로를 지배할 것이다. 근데 그게 언제쯤…

늦은 오후라 조금 시원해지긴 했지만 그래도 초여름의 더위다. 더위가 체력 소모를 배가시킨다. 10여 분 정도 잡고 뛰니 숨도 차오르고 등이 땀으로 젖는다.

"난 왜 잘 안되지?"

큰딸도 잘 안되어 속이 상했는지 뽀로통해져 있다.

"세진아, 처음부터 잘하는 사람은 없어. 아빠도 많이 넘어지고 다치면서 배웠거든" "속상해하지 말구 내일은 오늘보다 더 잘할 수 있을 거야"

일단은 자신감을 북돋워 주며 위로의 말을 건넨다. 오늘 하루는 맛뵈기 연습. 내일 훈련일정을 얘기해 준 후 집으로 올라갔다.

그다음 날도, 또 다음 날도 특훈의 연속이었다. 난생처음 딸아이를 향해 목소리 톤이 올라갔다. 도로 위에서 왕초보들을 가르치는 운전학원 강사들의 무한한 인내심이 새삼 존경스럽다. 우리 딸!! 아빠의 본심이 아닌 건 알지? 미안해!!!

일주일 정도가 되면서 손을 놓아도 넘어지지 않는 거리가 점점 늘어나기 시작했다. 배움은 기세다. 이 기세를 몰아서 오늘 안에 마스터할 수 있을 것 같다. 손을 놓고 전진할 수 있는 거리가 점점 늘어나며 핸들 컨트롤과 페달의 완급조절 역시 차츰 능숙해져 갔다. 몇 차례의 실패를 거듭하고 드디어 마지막 손을 놓아준다. 딸아이의 자전거가 균형을 이루며 미끄러지듯 앞으로 달려 나간다. 나도 모르게 기쁨의 환호성을 질렀다. 자기만의 무게 중심을 찾는데 딱 일주일이 걸렸다. 딸의 그런 모습이 대견스럽다. 며칠간 자전거 뒤를 잡고 달리며 생긴 허리통증 따윈 까맣게 잊어버렸다. 한번 발동이 걸리니 좁은 곳도 거침없이 통과하고 8자로 커브를 트는 나름의 묘기도 선보인다. 딸의 환한 웃음에 이걸 해냈다는 작은 성취감이 묻어난다. "난 잘 안되나 봐" 하며 자신감 없어 하던 모습에서 꾸준한 연습의 결과물에 할 수 있단 자신감도 다시 찾은듯하다.

2017년 6월 28일. 평생 잊지 못할 이날의 쾌거를 스마트폰에 남겨두었다. 큰딸이 처음 자전거를 타게 된 역사적인 날이다. 가끔씩 꺼내보며 그날을 추억하게 될 것이다.

---

epilogue

두 번째 자전거 훈련생은 막내 조카였다. 30분 정도 잡고 달렸더니 알아서 중심을 익히고 금세 익숙해져 앞으로 내달린다. 한 시간 정도 지나니 원래부터 잘 탔던 것마냥 자연스럽다. 역시 보통의 남자아이들은 자동차든 자전거든 탈 것들에 대한 적응 DNA가 뼛속 깊이 각인된 듯하다(경험상 그렇다는 얘기지 여자라서 어떻고 남자라서 어떻다는 차별의 발언은 결코 아님).

그다음 우리 둘째 딸 세은이는 조금 걱정이었다. 자꾸 "난 자전거 배우는 거 싫어" 하며 떼를 썼다. 일단 나중에 타지 않게 되더라도 배워놓는다고 나쁠 건 없다. 당분간 보조바퀴를 단 상태에서 자전거와 친해지도록 해주었다. 그리고 얼마 지나지 않아 D-day.

그간 지탱해 주던 보조바퀴를 떼어낸 후 안장을 붙잡고 씨름한 지 한 시간여 남짓… 드디어 단단히 잡고 있던 손을 놓았다. 내가 손을 놓은 줄도 모른 채 열심히 페달을 밟고 있던 세은이가 자전거와 혼연일체가 되어 앞으로 내달린다. 나도 모르게 기쁨의 환호성을 지르며 세은이와 함께 나란히 달리기 시작했다. 예상보다 빨리 터득한 걸 보니 운동신경은 언니보다는 훨씬 나은 것 같다. 그간의 수고로움이 보람으로 바뀌는 순간이었다. 피로와 스트레스를 잊고 둘 다 꿀잠을 잘 수 있을 것 같았다. 내가 직접 가르친 손씨 집안의 세 귀요미들과 함께 자전거 도로를 누빌 걸 생각하니 절로 웃음이 났다. 하나하나 직접 가르쳐 주며 아이들에게 좋은 추억을 선물해 준 것 같아 마음이 뿌듯하다.

그러고 보니 아내가 아직 자전거를 탈 줄 모른다. 이제 집안에 남은 유일한 자전거 운전기능 무보유자인 아내를 내 마지막 훈련생으로…

11

　　어릴 적 아버지의 노란색 월급봉투의 추억은 40대인 나를 초딩꼬마 시절로 이끈다. 교직에 몸담고 계셨던 아버지의 월급봉투에 담긴 특별했던 추억과 풀어낼 이야기들이 한가득인 초등학교 시절이었다. 지금도 교육공무원 월급날이 매달 17일이 맞으려나 모르겠다. 어릴 적엔 매달 17일이 되면 뭔가 좋은 일이라도 생길 것마냥 기대감에 들떠 있었다.

　하긴 고기사랑이 각별한 우리 삼 형제에게 이만큼 특별한 날이 또 있을까. 한 달에 한 번 유일한 가족외식 날이었고 그때 먹던 삼겹살의 맛은 한우 꽃등심에 비할 바가 아니었다. 덤으로 새 옷이나 새 운동화가 생기는 날이기도 했으니 들뜬 마음을 어찌 말로 표현하겠나. 봉투 겉면 공제내역이 빼곡히 적힌 숫자와 용어들이 뭘 뜻하는지 개구쟁이 초딩들에겐 관심 밖이었다. 10원 단위까지 꼼꼼히 계산되어 담겨진 봉투 속 지폐들 사이 동전 몇 개를 어머니의 기분 여하에 따라 챙길 수 있느냐 없느냐가 더 중요했다. 그 당시 100원이면 정말 많은 걸 할 수 있었다. 말 그대로 100원의 행복과 만찬이다.

  이제는 전처럼 월급봉투를 받는 대신 개인통장으로 입금되는 편리함으로 대체되었다. 휴대폰 문자메시지에 찍힌 숫자만이 오늘이 월급날임을 실감케 한다. 신성한 노동의 대가에 대한 감사함을 일깨워 주던 월급날의 의미가 다소 퇴색된 듯해 아쉬움이 남는다. 우리 생각보다 빠르게 변하는 현대사회의 편리함을 탓할 필요는 없다. 손에 쥐어진 월급봉투가 없다 하여 한 달 동안 애쓴 노동의 값어치가 곤두박질치는 건 절대 아니다.
  매달 월급날 "이번 달도 애썼어"라는 아내의 한마디로 가장이라는 무게감도 짐이 아닌 힘이 되어 어깨 위에 얹혀진다. 가족들에게 좋은 걸 사줄 수 있고 좋은 걸 먹일 수 있어 행복하면 그뿐이다. 그래서 무겁지 않았던 거다.

  그땐 이것도 낭만이라면 낭만이었을까. 양복 안주머니에 든 월급봉투를 어머니 앞에 무심한 듯 툭 던져놓고 옷을 갈아입으시는 아버지의 어깨에 잔뜩 힘이 들어간 듯하다. 이날만큼은 세상 어느 남자들보다 여유만만, 의기양양, 기세등등의 3박자를 고루 갖추셨다.

봉투에서 지폐들을 꺼내어 세고 계시는 어머니의 모습을 흐뭇한 미소로 내려다보신다. 이번 달은 몇만 원이 비어 있긴 하지만 오늘만큼은 어머니의 한없는 자비로움으로 대수롭지 않게 넘어갈 것 같다.

잠시 후 지폐들을 봉투 속에 가지런히 정리하신 어머니가 웃으며 말씀하신다. "얘들아, 나가게 옷 입어라".

12

· · '김 수한무 거북이와 두루미 삼천갑자 동방삭 치치카포 사리사리센타 워리워리 세브리캉 무두셀라 구름이 허리케인 담벼락 서생원에 고양이 바둑이는 똘똘이…' 어릴 적 개그프로에서 들어봤었던 장문의 이름이다. 극 중에서 아이의 무병장수를 비는 마음에 장수의 상징들을 이어 붙여 지어낸 이름이다. 재미진 동작과 함께 이름을 읊어대던 모습에 배꼽을 잡았더랬다. 어린 아들의 무병장수를 위한 방법으로 고심했던 게 고작 긴 명줄의 동물과 사물의 나열이라니 그 자체가 난센스이긴 하다.

무병장수는 누구나 꿈꾸지만 평범한 인간이 백 살 넘게 산다는 건 쉽지 않은 일이다. 의학기술이 발달한 요즘에도 신의 영역을 향한 무모한(?) 도전들이 눈에 띌만한 성과가 없는 것도 사실이다. 각종 매체에서 건강에 도움이 된다는 관련 전문가들의 정보가 차고 넘쳐 정작 어떤 게 진짠지 갈피를 못 잡겠다. 그 말씀들에 관심을 가지고 조금 따라 해보다 실천하기 힘든 잔소리라 여기며 진득함에 한계를 드러내는 게 현실. 그냥 살아생전 주어진 몸뚱이 적당히 관리해 쓸 만큼 쓰고 방전되면 다시 자연으로 돌아가는 섭리를 받아들이는 것뿐 어쩔 도리가 없을 것 같다.

 스트레스를 받지 말고 마음을 편히 가지고 긍정적인 생각을 많이 하고 소식(小食)을 하며 술, 담배는 끊는다. 끊는 게 정 어렵다면 가급적 줄인다. 가벼운 산책 정도라 해도 약간의 운동을 덧붙여 주면 좋고…
 여기까지가 전문가라 자부하는 이들이 공통적으로 내뱉는 말 중 서론에 해당한다. 다들 '이 정도는 할 수 있어요. 참 쉽죠잉' 하는 표정들이지만 실상 별거 아닌 거 같은 이게 가장 어렵다.
 달갑지 않은 회식 자리에 소주 몇 병과 삼겹살을 곁들여 폭식과 폭음을 한다. 업무의 연장이라 일컫는 회식 자리는 불편함을 배가시키고 스트레스를 안겨주지만 겉으론 웃고 즐기는 척하려 애쓴다. 식후 연초는 불로장생초라는 말도 안 되는 궤변을 지껄이는 상사들과 밖으로 나가 흡연을 한다. 회식이 끝난 후 택시를 타고 집으로 들어와 씻고 드러누워 TV를 보다 잠이 든다. 그리 먹어대고 스트레스를 받아도 운동과는 담을 쌓고 산다. 자연스레 배가 나오고 각종 수치들은 위험수위를 넘어서서 건강에 적신호가 켜짐을 알린다.

우리들의 실생활을 단편적으로 보여주는 예다. 전문가집단, 그들이 말하는 건강한 삶과는 거리가 먼 평범한 이들의 일상은 대충 이렇다.

그래도 하나뿐인 내 몸을 소중히 여기는 맘으로 간단한 건강수칙 몇 가지 정도는 실천해 보려 노력하자. 참 쉽진 않겠지만 말이다…

13

도마: 변기의 200배

스마트폰: 변기의 10배

컴퓨터 키보드: 변기의 5배

엘리베이터 버튼: 변기의 40배

젖은 손을 4회 닦은 수건: 변기와 비슷한 세균

식당 메뉴판: 변기의 100배

지폐: 평균 20만 마리의 세균검출

칫솔: 변기의 60배

마트 카트 손잡이: 변기의 200배

수도꼭지: 변기의 44배

기타 등등…

여러 생활 속 물품들의 위생상태를 변기와 비교하곤 한다. 깜짝 놀랄 일은 하나같이 변기보다 많은 세균을 가지고 있다는 거였다. 우리가 늘 더럽다고 알고 있던 변기의 대반전이 아닐 수 없다. 필자는 여기에다 논리적인 설명을 곁들여 쐐기를 박고자 한다. 귀납법적인 추론을 통해 변기의 위생상태는 가히 무균상태의 청결도를 가진 것과 진배없음을 증명해 보겠다.

'도마의 세균이 변기의 200배라는 사실을 알게 된다.

또 다른 많은 생활용품들이 변기보다 더 많은 세균을 가졌다는 걸 확인한다. 이를 통해 모든 생활용품들은 변기보다 더러우며 세상에서 가장 깨끗한 것은 변기라는 결론에 이른다'

이거 논리적으로 따져보니 은근히 설득력이 있어 뵌다. 조만간 변기에 밥을 담을지도 모를 일.

지금 식사 중이라고 발끈하지 마시라. 설마 그리할 사람이 몇이나 되겠는가. 그냥 농담 삼아 웃자고 해본 얘기다. 웃을 일 없는 요맘때 던지는 적절한 농담 한마디는 활력소가 되어준다.

자존감에 대한
짧은 고찰

"느그 아부지 뭐 하시노"

교탁 앞으로 불려 나온 문제학생들의 볼따구니를 사정없이 꼬집으며 선생님이 물으신다. 영화 〈친구〉의 유명했던 한 장면이다. 개봉한 지 20년도 더 된 영화 속 대사가 일상 속에서도 가끔씩 들릴 때가 있다. 들을 때마다 영화 속 선생님의 볼 꼬집는 모습이 떠올라 한쪽 볼이 화끈해지는 듯하다. 비슷한 상황을 접했을 때 그 장면이 떠오를 만큼 당시 배우들의 연기는 정말 실감 났었다. 영화에서 그 질문의 요지가 아버지의 직업을 비하하려는 게 아닌 아버지의 직업으로 학생의 가정사를 대충이나마 가늠해 볼 의도가 아니었을까 조심스레 추측해 본다.

지금 40대인 우리 세대들은 국민(초등)학교 시절 학년이 올라갈 때마다 학교에 적어내던 게 있었다. 이런 걸 왜 학교에서 알고 싶어했을까 지금도 궁금한 '가정환경조사'가 그것이다. 부모님 직업, 학력을 비롯해 사는 집, 가전제품 종류 하나하나 세세한 부분까지 꼼꼼히 조사당했었다.

그 항목 중 하나인 아버지의 직업란.

'교사(○○국민학교)'

나는 당시 교사셨던 아버지의 모습을 떠올리며 자랑스레 빈칸을 채워 넣던 꼬마 초딩이었다. 어린 마음에도 주변의 선생님들처럼 훌륭한 선생님이라 믿어 의심치 않던 아버지였다.

"동일이 아버지는 뭐 하셔?"

"○○국민학교 선생님이세요"

이 시간 어깨에 힘이 잔뜩 들어가고 든든한 백을 둔 거마냥 의기양양해지던 기억이 생생하다.

하지만 우쭐했던 어깨도 시간이 지나며 점점 힘이 빠지고 움츠러들어 갔다. 당시 아버지가 내가 다니던 국민학교로 오신 후부터 드높았던 자존감에 조금씩 금이 가기 시작했다. 아버지 덕분에 '손 선생님 아들'이라는 별명 아닌 별명으로 불리며 뜻하지 않던 악명을 떨치게 되었다. 평교사 시절 몇 년마다 다른 학교로 전근을 가셔야 했던 아버지는 내가 3학년부터 5학년 때까지 우리 학교에 부임해 계셨다. 아버지든 어머니든 교사인 부모님을 둔 친구들끼리 공감하는 게 있다. 특히 자신이 다니는 학교에 계시는 동안은 여러 가지 불편함과 제약이 따른다는걸. 나 역시도 순천이라는 좁디좁은 지역사회 내 학연, 지연, 혈연의 장단점을 고루 누리고 있었다. 그 점을 비꼬는 건 아니나 어린 마음에 그리 불리우는 게 썩 달갑지 않았고 큰 관심이 부담으로 다가왔다. 더군다나 당시는 선생님의 자녀들은 뭐가 달라도 달라야 한다는 엄격한 잣대를 드리우던 때였다.

통제불가의 심한 장난기와 엉뚱함으로 선생님께 자주 매를 맞고 벌을 서곤 했던 나. 늘 있는 평범한 일상이 되어버려 '그까짓 거 한 대 맞고 말지' 하는 안일함에 해야 할 본분은 뒷전일 때가 많았다. 3학년 가을, 전날 노느라 숙제를 안 해 갔고 같은 처지의 친구들과 복도에 꿇어앉아 못한 숙제를 마저 하고 있었다. 그 와중에도 숙제는 제쳐놓고 몰래 뽀시락 장난을 치며 마냥 즐겁다. 때마침 지나가시던 선생님들이 한심하다는 표정과 함께 머리에 꿀밤을 한 대씩 먹이며 하시는 말씀.

"손 선생 아들 또 숙제 안 해왔네"

엄청 창피하고 꿀밤 맞은 곳이 아프지만 그때뿐이다. 그런데 하필 다른 때는 우리 반 복도 쪽으로 잘 안 다니시던 아버지가 복도에 꿇어앉아 있는 날 발견하실 건 또 뭔지…!!

이거 말고도 엉뚱 발랄 개구진 에피소드들로 한가득 초등학교 시절을 장식했다.

어릴 적엔 스스로에 대해 다른 친구들보다 뛰어나고 잘난 놈이라 자신했다. 학급 내에서도 선생님과 친구들에게 나름 인기도 높았다. 그런 내게 '손동일' 이름보다 손 선생님의 아들이라며 더 꾸지람을 듣고 다른 선생님들의 자녀들과 비교되는 게 싫었다. 우수했던 학업성적이 떨어지고 수많은 내 장점들과 높게 쌓였던 자부심이 무너지기 시작한 것도 그때 즈음이다. 높았던 자신감도 뚜렷하던 개성도 점점 잃어가고 열등감이란 함정에 빠져버렸다. 내가 아닌 ○○의 아들로 불리고 비교된대서 나의 가치가 땅으로 곤두박질치는 것도 아닌데 말이다. 급기야 다른 친구들, 소위 요즘 말하는 엄친아, 엄친딸이라 부르는 주변 친구들과도 비교당하며 점점 위축되어 갔다. 장점보다 단점을 부각시켜 친구들과 비교당하는 상황에 많은 상처를 받았다. 결코 그 친구들보다 못난 것도 꿀릴 것도 없었는데 말이다. 나를 다른 사람들에게 내보이며 인정받고 주목받길 원하던 모습이 점점 소극적으로 변해갔다. 난 안 될 거라며 스스로를 깎아내리고 할 수 있는 것도 지레 포기해 버리기도 했다. 낮아진 자존감으로 달라져 버린 내게 남은 건 이유 없는 반항심뿐이었다.

유난히 길었던 질풍노도의 시기를 보내고 조금이나마 철이 들어 깨닫게 된 사실이 있다. 내가 가족들을 비롯해 많은 이들의 관심과 기대, 사랑을 받고 있었다는 거다. 그저 받아들이는 입장에서 심한 거부감과 오기 같은 자존심을 내세웠던 것뿐이었다. 자존심을 세울 때의 상황을 되짚어 보면 항상 비교대상이 될 누군가가 있었던 것 같다. 자존감이 낮은 사람들의 공통된 특징은 남과 비교되고 평가받는 것에 거부감이 심하다는 거다. 자존감이 높은 사람들은 자신에 대한 애정과 기대치도 높기 때문에 그런 평가에 연연하지 않는다. 타인에 대한 배려와 존중 역시 자신에게 하는 것처럼 소중히 여긴다.

근래 들어 여러 매체에서 자존감에 대한 얘기를 많이 하고 있다. 학교나 사회생활 속 치열한 경쟁에서 남들과 사소한 것까지 비교되고 평가받다 보니 자존감의 하락으로 고민하는 이들 역시 많아졌다. SNS 속 다른 이들의 사진과 글을 보며 "왜 난 저보다 못한 삶을 사는 것 같지?" "쟤는 나보다 더 행복해 보여"라고 느끼는 열등감에 자신은 한없이 낮아지는 것도 한 예라 하겠다. 국어사전을 찾아보면 자존심이란 '남에게 굽히지 아니하고 자신의 품위를 스스로 지키는 마음'이라 했다. 인간관계에 있어 타인과 비교해 본 자신의 모습에 대한 애착의 정도라고 말할 수 있을 것이다. 자존감의 사전적 의미는 '스스로 자기를 소중히 여기는 마음'이라 나온다. 결국 자존심과 자존감 둘 사이의 공통분모는 '스스로를 소중히 여긴다'였다. 자존심과 자존감은 우리말에서 한 글자 차이로 그 뜻에 약간 차이를 뒀을 뿐 같은 맥락의 단어였다. 사전을 검색해 보며 새롭게 알게 된 사실은 'self-esteem'이 자존심, 자존감의 영문이었다는 것이다. 영어권에서의 자존심 자존감 사이 자기애(愛)도 우리 못지않음을 알 수 있다.

요즘 '자존감 높이기' '자존감을 회복하는 방법' 등 인터넷 검색이 늘고 수많은 관련 서적들이 출간되어 인기를 끈다. 책들을 읽고 스스로 맘먹고 요이 땅 하며 시작한다 해서 그 즉시 자존감 상승이 이뤄지는 건 아니다. 오랜 기간 몸에 밴 채 살아온 삶의 방식과 생각들이 일순간에 달라질 순 없다. 책의 저자들이 말하고자 한 건 'love yourself' '나를 아끼고 사랑하라'는 단순한 교훈이었다. 이 말을 책 한 권 분량으로 풀어놓았을 뿐 그 과정은 오롯이 자기 자신의 몫이었다.

  누구에게도 이런 마음속 얘기를 해본 적 없지만 학창 시절을 돌이켜 보면 난 밑바닥 자존감의 소유자였다. 알량한 자존심만 내세우던 삐딱이, 앞장서지 못하고 뒤떨어져 끌려만 다니던 소심한 겁쟁이, 불만만 앞섰던 투덜이, 이렇게 정의하고 싶다. 그랬던 내 자존감은 록음악에 푹 빠져 지내며 밴드에서 직접 연주하고 현재의 일이 자리잡히며 조금씩 높아진 것을 느낀다. 악기를 다루는 것과 시간 들여 연습할수록 향상되는 실력은 남들이 갖지 않은 나만의 뚜렷한 개성이 되었다. 다양한 현장들을 경험하고 쌓은 커리어로 나를 필요로 하는 곳이 많아지며 묵직한 존재감을 내보일 수 있었다. 함께하는 동료들과의 원만한 관계와 소통은 대인관계에 적극적이지 못했던 나를 변하게 했다. 나약했던 멘탈도 조금씩 단련되어 빠른 시간 안에 태연함과 평정심을 되찾을 수 있었다. 그 시절 있는 그대로의 나를 인정해 주고 단순한 비교와 평가 따위는 대수롭지 않게 넘겼어야 했는데 바보처럼 그러지 못했다. 지금은 맞고 그때는 틀렸다라며 아프고 여린 속내를 제대로 표현 못 했던 당시의 못남을 탓할 수는 없다. 그러기에 이 글을 통해 감춰두었던 예전의 나에 대한 고백과 후회를 말하고 싶었는지도 모른다. 그땐 그랬지라며 과거형으로 묻어두는 게 정신건강엔 더 이로울 수도 있다. 뒤늦은 후회 따윈 소용없다는 것도 잘 알고 있다. 하지만 달라진 현재의 내 모습이 충분히 만족스럽고 사랑스러우니 그걸로 충분하다. 시간을 돌려 과거의 나를 만날 수 있다면 이렇게 다독여 주고 싶다.

"다른 사람들이 말하는 평가와 기준에 너를 끼워 넣지 마. 그 사람들은 그 사람들일 뿐이고 너랑은 달라. 지금껏 넌 잘해왔었고 남들보다 나은 것들도 수두룩하잖아. 항상 너 자신을 소중히 여기며 살아가고 마음속으로 늘 잘될 거라 얘기하면 돼. 넌 생각보다 멋진 놈으로 자랄 거라는 거 잊지 말고… 기대해도 좋아"

개구쟁이 사내아이는 어느새 꺾어진 40대 후반에 접어들었고 사랑스러운 두 딸을 키우고 있다. 여느 평범한 아빠들처럼 딸들에게 많은 걸 가르쳐 주고 싶고, 경험해 보게 하고 싶고, 좋은 곳을 함께 가주고 싶은 건 다 마찬가지다. 그런 것과는 별개로 어려서부터 자존감을 높일 수 있게끔 도와주는 역할도 중요하다 여긴다. 그 방법이 아동교육에 관한 지식을 총동원한 수준 높은 교육법을 따라 하는 게 아니다. 초보아빠인 내 선에서 할 수 있는 건 생각보다 많지 않았다. 세심한 관심과 따뜻한 격려와 사랑을 주는 것, 남과 비교하지 않고 조금 더디더라도 진득하게 기다려 주는 인내심 정도까지… 아빠로서 해줄 수 있는 게 기껏 이 정도밖에 안 될까 싶었다. 다만 아이들에게 충분히 전해질 거라 믿으며 꾸준함을 유지하기 위해 노력 중이다. 사랑받으며 자란 아이가 사랑을 주는 법도 안다 했다. 자신을 사랑하는 건 물론이고 주변의 다른 이들까지 말이다. 자라면서 부모님이 내려주신 사랑을 받았고 서툴지만 나만의 방식으로 받았던 사랑을 전한다. 나의 미숙했던 시행착오를 밟지 않았으면 하는 바람도 함께 전해지길 바란다.

지금 글을 쓰는 중에도 딸들이 등 뒤에 매달리며 방해꾼 역할에 열심이다. 이제 메모장을 접고 사랑스러운 꼬마 방해꾼들과 즐거운 시간을 보내줘야겠다.

암세포도 생명인데···
그런가?

"아빠, 우리도 ○○이네처럼 애완동물 키우면 안 돼요?" 며칠 전 큰딸이 학교에 다녀와서 이렇게 물었다. "절대 안 돼!!!" 단칼에 딱 잘라 말하고 조금은 냉정한 투로 이 말까지 덧붙였다.

"우리 집에서 살아 숨 쉬고 움직이는 생명은 딱 우리 네 식구뿐이야. 거실에 있는 화분 같은 것들 빼고는 절대로 안 돼. 알았지?"

평소의 다정한 말투를 기대했을 딸내미의 뾰로통해진 표정에 맘이 짠해지기는 했지만 안 되는 건 안 되는 거다. 옆에 있던 아내가 딸아이에게 왜 안 되는지에 대해 다시 한번 조곤조곤 설명을 해준다.

"걔네 집 가봐서 알겠지만 고양이나 강아지가 털이 많이 빠져서 집도 엉망이 되고 똥 싸고 오줌 싸는 것도 세진이가 다 치워야 되고…"

　자세한 설명, 아니 설득을 하고 있지만 아이들의 고집이 쉽게 사그라들지 않는다는 걸 알기에 몇 마디 잔소리로 퉁 치고 신경 안 쓰기로 했다.
　동물을 키우는 게 아이들의 정서에 긍정적인 영향을 미친다는 건 잘 알려진 사실이다. 그렇지만 그로 인한 득(得)보다 정신적 스트레스, 경제적 부담 같은 실(失)을 고려하지 않을 수 없다. 뭔가 생명이 있는 것을 키운다는 건 말처럼 쉽지 않다. 적잖은 정성과 보살핌이 들어가야 하기에 손이 많이 가는 게 당연하다. 그보다 생명에 대한 책임감과 소중함이 얼마나 중요한가를 알기에 그에 따른 자격과 의무를 운운하게 된다. 내가 반려동물을 집에 들이지 않는 가장 큰 이유다. 그 정도로 소중하게 보살필 시간적 여유도 없고 애정 또한 없다. 시간이 지날수록 서서히 싫증을 내는 아이들의 천진한 변덕을 믿어보기로 한다.
　예전 시골에서는 동네 어디서나 뉘 집 개인지 모를 목줄 없는 개들을 흔히 볼 수 있었다. 지금이야 목줄 없이 돌아다니면 곧바로 신고가 들어가겠지만 그때는 키우던 개들을 방목하다시피 했었다. 그중 몇몇 개들은 낯선 이들을 보면 물려고 달려들 때도 있어서 도망가듯 뛰면 안 되고 늘 조심히 지나쳐 가야 했다. 이게 개인지 현지주민인지 모를 정도로 당당하게 동네 길목을 차지한 녀석들이 못마땅했지만 물리면 나만 손해였다.

시골에서 키우던 개들은 집 안에서 나름 쏠쏠한 자기만의 역할이 있었다. 칠렐레팔렐레 온종일 쏘다니던 녀석들도 때가 되면 집으로 돌아와 본연의 임무를 다했다. 축사 안의 돼지들처럼 집 안의 남은 잔반을 처리해 주고 낯선 이들이 오면 사납게 짖어대며 집지키미 노릇도 해주었다. 어느 정도 키워놓으면 동네마다 찾아오는 개장수에게 좋은 값에 팔려나가며 동네 어르신들의 귀중한 용돈벌이에 쓰이기도 했다. 그 시절 시골 개들은 소나 돼지처럼 가축으로의 역할에 충실했다. 아울러 생각하기도 싫지만 한여름 복날이 돌아오면… 다들 아실 거다.

　여전히 시골에서는 마당 한편에 개들을 키우는 집들이 많다. 예전보다 개를 식용으로 취급하는 시선은 많이 사라졌다. 대신 집을 지키거나 홀로 계신 어르신들의 적적함을 달래주는 등 마당에 살지만 가족과 같은 존재가 되어주었다. 점점 사람들과 더불어 함께 살아가는 반려동물로 인식되고 있는 것이다.

　동물을 데리고 노는 장난감의 개념인 애완동물에서 가족의 일원으로 여기는 반려동물이라는 말로 더 많이 불리는 추세다. 가족처럼 사람들이 가까이 두고 기르는 동물이란 의미의 반려동물. 다들 말은 그리하면서 반려동물들을 진심으로 가족처럼 여길까라는 의문이 들 때도 있다. 많은 반려동물들이 단순히 싫증 나서 버려지고, 배변훈련이 잘 안돼서 버려지고, 늙고 병들어 버려지는 등, 말 못 하는 동물로서 당하는 수모의 이유도 여러 가지다.

작고 앙증맞고 귀엽기 그지없던 새끼 때는 이뻐서 어쩔 줄 몰라 안달이던 시절이 있다. 품에 안고 셀카 삼매경에 반려동물 사진으로 휴대폰과 개인 SNS에 도배하며 자랑질에 여념이 없다. 반면 어느 정도 자라면 새끼 때와는 사뭇 다른 성숙함에 이질감을 느끼고 조금씩 싫증을 내며 애정도 식어가는 시기가 찾아온다. 거기다 병든 반려동물의 치료비는 생각보다 만만치 않다. 이때 많은 반려동물들이 주인에 의해 버려진다고 한다. '반려동물'이라는 말이 쓰여진 것도 그리 오래되지 않았으니 뉴스에 많이 등장하는 '반려동물 유기'라는 말 역시 오래된 말은 아니다. 동물들을 유기하고 학대하는 사람들이 많아지며 그와 관련한 소식들도 사회면에 심심치 않게 등장했다.

　어릴 적 마당 있는 단독주택에 살았을 땐 마당 한편에 새끼강아지를 데려다 키웠었다. 해마다 거의 한 마리씩이었던 걸로 기억한다. 부모님이나 작은아버지가 집으로 데리고 온 조그맣던 녀석이 잔반 같은 거 먹이며 두어 달 키우면 어른 개만큼 자랐다. 역시 시골 누렁이들은 폭풍성장이란 말이 실감 날 정도로 성장이 남달랐다. 작고 귀여운 이 강아지에게 약간의 정성과 내가 먹던 간식거리 같은 걸 나눠주며 정을 붙이기도 했다. 그런데 이건 또 무슨 마른 하늘에 날벼락인가. 어느 정도 자라면 순천 사시는 작은아버지가 집에 오셔서 부모님과 몇 마디 얘기를 나누시곤 이 녀석을 끌고 어디론가 가시는 거다. 다 아시는 것처럼 그날이 오고야 만 것이다.

해마다 여름이면 반복되는 개들의 희생이 올해라고 그냥 넘어가질 않는구나 생각하며 어린 마음에도 많이 속상했다. 이래저래 정을 붙이며 귀여워해 주던 강아지가 다 크자마자 작은아버지에게 끌려가는 게 정말 싫었다. 이번 녀석만큼은 오래도록 키워주고 싶은 마음에 울고불고 매달려 보기도 했다. 슬프게도 어린 내 마음은 아랑곳없이 어느새 끌려가 동네 잔칫거리가 되기 일쑤였다. 아파트로 이사하고 나서는 이런 비극도 없어졌지만 기억 속 반려견들은 TV나 잡지 속 복슬복슬 예쁜 강아지는 절대 아니었다. 그리고 한때 가정집에 유행처럼 들여놓던 큼지막한 수족관에 대한 안 좋은 기억 역시 선명하다.

아버지의 폭풍 잔소리를 들어가며 온 가족이 동원되었던 수족관 청소, 죽은 금붕어 처리까지 지금 생각해도 썩 유쾌하지 않은 기억들이었다.

이렇듯 집에서 키우던 동물들에 대한 안 좋은 기억들도 필자가 반려동물을 키우는 데 대한 거부감을 갖게 했다. 동물을 좋아하는 사람 중에 나쁜 사람이 없다지만 싫어한다 해서 다 나쁜 사람인 것도 아니다. 이런 이를 인성 안 좋은 사람 취급하는 주변의 동물보호론자들도 있다. 동물 키우는 게 싫다는 거지 동물 자체를 싫어하는 게 아닌데 말이다.

자신이 데려온 반려동물을 사랑으로 보살피고 생명이 다할 때까지 책임질 수 없다면 그 누구도 반려동물을 키울 자격이 없다. 태어난 생명 하나하나가 소중한 걸 안다면 더 신중하고 현명하게 키울지 말지를 고민해야 한다. 한 생명을 키우고 보살피는 일이란 세상에서 가장 고귀한 일 중 하나고 막중한 책임감도 가져야 한다. 또 반려동물을 함부로 유기하고 학대하는 게 얼마나 나쁜 행동인가도 함께 알았으면 좋겠다. 현재 자신이 반려동물을 키우든 키우지 않든 간에 마음속 깊이 새겨야 할 필수사항이다.

책임감 없이 반려동물을 유기하고 학대를 일삼는 사람들에게 한마디 충고해 주고 싶다.

"반려동물도 소중한 생명인데 장난감처럼 갖고 놀다 싫증 난다며 버리면 안 되지. 아예 첨부터 데려다 키우질 말든가. 이런 무책임한 ( ) 같으니라구"

빈칸에 욕설 같은 그 어떤 막말을 채워 넣어도 상관없다.

어느 유명한 막장 드라마 전문작가께서 쓰신 희대의 명대사도 함께 날려준다. "암세포도 생명인데…" 하물며…!!!

언제 철들래?
음… 아직은

한 소년이 하굣길 학교 앞 문방구를 지나던 중 발길을 멈춘다. 가게 유리창 너머 뭔가에 고정시킨 두 눈엔 호기심과 소유욕이 넘쳐난다. 소년의 초롱초롱한 눈에 비친건 새로 들여와 진열된 최신 프라모델들. 문방구 사장님이 이번 주에 들여온다고 했던 새로운 프라모델들이 드디어 입고되었다. 깨끗한 상태의 케이스가 햇빛에 반사되어 반짝반짝 새로 들어온 신상임을 알려준다. '애야, 얼른 너의 주머니 속 용돈을 다 털어 날 사 가'라며 유혹하는 듯하다. 정말 갖고 싶은 마음이야 굴뚝같지만 털면 먼지뿐인 빈 호주머니가 원망스러울 뿐이다. 선반 맨 위 칸의 모델들은 먼지가 뿌옇게 쌓이고 오래되어 박스의 색도 많이 바랬다. 사장님이 인심 쓰듯 그런 걸 다 헐값에 넘겨주시면 얼마나 고맙겠나. 애석하지만 상상하고 구경하는 걸로 만족하며 집으로 발길을 돌린다. 용돈을 따로 받던 시절이 아니니 국민(초등)학생의 수중에 돈이 있을 리 만무하다. 돈이 생겨도 이런 쓸데없는 장난감 사는 데 돈을 쓰면 부모님의 엄한 꾸지람을 감당해야 했다. 당시에는 장난감 하나 마음 놓고 사줄 수 있던 형편이 아니었기에 소년의 부모님도 그리 마음이 편치는 않으셨을 거다.

그래서 소년은 아주 가끔, 정말 가끔 돈이 생길 때마다 부모님 몰래 사놓고 만들어 본 후 아무도 모르는 곳에 숨겨두곤 했었다. 들키면 꾸중을 들을 게 뻔하니 그러는 편이 낫다 여긴 것이다. 그리 만들어 놓고 구석에 숨겨놓던 프라모델들만 족히 수십 개는 될 거다. 만들다 보니 손에 익어 100~200원짜리 조그만 프라모델들은 너무나 시시하다. 적어도 500원 1,000원 이상 되어야 만드는 재미가 있고 수준에도 맞다. 80년대 당시 1,000원이면 현재의 몇만 원짜리 프라모델급을 살 수 있는 돈이다.

소년은 과학자가 꿈이었다. 나름 손재주도 남달랐고 이런 걸 잘 만들면 나중에 커서 훌륭한 과학자가 될 수 있는 줄 알았다. 만화영화를 많이 봐서일까, 로보트 태권브이를 만든 남 박사님도 어릴 적엔 로봇 프라모델들을 잘 만드셨을 거란 엉뚱한 상상도 했었다. 참 순진하기도 하다. 모두 어림 반 푼어치도 없는 얘기인 건 다들 아실 거다. 그것이 자신만의 착각임은 학년이 올라가며 자동으로 깨닫게 된다. 소년은 다짐했다. 나중에 어른이 되어 돈을 벌게 되면 사고 싶은 프라모델들을 실컷 살 거라고. 누구의 눈치도 보지 않으며 돈에 구애받지도 않고…

세월은 흘러 40대 중반에 접어든 소년은 한 여자의 남편으로 두 딸의 아빠로 나름 안정된 삶을 꾸려간다. 어릴 적 마음속에 품었던 생각을 과감히 행동으로 실천하는 결단력의 소유자로 잘 성장했다. 좋아하는 건담 프라모델과 피규어로 장식장의 빈 공간을 채우며 아이처럼 신이 나 한다. 여전히 못마땅해하는 아내와 두 딸의 눈치를 봐야 할 때도 있지만 어릴 적 부모님의 꾸중보다야 버틸만하다. 모아진 컬렉션들을 살펴보면 비싼 가격대는 거의 없고 저렴한 보급형 모델들이 주를 이룬다. 저렴한 가격은 주머니 가벼운 40대 아재에겐 무엇보다 중요하다. 자기 손으로 직접 만들고 선반에 넣어 장식하는 데 더 큰 의의를 둔다. 가성비를 많이 따지기에 충분한 시간을 갖고 사이트를 뒤진다. 굳이 한 개에 몇십, 몇백만 원까지 써가며 덕질할 생각일랑 하나도 없다. 매달마다 싼 거 한두 개면 대만족이다. 부양할 가족이 있는 남자 어른이 이 정도 가벼운 일탈이나마 감행할 수 있는 것도 감지덕지다. 아무렴…

지금까지 윗글에 언급했던 소년이 필자가 아니냐 물으신다면 부끄럽지만 딱 정답이다.

아이(kid)와 어른(adult)의 중간 즈음 별종들의 모둠인 키덜트(kidult)라는 신인류가 존재한다. 속칭 애어른이라 불리기도 하며 평범한 어른들의 취미와는 거리가 먼 아이들 장난감에 관심이 많은 이들을 일컫는다. 예전부터 그런 취미를 가진 이들은 많이 있었다. 단지 성인이라는 이유로 남들에게 자신의 취미를 대놓고 드러내지 못한 부분이 없지 않았다. 언제부턴가 키덜트라 칭하며 그들의 실체가 음지에서 양지로 당당하게 드러났을 뿐이다. 매장에 나가보면 전보다 제품 역시 다양해져 선택의 폭도 넓어졌다. 요즘 레트로 열풍에 힘입은 추억 마케팅의 산물이 아니다. 단순히 옛 추억을 소비하는 게 아닌 7080세대를 아우르는 새로운 놀잇거리이자 취미로 자리 잡았다. 키덜트라는 말이 잠시 잠깐의 유행으로 치부되지는 않을 거란 얘기다. 우리 나이대, 70년대에 태어나 80, 90년대에 학창시절을 보냈던 이들이 키덜트의 중심에 있다. 인터넷 기사에 이런 키덜트 문화를 사회, 경제 관련 분야로 심도 있게 다룬 장문의 논평도 있었다. 쉽게 말해 어른이 되어 금전적 여유가 생겨 어릴 적 가지고 싶고 관심 가졌던 것을 늦게나마 원 없이 누리고 있다라는 걸 어렵게도 풀어놓았더라.

앞서 얘기했듯 필자는 어릴 때부터 장난감에 무척 관심이 많은 소년이었다. 집에 장난감이 많은 친구들은 언제나 부러움의 대상 1호였다. 초등학교 때 같은 반 친구 집에 놀러 갔다가 커다란 충격을 받은 적이 있었다. 친구 아버지가 모으셨다는 장식장 속 수십 개의 고급 미니어처 자동차가 그것이다. 이렇게 디테일하고 고급진 모델을 우리나라에서는 만들 수도 없었기에 더욱더 동경의 대상으로 다가왔다. 이제는 나 역시도 수집이라 부르기도 우스운 기껏

해야 입문 수준 정도를 모으는 중이다. 다 커서 무슨 장난감이냐며 핀잔을 주는 이도 있지만 내 취미를 부러워하고 존중해 주는 이들이 훨씬 많다.

키덜트가 이 같은 취미를 가진 사람들을 철없고 미덥지 못한 어린애로 얕잡아 보는 말은 결코 아니다. 조롱하는 꼰대들의 시선 따윈 신경 쓰지 않는 이들, 아이 같은 순수한 감성을 잃지 않고 건전한 여가를 만끽하는 모든 이들을 그렇게 부르고 있다.

나는 현재 건전하고 멋진 이중생활을 누리는 중이다. 일과시간 거친 남자의 모습과 퇴근 후 아이 같은 순수한 감수성을 가진 키덜트의 모습으로.

그건 그렇고 이번 달엔 뭘 주문해 볼까? 적당한 가격대의 신제품들이 온라인 쇼핑몰안에서 나의 간택을 기다리며 줄지어 있다.

우리의 뜨거운 우정과
열정을 위하여

두어 달 전 오랜만에 친한 친구의 전화를 받았다.
"야 똥일… 나 책 낸 거 모르냐? 왜 답이 없는 거야"
다짜고짜 웬 뜬금없는 책 얘긴가 싶었다.
"책은 무슨 책. 연락도 안 해놓고 뭔 소리여"
"내가 효관이랑 너한테 톡 보냈잖아"

설마 하는 마음에 급하게 메신저 대화방 목록을 뒤져본다. 아뿔싸, 내가 친구들과 만든 단체대화방에서 빠져나왔던 걸 잊고 있었다. 만들어 놓고 거의 쓰지 않으니 나도 모르게 대화방 목록을 정리했었나 보다. 통화를 이어가며 대화방을 빠져나온 경위를 얘기해 주고 책에 관해 다시 물었다. 은평구에 있는 여행작가수업에 참여해 전부터 가졌던 글쓰기 취미에 정식 교육코스를 더해가고 있었단다. 현재 은평신문에서 시민기자로도 활동하며 쓴 글을 기고하고 있다는 얘기도 덧붙였다.

"앞으로 서 작가라고 불러도 되겠네. 잘됐다야. 첫 책의 발간을 정말 축하한다"

절친의 작가로서 정식데뷔를 진심으로 축하해 주었다. 초판으로 500권을 발행했다고 한다. 알려지지 않은 초보작가라 다 팔릴 거라 기대하지 않는다 했지만 꼭 완판되길 바라본다. 일단 난 500권의 1%인 다섯 권을 주문했다. 서 작가 왈 "인터넷으로도 주문되니까 ○○사이트 한번 들어가 봐"라고 종용한다. 인터넷이라… 여기서 사족을 덧붙이자면 필자는 인터넷 쇼핑을 거의 하지 않는다(요즘은 아니지만 그 당시는 그랬었다). 아니 싫어한다는 표현이 더 맞을 거 같다. 개인적으로 필요한 물건을 주변 매장에서 손쉽게 구입할 수 있다. 굳이 얼굴도 모르는 판매자에게 돈을 결제하고 배송의 과정을 기다릴 필요가 있을까? 그런 못 미더움이 직접 찾아가는 소비를 택한 결정적인 이유일 것이다.

"야, 나 인터넷 쇼핑 같은 거 잘 안한다. 내가 책값 보내줄게. 택배로 쏴줘. 주소 알려줄 테니까 계좌번호 보내라"

"짜식, 촌놈도 아니고 그것도 못 하면 어떡하냐. 알았다. 계좌 찍어줄게"

촌놈이라는 핀잔과 함께 좋으면서 못 이기는 척 자신의 계좌번호도 선뜻 문자로 보내준다. 나 역시 흔쾌히 책값을 송금해 주었다.

마음 같아선 100권, 1,000권이라도 사주고 싶지만 부자친구가 아니어서 안타까울 뿐이다.

　어떤 내용일까 잔뜩 기대된다. 같이 친했던 친구들의 이야기도 한 페이지를 장식했을지 궁금했다. 메신저로 내 얘기가 나온 페이지를 사진으로 찍어 보내줬다. 우리 집에서 같이 듣던 오래된 LP판들 이야기다. 읽으며 오랜 추억의 한 장면을 소환해 본다. 둘이 거실에 앉아 LP판에서 흘러나오는 아름다운 선율에 귀를 기울인다. 지지직거리며 바늘이 스치는 미세한 잡음과 스피커에서 나오는 음악소리가 차분하면서도 따뜻하다. 고가의 최고급 오디오 시스템이 부럽지 않았다. 싸구려 턴테이블과 저급한 앰프 하나만으로도 좋아하는 음악을 들을 수 있음에 마냥 설레던 시절이었다. 그때 듣던 '쿠스코'의 음악에 매료되어 잉카제국을 동경했고 남미여행의 계기가 되었다는 내용이 놀라울 따름이다. 책의 일부분이지만 글 쓰는 솜씨가 둘이 군대 시절 주고받던 편지글과 확연한 차이를 보인다. 굳이 얘기하자면 하늘과 땅 차이랄까? 과찬이라 정색을 할지도 모르나 친구인 나의 눈엔 책 한 권을 탈고한 기성작가의 모습이다. 그 역량이 쉽게 얻어진 것이 아님과 그간의 노력을 잘 보여주고 있었다. 한 편의 글을 쓰기 위해 수많은 퇴고와 수정을 거듭했을 수고로움이 역력하다.

　SNS에 글을 연재하던 가벼운 내 수준을 한참 앞선 친구의 필력이 부러운 동시에 서투른 창작욕을 불타오르게 한다. 나의 글쓰기도 그렇게 재시동이 걸렸다. 너도 하니까 나도 한다는 모방심리가 발동한 것은 아니다. 친구 녀석이 나보다 먼저 실행에 옮겼고 결과물을 내놓은 것. 그 차이일 뿐이다.

전부터 마음속으로 갈망하던 버킷리스트 중 하나가 있었다. 아버지가 쓰신 자서전을 읽고 품게 된 나이 50이 되기 전 에세이집 출판이 그것이다. 그 꿈을 이루기 위한 첫 장을 펼친 것이라 말하고 싶다. 친구의 책은 그 작은 시작을 위한 자극제가 되어준 것일 뿐…

요 몇 달 들어 다시 스마트폰 메모장에 머릿속 문장들을 끄적거려 본다. '다시'라는 단어가 의미하듯 전에도 뭔가를 열심히 쓰다가 한동안 중단했었다는 얘기일 게다. 주제를 머릿속으로 풀어 문장을 만들고 스토리텔링으로 이어가는 게 말처럼 쉽지 않다. 수필이라 해서 말 그대로 펜과 손이 가는 대로 마구 써재끼는 글이 아니란 걸 새삼 깨닫는다. 친구 서 작가에게 내가 쓴 글 한 편을 조심스레 건넸다. 어디가 잘못되었고 개선할 부분인지, 어떻게 글의 내용을 전개시켜야 할지 물어보기 위함이다. 몇 시간 후 글을 읽은 서 작가에게서 연락이 왔다. 두근두근. 아니나 다를까 고쳐야 할 부분이 한두 군데가 아니고 쓰는 연습도 많이 해야 한다고 충고해 주었다. 문장이 길어서 말하려는 주제와 엇나가고 곁가지 같은 불필요한 부분이 많다는 진단도 내려졌다. 가족이나 지인들에게만 선보일 글이 아닌 불특정 다수 역시 내 글을 읽을 걸 고려해야 한단다.

누구에게나 거부감 없는 문장과 단어를 고르며 장황하지 않고 간결한 문체로 표현하는 스킬을 익혀야 좋은 글이 나올 수 있다고 했다. 예상했던 답변이지만 마음이 안 좋은 건 어쩔 수 없다. 근데 어쩌랴. 친구의 말이 백번 옳은 것을. 오래전부터 해오던 판에 박힌 방식으로 글을 써온 내겐 반박할 여지조차 없다. 하나의 주제를 꺼내 들고 그것에 맞춰 글을 써 나가는 필력이 그나마 좋은 편이라는 칭찬까지 잊지 않았다. 자신이 쓴 내 글의 수정본을 밤새 작업해 보내줬다. 내가 쓴 글과 비교했을 때 누가 봐도 간결하면서도 말하려는 주제와 잘 부합되게 고쳐졌다. 그날 전화통화로 즉석 글쓰기 수업이 진행되었다. 자신이 수료했던 작가수업에서 배운 이론들을 짧은 시간 나에게 꼼꼼히 전해주려 애썼다. 경험에서 우러나는 신중한 지적과 충고를 하나하나 마음속에 새겼다. 이제는 전부터 써오던 습관을 들어내고 나만의 색과 개성을 찾으려 노력하는 중이다. 아직 갈 길이 멀지만 친구가 남긴 우정어린 가르침이 조금씩 효과를 발휘하고 있다. 예전 같으면 장황하고 두서없었을 문장이 조금씩 깔끔해지는 걸 실감한다. 친구의 가르침이 진심 고맙다. 후일 내 책이 세상에 선보이는 날 사수의 예의로 술 한잔 사야겠다.

— 2019년 12월의 어느 날

epilogue

책의 배송은 나중으로 미뤘다. 장기간 지방출장이 잦은 관계로 숙소가 정해지면 받아보려 했지만 여의치가 않아서다. 또 서로 얼굴 보며 직접 받는 게 낫지 않을까 하는 생각도 들었다. 마침 서울에 있는 현장이 계속 연장되면서 오래간만에 모임을 겸한 출간을 축하하는 자리를 만들 수 있었다. 드디어 기다리던 오늘 동일, 동필, 동수 이렇게 세 명의 three 동이 오랜만에 한자리에 모였다. 같이 뭉쳐 다니던 4총사 중 정석이라는 친구만 연락이 닿지 않아 아쉬움이 남는다. 몇 년 만에 만났지만 며칠 전에 보고 또 본 것 같은 익숙함과 편안함이 느껴지는 친구들이다. 그 익숙함과 편안함 때문에 그동안 이 친구들에게 너무 소홀하지 않았나 싶어 미안한 마음이 먼저 앞선다.

세 친구들이 고깃집에 앉아 반가움의 술잔을 부딪친다. 그간 만나지 못했던 시간을 보상이라도 하듯 쉴 새 없는 수다를 떨어댄다. 나이만 마흔다섯이지 세월의 직격탄을 정면으로 맞지 않은 불변의 마스크들을 자랑한다. 거기다 하는 짓들은 셋 다 고교얄개가 따로 없다. 지금 이 시간이 좀 더 더디게 흘렀으면 했지만 짧은 시간이 야속하다.

고깃집을 나와 조용한 커피전문점으로 자리를 옮겼다. 우리의 서 작가가 책 표지 안쪽에 자신의 사인을 직접 해 둘에게 건넸다. 기분이 묘하다. 가까운 사람이 쓴 책을 받은 건 아버지가 쓰신 자서전 이후 처음이다. 페이지 한 장 한 장마다 작가로서의 고심이 엿보인다. 두 번째 출간을 위해 열심히 집필 중이란다. 한껏 밝은 모습이 몇 년 전 만났을 때 일에 찌든 듯 피곤해 보이던 것과 대조적이다. 여행도 자주 다니고 골프도 시작하며 전에 몰랐던 소소한 즐거움을 찾아가고 있단다. 동수 역시 큰 은행의 부장님으로 직원들을 이끄는 관리자로서의 역할을 훌륭히 해내고 있다. 짧은 몇 시간의 만남 동안 세친구 모두 고만고만하게 잘 살고 있음을 확인하는 시간이었다. 웃고 떠들다 보니 밤 10시다. 10시가 마감시간이라는 커피숍 알바의 말에 모두들 나갈 채비를 했다.

다들 새벽시간까지 2차, 3차 놀면서 끝을 봐야 직성이 풀리는 성격들은 아니다. 내일 출근도 해야 하고 밤도 깊었다.

아쉬움을 뒤로하고 다음 만남을 기약하며 각자의 집으로 향했다. 겉으로 티 나지 않아도 진심으로 서로를 응원하고 건승을 기원하는 마음도 함께 가져갔다.

곶감 하나 주면
안 잡아먹지

○ ○ 이것은 어린아이 주먹 크기 정도로 작다. 아주 먼 옛날 전래동화의 한 페이지를 장식하며 널리 유명세를 치른 바 있다. 동화 속에서 살아 있는 생명체가 아님에도 불구하고 산중호걸이라는 호랑이님을 공포와 두려움에 떨게 하였다. 떼쓰고 우는 아이의 울음까지 이거 하나면 뚝 그치게 했다던 극강의 존재였음은 두말하면 잔소리. 이름하여 곶감이라 불리는 토속적인 단맛을 지닌 쫄깃한 식감의 먹거리가 그것이다.

평소에는 잘 찾지 않던 이 먹거리가 유난히 생각나는 저녁이었다. 얼마 전 지인에게서 우연히 얻어먹었던 곶감 하나. 꼴랑 한 개 감질나게 먹고 난 후 하나 갖곤 모자라 자꾸 지인의 곶감상자에 눈길이 갔다. 서구식 단맛에 길들여져 있어 그전에는 몰랐던 곶감 특유의 달달함이 그날따라 입안에 착 감기는 게 또 다른 맛의 신세계를 찾은듯하다. 어릴 때는 집에 갖다 놔도 눈길 한번 주지 않았던 먹거리였다. 자극적이고 인공색소 가득한 단맛을 더 선호하던 때였다. 이젠 어떤 게 건강하고 좋은 음식인지 어떤 맛이 진정 나의 입속을 행복하게 하는지 조금은 알 것 같다. 현재 필자의 미각세포가 10대, 20대 때보단 더 폭넓게 발달되어 가고 있다는 증거다.

요즘 들어 예전 어릴 적 좋아하던 가공식품의 인공적인 맛 이외에 낯설게 여겼던 먹거리들도 손이 간다. 위에서 언급했던 곶감도 그렇고 전엔 냄새 때문에 멀리했던 삭힌 홍어 같은 것도 그러하다. 40대인 지금도 햄버거, 피자, 소시지, 라면 등의 가공식품과 패스트푸드에 환장하는 중년 아재로서 획기적인 변화가 아닐 수 없다. 아직도 초딩입맛이라며 아내에게 핀잔을 많이 듣는 편이다. 이제 전보다 어른스러워졌다고 아내에게 자랑이라도 해야 할까보다. 음식의 맛과 냄새, 식감, 형태를 가리지 않고 거리낌 없는 입맛으로 바뀌어 간 게 '어느 순간 갑자기'는 아니었다. 현재도 몇 가지 가리는 게 있긴 하지만 손 안 댔던 다른 음식들을 무난히 받아들일 준비가 되어 있다. 꼴에 맛에 대해 평가할 주제는 아니지만 음식의 좋고 나쁨의 기준에 대한 명확한 선은 그을 수 있다. 또 하나 입 짧다는 소릴 듣는 우리 집 세 여자분들에게 '편식은 나쁘다'란 잔소리 정도는 해줄 수 있다는 거.

오늘 저녁엔 숙소 주변의 큰 마트나 재래시장을 한번 다녀와야 할 것 같다. 이곳 대전에 내려와 제대로 하지 못한 지역탐방을 겸해서 말이다. 그리고 입이 궁금해질 야심한 밤을 책임질 맛난 곶감 한 줄도.

  재래시장은 생각보다 멀고 숙소 주위에 걸어서 10분 거리에 대형마트가 있었다. 무더운 열대야의 열기를 뚫고 반바지 삼선슬리퍼 차림으로 마트를 찾았다. 근데 여름은 곶감 철이 아닌가 보다. 식품코너를 샅샅이 뒤졌는데도 곶감이 보이지 않는다. 땀 뻘뻘 흘리며 걸어간 보람도 없이 그냥 오기에는 뭔가 서운하다. 꿩 대신 닭이라고 온 김에 좋아하는 간식거리들을 몇 가지 골라 담았다. 아직은 초딩입맛을 벗어나고 싶지 않다는 듯 가장 좋아하는 과자부터 초콜릿까지 바구니 가득 채워 넣어 계산대로 간다. 진정 맛있게 먹으면 0칼로리라는 굳은 믿음으로 오랜만의 군것질을 맘껏 즐겨보련다.

  자기야! 그래도 자기 전에 양치질은 꼭 하고 잘게.

– 2018년 열대야가 절정이던 무더운 어느 날…

epilogue

  TV에서 우연히 보았던 시골마을 아낙이 곶감을 꿰어 말리는 영상이 있었다. 짧은 다큐멘터리로 감미로운 BGM과 아름다운 영상미가 돋보이던 작품으로 기억한다. 감나무에 탐스레 열린

단감들을 소쿠리 한가득 따 틀에 넣고 뱅글뱅글 돌려 하나하나 껍질을 벗겨낸다. 깨끗하게 껍질을 벗긴 감을 열댓 개씩 한 묶음으로 꼬챙이에 꽂아 줄에 꿴다. 바람이 잘 통하고 그늘진 응달, 비를 잘 피할 수 있는 곳에 높이 달아두어 잘 말려준다. 나무로 만든 걸이에 대롱대롱 매달린 곶이들이 바람에 흔들리는 모양새가 정겹다.

영상에서처럼 잘 말려져 오랜 시간 보관이 용이해진 곶감은 먹을거리가 귀했던 겨울철 영양만점 간식거리가 되주었다. 옛 조상님들의 지혜가 엿보이는 한국 고유의 건조식품이다.

꼭 마당 넓은 시골이 아니어도 곶감은 말리는 요령만 알면 도시에 사는 이들도 손쉽게 만들 수 있다. 약간의 귀찮음과 수고로움을 극복하면 두고두고 먹을 수 있는 간식거리가 탄생한다. 자칭 곶감 전문가들의 조언에 따르면 햇볕과 그늘을 번갈아가며 말리면 당도가 더 높아진다고 한다. 한번 도전해 보는 것도 나쁘지 않을 듯하다.

그대의 괄약근은
안녕하신가?

● ●　　　　누가 그러더라. 인생의 시작과 끝은 같다라고…

2세 때는 똥오줌 가리는 게 자랑거리

3세 때는 이가 나는 게 자랑거리

12세 때는 친구들 있다는 게 자랑거리

18세 때는 자동차 운전할 수 있다는 게 자랑거리

20세 때는 섹스를 하는 게 자랑거리

35세 때는 돈이 많은 게 자랑거리

그다음이 50세인데…

재밌는 건 이때부터다. 지금껏 해왔던 자랑거리가 거꾸로 진행된다.

50세 때는 돈이 많은 게 자랑거리

60세 때는 섹스를 할 수 있다는 게 자랑거리

70세 때는 자동차 운전할 수 있다는 게 자랑거리

75세 때는 친구들이 남아 있다는 게 자랑거리

80세 때는 이가 남아 있다는 게 자랑거리

85세 때는 똥오줌을 가릴 수 있다는 게 자랑거리

결국 인생이란 너나 할 것 없이 똥오줌 가리는 것 배워서 자랑스러워하다가 똥오줌 가릴 수 있는 걸 자랑스러워하며 마감한다는 것 아닌가. 옳은 말이긴 하다. 단순한 말장난의 범주를 넘어 삶, 그 자체를 단 한 페이지로 요약했다. 한낱 우스갯소리긴 하나 생애주기별 과정이 딱 맞아떨어져 한편으론 놀랍기까지 하다. 여담으로 우리네 인생사를 글 몇 줄로 압축시켜 놓은 대한민국 네티즌들의 언어 드립력은 세계최강이다. 가히 언어유희의 연금술사라 불리울 만하다.

인터넷에 떠도는 이 유머에 그냥 웃어넘기지만 깨닫는 바도 적지 않다. 자랑으로 시작해서 자랑으로 끝나는 각종 자부심의 향연들. 계속된 남들의 자랑질에 난 아직껏 왜 이러고 사나 하는 자격지심, 열등감이 자리 잡기도 한다. 아이 때는 친구들에게 없는 신상 장난감이나 학용품, 맛난 간식거리 등을 자랑한다. 어른이 되었을 때는 스케일이 커져 좋은 직장, 넉넉한 통장잔고, 값비싼 명품 등을 자랑하는 데 여념 없다. 애나 어른이나 자랑질에 들이는 소모적인 에너지는 비슷하다. 어쩌면 살면서 남들에게 해대는 자랑거리들은 과한 욕심에서 비롯된 허세였다. 아무것도 아닌 거나 마찬가지였고 딱히 내세워 봐야 그때뿐이란 걸 깨닫는 데 오랜 시간을 허비했다.

'그래!!! 자랑거리라는 게 별거 아니었네. 인생이란 결국 내 괄약근의 안위만 잘 살피면 되는 거였어'

이거 하나로 나이 들어 내세울 자랑거리들 중 가히 최고봉이라 일컫는 건강을 가진 거다. 잘 관리된 건강상태를 배변조절 근육의 짱짱한 조임으로 판단할 수 있다니 더 이상 긴말이 필요 없다. 벽에 X칠 하며 모양 빠지게 늙어가지 않아도 된다는 말씀.

자체생산 되어 나불거려진 개똥철학에 나름 흡족해하며 무릎을 탁 친다.

긍정의 삶
감사하는 마음

　　몇 해 전 아버지께서 가족들과 지인분들께 직접 쓰신 책 한 권씩을 선물해 주셨다. 살아오시면서 겪으신 일들, 가족들에게 전하고픈 교훈과 당부의 말씀을 퇴임 후 틈틈이 집필해 한 권의 책으로 엮으셨다. 알록달록한 빛깔의 겉표지 위에 쓰여진 제목 '긍정의 삶 감사하는 마음'. 소박하고 일상적인 이 글귀 속에 평소 추구하시던 삶의 가치관이 잘 드러난다. 가까운 이가 직접 쓴 책을 선물받는 건 처음 있는 일이다. 그것도 아버지의 책이니만큼 기대감과 특별함은 말해 무엇 하랴.
　하지만 책을 손에 쥔 것도 잠시, 받은 후의 기대감은 희미해져 가고 책장에 꽂아둔 채로 먼지만 쌓이게 내버려두는 우를 범하고 만다. 내 안이함과 무심함 속에 몇 년을 책장 안에 모셔두기만 했던 책을 뒤늦게 꺼내 들었다. 청소하다 책꽂이에 꽂혀 있던 아버지의 책에 시선이 가며 겉표지를 넘겨 목차들을 살폈다. 이내 뭔가에 이끌리듯 독서에 열중하기 시작한다. 완독하는 데 그리 오랜 시간이 걸리지 않았다. 독서를 함에 있어 극도의 집중력을 발휘했던 게 실로 얼마 만이었나.

변명일지 모르나 받은 이후로 쭉 잊고 지냈던 건 평소 책을 잘 안 읽어 버릇한 것도 작은 이유였다. 그보다 더 결정적인 건 책에 담긴 내용이 어릴 적부터 알고 있던 이야기, 아버지와 아들로 지내온 시간과 공간의 교집합일 거란 어설픈 지레짐작이었음을 부정하지 않겠다. 첫 장을 시작으로 활자 하나하나 넘겨보며 그건 지독히도 오만한 나의 착각임을 깨달았다. 집안의 장남으로서 아버지의 어깨를 무겁게 짓눌렀던 책임감의 무게와 고민의 세월을 그제서야 알게 되었다. 그건 온전히 스스로의 노력과 의지로 자신의 위치에서 치열하게 사셨던, 아니 살아가실 수밖에 없었던 절실함의 무게였다. 어머니와의 첫 만남에서 결혼까지 이어지는 두 분의 인연에서 소소한 행복과 설렘이 느껴졌다. 맏며느리인 어머니와 함께 집안의 모든 대소사를 이끌어 가며 겪으신 고생담에 코끝이 찡해진다. 아들 삼 형제의 탄생과 성장, 손녀 바보 손자 바보의 훈훈한 일상 그리고 가족 모두에게 꺼낸 적 없으시던 아버지의 깊은 속내까지…

한 권을 끝까지 탐독하고 나서야 알게 된 아버지의 숨겨둔 이야기들에 마음이 숙연해졌다.

가만히 눈을 감고 한 편의 아름다운 영화를 감상한다. 서서히 조명이 꺼지고 스크린에 비친 흑백화면에 아버지 어머니가 처음 만나 사랑에 빠지고 결혼을 약속하며 영화는 시작된다. 작은 가겟집에서 바쁘고 정신없는 신혼의 일상이 시작되고 알콩달콩 다정한 두 분의 모습에서 행복이라는 단어의 의미를 되새기며 다음 장면으로 전환된다.

봄, 여름, 가을, 겨울 계절의 변화가 오버랩되며 세 아들들이 티격태격 부산스레 뛰어노는 화면들이 스쳐 지나간다. 어느새 배경화면이 컬러로 바뀌며 시간의 흐름을 짐작게 한다. 세 아들들이 학교를 졸업해 각자의 일에 매진하고 어여쁜 짝을 찾아 행복한 가정을 꾸려간다. 아름다운 바닷가를 배경으로 온 가족이 모여 즐겁게 웃고 떠들며 함께 좋은 곳으로 여행하는 장면도 펼쳐진다.

대망의 엔딩장면. 서재를 배경으로 책상에 앉아 뭔가를 열심히 쓰고 계시는 아버지의 어깨 위로 한 줄기 햇살이 내려앉는다. 카메라의 앵글이 책상 위를 천천히 비추고 원고의 마지막 장을 채우며 온화한 미소를 지으시는 장면을 끝으로 영화의 엔딩크레딧이 올라간다. 평점 10점 만점에 10점짜리 아름다운 인생영화 한 편이 탄생하는 순간이다.

나의 인생을 영화 한 편으로 압축하면 과연 어떤 장면이 연출될지 뜬금없는 상상을 해봤다. 아마 액션, 스릴러, 호러, 멜로, 코미디가 결합된 전에 없던 새로운 장르가 탄생하지 않을까. 어릴 적

온 동네 말썽을 다 피웠다는 전설이 전해지니 스펙터클한 액션영화로 시작해 본다. 학창 시절 부모님 속을 많이 썩여 그때를 생각하시면 아직도 등골이 오싹하실 테니 스릴러, 호러 영화. 아내와의 첫 만남부터 지금에 이르기까지의 이야기는 멜로, 에로, 로맨틱 코미디로.

졸작임이 틀림없으니 흥행 따위는 접어두고 홀로 감상하며 만족하고 싶다. 필자도 나이 들어 아버지처럼 멋진 엔딩을 완성할 수 있길 간절히 소망한다.

아버지의 젊은 시절 모습이 어렴풋하게 떠오른다. 젊은 시절 아버지는 맏형으로서 동생들까지 모두 뒷바라지하고 챙기는 집안의 큰어른이었다. 사회생활을 시작하면서부터 짊어졌던 가장으로서의 책임감을 기꺼이 감내하셨다. 누구 한 사람 한 사람에게 일말의 서운함이 없을 수야 없겠지만 그런 건 중요치 않으셨을 것이다. 피를 나눈 형제이고 가족이기에 가능했을 아버지의 희생이고 사랑이었다. 40대인 현재도 다분히 철없기 그지없는 나보다 훨씬 더 의젓하고 어른스러웠던 모습으로 기억된다. 우리 삼 형제는 그 모습을 어려서부터 보고 자랐다. 장성한 형제들이 타지로 올라와 가까운 곳에 모여 살며 서로를 의지하고 우애 있게 살아갈 수 있었던 것도 아버지, 큰형, 나, 막내로 이어지는 내리사랑의 결과라 생각한다. 아버지께서 주셨던 동생들에 대한 속 깊었던 마음 씀이 내 형제들의 일상 속에 그대로 전해졌다.

혜민 스님의 《멈추면, 비로소 보이는 것들》이란 책에 이런 글이 나온다.

> "살면서 고마움을 많이 느낄수록 더 행복해집니다. 세상에 나 혼자 뚝 떨어져 있는 '외로운 나'가 아니고 서로서로 연결되어 있는 '사람들 속의 나'를 느끼기 때문입니다. 고마움을 느낄 때 우리는 진리와 더 가까이 있습니다"

항상 가족들과 주변 사람들을 챙기시고 작은 것에도 감사하는 삶을 실천하신 아버지의 이야기를 보는듯하다.

마지막 장을 넘기며 막힌 속이 뻥 뚫린 듯 한숨을 내쉬었다. 조마조마한 마음으로 다른 이의 비밀일기를 몰래 꺼내보고 꽂아둔 후 내쉬는 안도의 한숨은 아닐 것이다. 이건 밀렸던 큰 숙제 하나를 해결했다는 안도의 한숨이라 해두겠다.

전화라도 드리려 했지만 망설임만 가득 애꿎은 휴대폰만 만지작거리다 내려놓았다. 마음속으론 아버지께 쏟아낼 많은 얘기가 맴도는데 겉은 안 그런 척하는 남자 대 남자의 무뚝뚝함이 발목을 잡는다. 대신 언제 도착할지 모를 짧은 편지글이나마 이 페이지를 빌려 남긴다.

***

아버지,

　책을 보며 미처 몰랐던 또 다른 아버지의 이야기들을 접하며 많은 걸 깨닫고 감동받고 지금의 소중한 행복이 그냥 얻어진 것이 아님을 알게 되었습니다. '긍정의 삶 감사하는 마음'이란 제목처럼 아버지께서는 부족하고 어려운 상황에서도 항상 긍정의 힘으로 그 고난들을 지혜롭게 헤쳐나가셨습니다. 우리 삼 형제에게 올바른 사고와 주어진 여건에 감사하며 그 안에서 최선을 다하는 법도 가르쳐 주셨습니다. 하지만 철부지 아이 같은 미숙함으로 가르침의 참뜻을 외면한 채 귀한 시간을 허비하기도 했습니다. 사회의 일원으로서 현재를 살아가며 제 위치에서 조금씩 빛을 발하게 되며 알게 되었습니다. 힘들고 어려운 순간들이 찾아왔을 때 스스로의 힘으로 헤쳐나갈 수 있었던 자양분이 그 가르침이었다는 것을…

　누구나 얘기합니다. 남들 하는 것만큼 하고 사는 게 가장 좋은 거다라고. 하지만 남들 하는 것만큼 하고 사는 게 세상에서 가장 어려운 것이라고도 합니다. 남들처럼 꾸미고, 남들처럼 먹고 싶은 거 먹고, 사고 싶은 거 사고, 가고 싶은 곳 가고, 평범히 나이 들어가고…

　이 '남들처럼' '남들만큼' 한다는 말처럼 원하는 대로 모든 조건들이 적절히 맞아떨어지는 게 얼마나 어려운 것인지 잘 알고 있습니다. 아버지께서는 이토록 평범하지만 흔치 않은 행복을 위해 많은 노력을 하셨고 그리 얻어진 소중한 것들에 감사해하셨습니다.

저는 아버지를 제 인생의 롤모델이나 멘토로 삼지 않겠습니다. 감히 제가 어떻게 한평생 모두에게 칭송받는 길을 걸어가신 모습을 온전히 따라 할 수 있겠습니까. 그 절반, 반의반이라도 다다를 수 있다면 그것만으로도 충분합니다. 이젠 그 작은 삶의 조각을 밑천 삼아 아버지의 방식이 아닌 제 나름의 방식과 노력으로 아버지께 누가 되지 않는 생을 꾸려나갈 자신이 있습니다. '청출어람'을 빗대진 않겠지만 비슷하게나마 저의 길을 성실히 걸어가겠습니다.

아버지께서는 책의 한 대목에서 저희 삼 형제에게 세 가지의 미안함을 고백하셨습니다.

첫째, 좀 더 함께할 것을…

아니오. 아버지께서는 항상 가족들의 곁에서 그림자처럼 늘 함께하셨습니다. 지금도 가족들의 든든한 기둥으로 모두의 중심축 역할을 해주시고 계십니다. 앞으로 오래도록 그러실 거구요.

둘째, 좀 더 살펴줄 것을…

아니오. 아버지께서는 늘 부족했고 손이 많이 갔던 철없던 세 아들들을 부족함 없이 채워주셨고 진정한 어른의 모습을 갖춰갈 수 있도록 살피고 또 살펴주셨습니다.

셋째, 좀 더 가르쳐 줄 것을…

아니오. 아버지께서는 우리에게 훌륭한 스승이셨고 살아가면서 맞닥뜨릴 여러 가지 난관들을 지혜롭게 극복할 수 있는 현명한 가르침을 주셨습니다. 교사로서의 본분인 가르침에 관한 한 어느 누구보다도 훌륭한 삶을 사셨습니다.

그러니 너무 미안하다는 말씀은 하지 않으셔도 됩니다. 어쩌면 이런 깨달음의 기회들을 늘 주셨지만 알아채지 못했던 제 자신이 부끄러울 따름입니다.

이젠 일전에 말씀하셨던 '보편적인 행복'에 대해 조금이나마 알 수 있을 것 같습니다. 남들이 부러워할 만한 보편적인 행복을 가지신 아버지처럼 되기 위해 어떻게 해야 하는지도…

한 사람의 남자로서 어른으로서 아들로서 아버지로서 사회인으로서 살아가셨던 모든 생에 존경을 표합니다. 아버지의 아들로 태어난 걸 가장 큰 행운이자 선물로 여기며 열심히 살아가는 모습으로 보답하겠습니다. 앞으로 세 아들들과 3씨(솜씨, 맵시, 마음씨)를 모두 갖춘 착한 세 며느리들, 눈에 넣어도 아프지 않다 하신 사랑스러운 손녀, 손자 모두 그런 마음으로 아버지 어머니 곁에서 늘 함께하겠습니다.

사랑합니다.

— 2019년 가을, 아버지의 아들이

---

epilogue

바쁘고 시간 없다는 옹색한 변명거리가 정당화될 순 없는 일이다. 다른 형제들에 비해 부모님에 대한 마음이 덜한 것은 아니나 괜한 무심함을 천성(天性)이라 둘러댈 때도 있다. 그래서 늘 죄송하다.

14

　　다중인격자가 되라고 말한다. 듣는 순간 야누스의 얼굴, 지킬박사와 하이드의 악한 이미지가 떠오를지도 모를 일이다. 하지만 이 말이 정신의학적 해석으로 내 속에 자기도 모르는 섬뜩한 자아 여러 개를 가지고 살아라는 게 아니다. '그때그때 상황에 맞는 모습으로 자신에게 변화를 줘라' 정도로 해석하는 게 맞지 않을까. 어느 글을 보니 '자아복잡성', '자기복잡성'이란 말로 바꿔 부르며 개인의 속성을 한두 가지로 국한하지 말고 여러 가지 모습으로 살아가기를 권하고 있다. 회사에서는 꼼꼼한 완벽주의자에 카리스마 있는 리더, 친구를 만날 땐 유쾌한 허당, 집에선 아내 말에 꼼짝 못 하는 순한 양, 자녀에게는 개구쟁이, 필요에 따라서 엄한 호랑이…

이렇게 상대에 따라 유연하게 얼굴을 바꿀 줄 아는 사람이 스트레스도 덜하고 대인관계도 원만하다고 한다. 이렇듯 다양한 '자아복잡성'을 가진 사람, 늘 한결같아 보이지만 뜻밖의 반전매력을 보여주는 사람이 되어보는 건 어떠신지.

epilogue

오늘 하루 일과시간 동안 꼼꼼한 일 처리와 강렬한 카리스마와 열정이 넘쳤던 나. 귀가 후 저녁시간, 한 마리의 순한 양이 되어 군소리 없이 식탁을 치우고 집 안 정리를 돕는다. 잠자리에 들기 전 딸들과 20, 30분 정도 침대에서 강아지처럼 뒹굴고 장난치며 하루를 마무리한다.

다행이긴 하다. 이미 하루에 기본 서너 가지 정도의 자아를 적재적소에 잘 활용하고 있었다…

15

"아빠 머리 말려죠. 자꾸 엉키고 잘 안말려져"

귀요미 둘째 딸이 샤워하고 혼자 머리를 말리다 드라이기를 가지고 거실로 나온다. 요 몇 달 새 제 언니를 따라 씻고 머리 말리는 걸 스스로 잘해오던 녀석이었다. 오늘따라 뭔 심사가 뒤틀렸는지 잘 안 말려진다, 엉킨다 짜증을 부리며 툴툴거린다.

"오구오구 우리 딸, 오랜만에 아빠가 머리 말려주까요"

"오늘은 린스 안 쓴 고야? 세은이 머리는 잘 엉켜서 린스 꼭 써야 돼. 알았찌"

서너 살 꼬맹이들에게 하는 귀여운 콧소리를 섞어가며 오랜만에 아빠표 헤어스타일링 서비스를 시작한다.

위이잉… 사뭇 요란한 소리를 내며 능숙한 손놀림을 입은 드라이기가 제 할 일에 열심이다. 딸아이에게 얼마 전까지 늘 해주던 일이었다. 얼마 만에 느껴보는 뿌듯함이던가.

 매일 저녁 샤워하고 나온 두 딸내미들의 머리를 말려주는 건 아빠인 나의 몫이었다. 매일 저녁의 분주한 수고로움이 아빠인 내가 담당했던 육아 역할 중 하나였다. 딸들의 머리를 말려주며 장난을 치고 하루 동안 있었던 얘기들을 나누는 게 좋았다. 다 말린 후 찰랑거리는 머릿결의 예쁜 뒷모습에 사랑스러움과 행복감이 동시에 찾아든다. 딸을 가진 아빠들만 누릴 수 있는 작은 호사가 아닐까 싶다. 너무 사랑스러워 꼬옥 안아주면 갓 마른 머리카락이 머금은 향기가 코끝으로 전해진다.

 이젠 스스로 씻고 로션 바르고 머리도 알아서 척척 말릴 줄 아는 나이가 되니 손의 수고가 줄어들었다. 분주했던 저녁시간이 여유로운 시간으로 바뀐다. 뭔가를 해주고 싶다는 생각을 하지만 혼자 할 수 있다는 데 굳이 내가 나서서 챙길 필요는 없었다. 서투르더라도 스스로 잘해낼 거라 믿고 지켜봐 주는 게 최선이었다. 늘 그랬던 건 아니지만 부끄럽게도 난 몇 가지 안 되는 육아 노동에 귀찮아하기도 했던 초보아빠였다. 하기 싫어 아내에게 미루기도 하고 넘어갈 핑곗거리를 찾기도 했다. 시간이 흐르고 딸들이 커가며 찾아왔던 여유로움은 마음 한편 허전함으로 바뀌었다. 점점 아이들에게 내 손이 필요 없는 시기가 오는 게 조금은 서운해질 수도 있다는 걸 깨달았다.

아이에게 가장 많은 손길이 필요한 시기가 신생아 때라는 건 모두들 공감한다. 겨우 재워서 눕혀놓으면 어느새 깨어 칭얼대기 일쑤다. 돌아서면 금방 배고프다 울고 졸리다 울고 끝이 안 보일것만 같은 고된 돌봄의 연속이다. 아장아장 걸음마를 떼는 시점이 되자 두 손의 수고가 덜어지는 듯했다. 그러다 유치원을 거쳐 초등학교를 막 입학한 저학년 시기가 찾아오면 얘기가 달라진다. 신생아 때의 세심함까지는 아니어도 그에 준한 돌봄의 손길이 들어가는 시기다.

자녀교육과 육아에 대한 지식은 거의 없다시피 했다. 아이들은 엄마와 아빠의 사랑을 함께 받고 자라야 한다는 나름의 원칙만은 고수했지만 쉽지 않았다. 잦은 지방출장과 휴일도 남들과 달리 불규칙했던 내게 온전한 아이들과의 시간은 늘 부족했다. 집에서 출퇴근하며 가족들 옆에 있을 수만 있으면 좋겠다는 생각만 간절했다. 내가 선택한 직업이니 주어진 여건을 누구에게 탓할 수도 없었다. 그로 인해 오롯이 아내에게만 육아의 부담을 지운 것 같아 늘 마음이 무거웠다.

육아에 역할 분담의 기준이 어디까지라고 정확한 선을 그을 수는 없다. 엄마 아빠 둘이 공평하게 나누는 것도 현실적으로 어렵다. 무슨 자동차 사고 과실비율 따지듯 몇 대 몇 비율로 나누는 것도 우습다. 각종 육아서적에 적힌 매뉴얼도 실상 정답에 가깝진 않았다. 오히려 첫째 때 겪었던 수많은 시행착오들이 둘째로 넘어가며 자연스레 바로 잡히며 빛을 발했다. 바로 몸소 겪어가며 터득한 요령과 경험이었다. 어느 엄마 아빠나 이번 생에 처음 부모가 되면서 겪는 일들이다. 육아는 부부가 서로 간에 배려하고 돕는 개념이 아닌 함께하는 것이라고 했다. 육아는 부모로서 당연히 져야 할 공동의무이자 책임이다.

어느 부모나 자녀들을 잘 키우고 싶은 마음이야 다 똑같지 않나.

epilogue

근래 들어 전처럼 지방 쪽 일을 잡지 않아 한결 마음이 편하다. 집 떠나 숙소에서의 여유 없고 재미없는 쳇바퀴 같은 생활도 싫었고 뭔가 따로 갈 데 없어 갇혀 있는 듯한 기분이 드는 것도 싫었다.

이렇게 계속 집에 머무르니 가족들과 함께하는 시간도 길어졌다. 나름의 시간 쪼개기로 짜투리 시간 활용의 요령도 생겼다. 아빠가 어디 가지 않고 집에 있다는 것만으로도 아빠바라기인 우리 딸들은 그저 좋기만 하다. 내 선에서 할 수 있는 자잘한 일들을 거드는 힘센 돌쇠가 되어주니 아내도 든든해한다. 든든함 그 이상의 지원군이 되어준 듯해 나 역시 기쁘다. 이 순간이 당분간 계속 이어지길 바랄 뿐이다.

즐거운 인생(feat. 활화산)

∴ 사그라든 청춘이라 불러도 상관없다. 한물간 노땅이라 나불대는 그대들도 화무십일홍(花無十日紅)이라며 찬란했던 청춘과 작별을 고할 테니…

여기 빛바랜 청춘 중년의 또 다른 이름 '아재'들이 주인공인 영화가 있다. 우리 바로 옆집에도 서식하고 있을듯한 평범한 중년 남자 사람들 3인방의 이야기!!! 각각의 면모를 살펴보면 이렇다. 마누라 잘 만난 명퇴당한 백수 아재, 아이들 교육을 위해 투 잡을 뛰는 고단한 아재, 아이들과 아내를 캐나다로 유학 보낸 기러기 아재. 이준익 감독의 영화 〈즐거운 인생〉에 등장하는 세 인물들의 간략한 프로필이다.

2007년 개봉하고 얼마 안 있어 영화 사이트에서 유료결제로 봤던 기억이 난다. 그렇게 개봉한 지 10년도 넘은 지금 우연찮게 이 영화를 다시 보게 되었다. 무료한 오후, 채널 탐색 도중 나의 시선을 멈추게 하고 내 머릿속 과거의 추억들도 소환해 주었다.

영화의 스토리는 다소 평범하지만 개성 넘치는 배우들의 열연과 더불어 눈으로 보는 음악의 생동감이 담겨 있다. 전작인 〈라디오스타〉처럼 삶의 고단함을 씻어주는 단비 같은 존재로서 음악의 역할을 적절하게 섞어 넣은 전형적인 이준익 감독 스타일의 영화다.

친구의 장례식장에서 밴드를 함께했던 옛 친구들이 다시 뭉치게 된다. 오랜 시간을 가족들과 자신들에게 붙들려 있던 현실에 타협하다 보니 까맣게 잊고 살아왔다. 늘 하고 싶었지만 마음속에 잠시 묻어두었던 그때의 꿈과 낭만을 다시 한번 불태우려 한다. 그간 꽁꽁 숨겨두었던 음악에 대한 열정을 그들의 밴드명 '활화산'처럼, 유일한 히트곡(?) 〈터질 거야〉처럼 폭발하고 강하게 분출시킨다. 극 초반의 불협화음과 시련들이 지나간 자리엔 세친구의 찐한 우정과 앞으로 전개될 그들만의 즐거운 인생이 기다리고 있다. 영화 후반부는 성황리에 진행되는 밴드 '활화산'의 단독공연 장면으로 대망의 하이라이트를 장식한다. 엔딩곡의 후렴구를 관객들과 함께 어우러져 떼창하고 카메라의 앵글이 점점 멀어지며 페이드아웃. 그렇게 영화는 가슴 찡한 울림을 남기며 끝이 난다. 공연이 끝난 후 계속될 그들의 또 다른 이야기가 궁금해지는 열린 결말이다. 주인공 세 아재들의 발칙한 일탈과 느지막한 나이에 다시 찾은 열정과 가슴 벅찬 새로운 시작에 감동 역시 밀려온다.

  뜨뜻하다 못해 끓어오르는 젊음의 에너지와 곰팡이 냄새 가득했던 그곳, 우리들만의 아지트 지하 연습실이 그리워진다. 소싯적 부족한 실력이었지만 멤버들과 지하실 한편에서 음악에 몰두하던 시절이 있었다. 손가락에 쥐가 날 정도의 빡센 합주연습 후 사다 먹던 위층 만둣집의 푸짐했던 먹거리들과 마음씨 좋았던 주인 내외도 생각난다. 세월이 지난 만큼 그 가게도 문을 닫았을 것이고 재개발을 앞두고 아예 건물이 없어졌을지도 모를 일이다. 영화의 진한 여운에 옛이야기들이, 그때의 인연들이, 나의 고향 순천의 아기자기하고 정겹던 풍경들이 아스라이 떠오른다.

  자신이 원하는 즐거운 인생이란 이런 것이다라고 콕 집어 말할 수는 없다. 우리 모두에겐 하고 싶은 일, 하기 싫어도 해야 하는 일들이 쳇바퀴 돌 듯 연일 반복된다. 그 일상들 하나하나에서 좋은 것, 안 좋은 것으로 나누는 건 즐거움과 행복을 찾는 것과는 별개다. 50%의 별 탈 없는 평범한 삶, 그것과 거리가 먼 뜻밖의 문제들과 사건 사고 50%가 채워져 동전의 양면처럼 공존한다. 단지 50과 50의 중간 즈음에 위치한 행복이란 접점을 찾는 데 오랜 시간이 걸릴 뿐이다. 영화 속 아저씨 3인방에게 즐겁고 행복한 인생의 접점이자 공통점은 자신들의 밴드 '활화산'이었다. 그리고 다들 소중한 것 하나씩을 잃었지만 또 다른 소중한 것 하나를 얻어 행복한 웃음을 되찾는다.

지금 나의 즐거운 인생은 바로 현재다. '예전에는 정말 좋았어'라는 말을 쓸 이유 따윈 없다. 간직했던 추억들과 낭만은 필요할 때만 잠시 꺼내 마음의 위안으로 삼을 수 있다면 그것으로 족하다.

우연히 본 영화 한 편에 이런저런 생각이 많아진다. 오랫동안 잊고 살았던 옛 멤버들 모두의 안부가 궁금해져 휴대폰을 만지작거려 본다. 짧은 몇 분의 통화나 문자메시지만으로 채울 수 없는 그리움의 분량을 느낄 수 있다.

인생이라는 소박한 책 한 권 속에 뭔가 역대급 사건으로 한 페이지를 장식해 보는 것도 나쁘지 않을 거란 생각을 해본다. 마음 맞는 좋은 사람들과 함께 모두가 깜짝 놀랄 짓을 말이다. 생각만 해도 짜릿하다.

당신은 그런 적이 있었나 누군가 묻는다면 이리 말해줄 수 있을 것 같다. 아니 묻지 않아도 그냥 혼자 일문일답한다.

"아! 그땐 정말 앞뒤 잴 것 없이 내 인생의 재미와 즐거움만 생각하던 소위 막 나가던 시기였어. 그런 비슷함이 서로 통하는 꼴통들이 모여 되도 않는 사고 치기 딱 좋았었지. 실제로 저질렀고 말야. 열정이라 말하기엔 좀 낯간지럽고 함께할 수 있는 것만으로도 그저 좋았던 시간이었어. 그걸 열정이라는 말로 표현해 준다면 더할 나위 없구.

그런다고 꼭 그때의 과거로 돌아가고 싶다는 얘기는 아냐. 그나마 경제적인 부분이 뒷받침되어 주는 지금이라면 더 부담 없이 실행에 옮길 수도 있을 거야. 그땐 금전적으로 다들 많이 쪼들렸던 시기였거든. 좋아하고 흥미로웠던 취미를 돈의 값어치로 따져 물을 수는 없을 거야. 그깟 경제논리로 설명하기 어려운 재미와 즐거움이 우리를 중독되게 하는 거겠지. 아무튼 또 다른 것들로 나의 즐거운 인생은 계속 진행되고 있으니깐 그럴 기회는 얼마든지 찾아올 거라 생각해. 나와 같이했던 멤버들도 그 '때'를 마음속으로 기다리고 있을 수도 있고. 꼭 예전 함께했었던 우리들이 아니더래도 말야. 그들만의 즐거운 인생의 길(road)을 가고 있을 멤버들이 보고 싶어"

epilogue

모처럼 방 한구석에 세워둔 베이스기타를 닦아주며 만지작거린다. 두 대 다 보관상태는 양호하다. 몸체에 먼지가 조금 내려앉아 있을 뿐 그거야 깨끗이 털어주기만 하면 된다. 새 줄로 갈아주고 배터리만 교체하면 전성기 때의 좋은 음색을 자랑할 녀석들이다. 20년이 다 돼가지만 아직 현역으로 뛸 수 있는 최상의 보디 상태다. 그런데 결정적으로 네 손가락이 말을 듣지 않는데 뭔 소용이겠나. 쳐본 지 너무 오래되어 실력이 녹슬었다. 아니 사라졌다. 바쁘다는 핑계로 방치해 둔 두 녀석들에게 조금 미안한 마음이 든다. 기타를 안고 하나하나 손가락을 지판에 가져다 붙이며 감을 찾으려 애쓴다. 손 푸는 연습부터 차근차근 해보고 싶은데 뻣뻣, 어색, 답답함의 극치다. 한숨이 절로 나온다. 그땐 이걸 어떻게 연주했을까 아득하기만 하다. 일단 딸내미들 장난공세에 집중하긴 틀렸다. 애들이 좀 더 자라고 시간이 지나야 나 혼자만의 여유를 챙길 수 있을 것 같다. 맘 편히 앰프의 볼륨을 올려놓고 헤드뱅잉 하는 그날을 기대하며 조심스레 거치대에 올려두었다.

나의 종교는 ○○○

　　　　　종교라는 마음의 안식처, 믿고 의지할 위대하고 성스러운 무언가를 마음 한편에 간직하고 살아간다. 무신론자라 늘 외치던 이들도 절체절명의 순간에 부르게 되는 보이지 않는 신성한 존재. 섬기며 부르는 이름도 가지각색이다. 인간의 관점에서 뭔가 신비롭고 넘볼 수 없는 대상을 신격화했다는 공통점 역시 있다. 지구촌 구석구석에 계시는 신들은 왜 그리도 많은지 그 수를 헤아리기조차 어렵다. 태초의 인간은 자신의 두 눈으로 볼 수 없는 존재나 알 수 없는 현상들에 대한 막연한 두려움을 가지고 있었음을 옛 고분이나 벽화 등을 통해 알 수 있다. 종교가 탄생한 근본적인 이유가 이 때문이었을지도 모른다. 두려움에 떠느니 그냥 받들어 모시자는 단순한 생각.

한때 기독교인이었던 필자는 현재 교회를 다니지 않는다. 하도 오래돼서인지 내가 세례교인이었나 하는 의구심이 들 때도 있다. 그저 지금은 종교를 갖고 있지 않은 순수한 인간이라 나를 정의하고 싶다. 순수하다는 표현이 생뚱맞긴 하다. 신에 대한 믿음과는 거리가 멀고 믿는 건 나 자신밖에 없음을 에둘러 말한 것일 뿐이다. 교회에 다니던 시절엔 믿음이 부족하니 부지런하기라도 해야 한다는 생각에 몸만 앞서는 행동파였다. 교회에서 하는 많은 것들에 참여하고 봉사도 열심히 했었다. 그런 노력에도 종교적 신념과 확신이 서지 않았고 뭘 믿고 있는가에 대한 원천적인 궁금증만 커져갔다. 예배시간에 성경을 읽는 나, 성가대에서 찬송을 부르는 나, 청년부 모임에서 서툰 기도를 하는 나, 찬양대에서 악기를 연주하는 나… 몇년을 해왔어도 몸에 맞지 않는 옷처럼 어색했다. 그냥 교회에 빈껍데기만 왕래하고 있는 내 모습이 바보 같았고 왠지 모를 죄책감만 한가득이었다. 대단한 뭔가를 바란 게 아니었지만 얻은 것 없이 허비한 몇 년의 시간들이 아깝다는 생각마저 들었다. 지금도 깊은 믿음으로 신앙생활을 이어가는 교회 친구들의 진심 어린 충고는 당연했다. 나를 향한 선의의 잔소리였지만 굳게 닫힌 몸과 마음을 되돌릴 순 없었다. 처음부터 안 다녔던 거 그냥 고교 시절 담임선생님한테 몇 마디 잔소리나 듣고 말걸 하는 후회감도 들었다. 지금 와 돌이켜 보면 내 모든 걸 하나님께 의지할 만큼 하나님의 존재에 대한 믿음과 확신이 없었던 건 분명하다. 같은 교회사람들과의 갈등, 예배시스템에 대한 거부감 때문은 아니었다. 믿음이란 무엇인가에 대한 고민과 그것에 대해 yes냐 no냐 하는 이분법적인 갈등이 주원인이었다. 그런 고민들을 다 덜어내고 신앙적 죄책감을 떨쳐버리니 마음은 더 편해졌다. 이제는 나의 삶 속에 보이지 않는 신의 존재를 끼워 넣고 특정 교파의 교리 안에서 생각과 행동이 좌지우지되는 게 싫다. 일정한 날과 시간대에 치르는 종교행사에 개인시간을 내어주는 것도. 그냥 나와 내 주변의 소중한 일상들에만 그 시간을 허락하고 싶다.

지금도 있는지 모르겠다. 초등학교 시절 여름방학 때면 동네교회마다 열리던 여름성경학교라는 게 있었다. 동네 담벼락에 붙은 성경학교 모집 포스터를 보고 주변의 많은 친구들이 삼삼오오 다녀오는 모습을 보곤 했다. 거기 가면 레크레이션도 하고 오락게임도 시켜주고 맛난 간식거리도 한 아름 챙겨 주기도 했다. 호기심이 일긴 했지만 딱히 가보고 싶단 생각은 들지 않았다. 딱 한 번 친구들의 꼬드김에 못 이겨 따라갔다가 재미가 없어 한 시간도 못 있다 나온 적도 있었다. 모르는 이들에게 형제님, 자매님 하는 말투와 긴 시간의 설교와 기도 자체가 낯설고 불편했다. 그저 나와 다른 정신세계를 가진 분들도 있구나라며 무관심으로 대했다. 그때야 싫음 안 가면 그만이었지만 문제는 중, 고등학교 때였다. 순천 사는 분들은 다 아시는 기독교 미션스쿨이 우리 학교였다. 당시엔 중학교 진학 때 뺑뺑이를 돌린다고 하지 않나. 내 의지와는 상관없이 그렇게 그 학교로 배정받게 된다. 월요일마다 전교생이 강당에 모여 예배를 드렸고 성경이 엄연한 정규과목이었다. 필자와 교회라는 낯설고 새로운 장소와의 거리감이 좁혀질 수 있었던 반강제적 계기였다. 좋다 해야 할지, 아니라 해야 할지 모르겠지만 명색이 남녀공학이었다. 타학교 친구들이 부러워하는 건 딱 그것뿐이었다. 중학교에 이어 고등학교도 같은 재단의 미션스쿨로 진학하게 된다. 입시를 거쳐 내 의지로 들어간 만큼 잘못된 선택이었을지 아니었을지는 더 살아보고 평가하련다.

"동일이 이번 주도 교회 안 나갔어요? 조회 끝나고 교목실로 와요"

'어휴 짜증 나! 일요일 잘 쉬고 와서 이거 뭐람'

고등학교 2학년, 월요일 아침이면 담임선생님인 땅개(담임선생님의 별명으로 키가 작고 걸음이 빨라서 붙여진 별명)에게 늘상 듣는 잔소리였다.

중1 때 처음 접한 전교생 예배, 성경과목 등이 낯설었지만 교회 출석 여부를 따지는 분들이 없어 그나마 괜찮았다. 고등학교에 진학하니 교회 출석에 민감한 담임선생님들을 연달아 만나게 된다. 고1 때는 월요일이면 교회에서 나눠주는 주보로 교회 출석을 따졌다. 난 가까운 집주변 교회에 다니는 친한 친구에게 주보 한 장을 부탁했지만 이거 웬걸… 치사하게 자신의 교회에 나오지 않을 거면 절대 안 된단다. 그러면서 나를 전도하겠다며 주말마다 집 앞에서 전화를 하는데 그 집요함이란…

학교에선 늘 붙어 다니며 단짝이었던 녀석이 주말만 되면 주님의 사도로 변신해 나를 괴롭혔다. 사적인 영역과 영적인 영역을 철저히 구분하는 친구 녀석이 얄밉기까지 했다. 이리 피하고 저리 피하고 사적인 관계가 틀어지지 않을 정도의 회피를 거듭했다. 고2로 올라가면서 교회 출석의 압박감은 또 다른 담임선생님에 의해 초절정으로 치닫는다. 아예 교목실로 압송당해 장시간의 설교와 축복기도를 벌(?)로서 받아야 했다. 장장 30분 가까운 축복기도의 융단폭격을 받아본 적 있으신지. 도중에 지루해하며 몰래 눈떴다가 기도하시는 담임선생님과 눈이 마주친 적은. 안 당해봤으면 말을 하지 마시라. 그나마 늘 같이 그 짐을 나눠 가졌던 또 다른 불출석 친구들이 있어 서로에게 위안이 되었다.

우린 월요일이면 담임선생님의 자리인 교목실에서 꾸지람과 기도의 말씀을 들어야 했다. 하지만 언제까지 당하고만 있을 순 없었다. 결국 계속되는 이 고난에서 벗어날 대책을 강구하게 된다. 친구들과의 협의 끝에 우리도 이제 교회가 내미는 손을 잡자는 결론에 이르렀다. 집 부근이 아닌 버스로 열 정거장 이상 떨어진 교회로 가게 된 것도 운명이라면 운명이었다. 한 다리 걸쳐 알게 된 친구의 교회였다. 불출석 단골 우리 네 명은 그렇게 앞으로 몇 년 간의 신앙생활을 하게 될 교회로 발길을 향한다. 넷이 동시에 중고등부에 등록하며 교회 출석을 시작하게 된다. 담임선생님 땅개의 흐뭇해하는 미소 속에 제대로 가긴 하는 걸까 미심쩍어하는 표정 역시 교차한다. 우리 넷은 보란 듯이 매주 출석도장을 찍었다. 솔직히 한두 주 정도 나가다 말 생각도 가지고 있었다. 잘 다닌다며 거짓말을 할 수도 있었지만 그러고 싶지 않았다. 출석 여부도 중요했지만 거의 한 주도 거르지 않고 꾸준히 나가게 된 계기는 따로 있었다. 추운 겨울날 긴장된 마음으로 처음 교회 문을 열고 들어갔을 때 아늑하고 따뜻했던 작은 규모의 예배당. 추운 바깥과는 확연히 다른 포근했던 온기. 환한 웃음으로 맞아주셨던 많은 분들, 반갑게 악수해 주시던 목사님의 따뜻했던 두 손. 좋은 사람들의 미소와 온기만큼 얼었던 마음을 녹아내리게 하는 건 없나보다. 절친이었던 우리 넷은 모든 교회언어들과 방식들이 낯설기 그지없던 초보들이었다. 그 초보들이 어색하고 불편해하지 않도록 배려해 주셨던 분들 덕에 우린 교회의 일상에 잘 적응할 수 있었다. 그렇게 몇 년의 시간이 흘러 각자의 학교로, 군대로, 사회로 자리를 옮겨가며 우리들은 흩어졌고 짧았던 신앙생활의 종지부를 찍는다. 그리 특별한 것 없던 평범한 종교생활의 시작과 끝은 생각만큼 오래가지 않았다. 처음부터 믿음을 바탕으로 시작된 게 아니었기에 예상된 결말이었다.

짧고 미숙했던 신앙생활을 간단히 정리하자면 이렇다.

처음부터 나에게 어울리지 않는 옷과 신발 같았다. 이제 와 돌이켜 보면 교회에 다니기 전과 후의 내 모습이 거의 차이가 없었다. 같이 다녔던 친구들보다 몇 년 더 교회에 머물긴 했지만 영적 성장이 거의 없던 가짜 신도일 뿐이었다. 교회 잘 다니는 착한 사람이 아닌 소박하고 평범한 보통사람이 된 지금이 훨씬 진실해 보인다. 최소한 누군가에게 보여지기 위한 거짓된 모습은 아니니까.

epilogue

길지 않은 신앙생활이었지만 좋은 사람들과 함께했던 기억들만큼은 아직껏 남아 있다. 그것들을 떠올리는 것만으로도 마음 따뜻해지는 나의 교회만을 마음속에 담아두고 싶다. 오래되어 신앙심이라고는 전혀 남아 있지 않는 필자를 만날 때마다 허물없이 대해주시는 교회분들. 자주 못 보지만 오랜만에 만나도 음주가무 없이 과자 한 봉지 터놓고 밤새 이야기꽃을 피울 수 있는 착한 교회 친구들도 함께 말이다. 그거면 족하다.

under the bridge

∴ "넌 엄마 아빠가 다리 밑에서 주워 왔어" 아빠의 진지한 표정과 말투에 '아빠 말이 진짜인가' 하는 의심과 함께 슬픔이 한가득 밀려왔다. 때마침 옆에 계시던 작은아버지까지 진짜라고 거들고 나서니 믿음은 더욱 배가 된다. '정말 내가 이 집 아들이 아닌 건가?' 그러고 보니 엄마, 아빠가 다른 형제들에 비해 나에게 더 많이 화내고 혼내시는 거 같다. '분명 나 몰래 형, 동생 주려고 맛있는 것도 숨겨놓았을 거야'

어린 나의 머릿속은 온갖 추측과 의심이 꼬리에 꼬리를 문다. 그게 사실일 거 같은 마음에 한없이 의기소침해진다. 속에서 알 수 없는 서러움이 북받쳐 올랐다. 지금 순천 장대다리 밑 낚시꾼 아저씨 중 우리 친아빠가 있을까 하는 생각에 마음은 이미 먼 발걸음을 달려 그곳에 다다른다.

　내가 닭똥 같은 눈물을 글썽이자 아버지는 허허 웃으시며 장난으로 얘기하신 거라고 나를 달래주려 애쓰신다. 그냥 말씀하신 빈말은 아닐 거라는 의심에 마음이 복잡해졌다. 괜한 짜증에 부모님께 투정도 부려본다. 어쩌다 세상 모든 아이들이 다리 밑에 버려져 데려다 키운 비운의 주인공들이 돼야 했나 그 이유가 궁금해져만 갔다. TV 만화에서 황새가 아기를 물어다 엄마 품에 안겨주는 장면을 진짜인 양 믿었었다. 뉘 집 할머니인 줄은 모르겠으나 삼신할머니라는 분이 아이를 점지해 준다는 어른들의 말을 철석같이 믿었던 순진한 어린 시절이었다. 어릴 적 누구나 다 들어봤음 직한 다리 밑 이야기의 결말은 어른들의 장난임을 조금만 더 크면 알게 된다. 개중에 그런 말에 상처받을 출생의 비밀을 간직한 친구들도 분명 존재했으리라. 세상모르는 어린애들을 꼭 그런 식으로 놀려야 하나 원망도 해본다. 그렇게 시간은 흘러 그런 유의 농담을 이해할 수 있는 나이가 되어 나 역시도 딸들에게 다리 밑 탄생비화를 들려주며 놀리는 재미에 빠져 있었다. 두 녀석 다 얼굴색이 바뀌며 그 와중에 둘째 딸은 벌써 눈물이 그렁그렁하며 금방이라도 울음이 터질 것 같았다. 출생의 비밀을 알게 된 아침 드라마 속 비련의 여주인공이 따로 없다. 난 바로 사태의 심각성을 깨닫고 급히 꼬리를 내리며 말해준다. "아이고 우리 이쁘니들, 너네 다리 밑에서 데려온 게 아니고 엄마, 아빠가 너희 둘 다 낳은 거니까 울지 마 뚝…"

난처해진 분위기에 급하게 달래보지만 얘네도 그때의 나처럼 작은 머릿속으로 오만가지 생각들을 정리하고 있었나 보다. 예전이나 지금이나 아이들은 역시 그런 장난을 곧이곧대로 믿는 건 여전하단 생각이 든다. 우리 딸들도 커서 부모가 되면 자신의 2세들에게 이 얘기를 해주며 웃음 짓고 이때를 떠올리지 않을까.

다리 밑 이야기는 산타클로스의 실존 여부와 쌍벽을 이루며 아이들에게 진실 공방의 한 축을 담당하는 역할을 충실하게 해주었다. 어릴 때는 모르다가 조금이라도 철이 들면 다 알게 되는 시시한 비밀 같은 것들이었다.

우연히 책꽂이에 꽂혀 있던 《솔비가 태어났어요》라는 제목의 성교육동화를 보게 되었다. 읽는 중에 어른들의 장난에 '난 진짜 어디에서 왔을까'라며 고민했던 순진한 어린 시절을 떠올려 본다. 또 사랑하는 아이들에게 어릴 적부터 꼭 필요한 것들, 우리 어른들이 무관심한 척 모르는 척 간과하고 넘어가던 중요한 것들이 무엇인지도 생각해 보았다.

황당했던 다리 밑 탄생을 얘기하기에 앞서 진짜 아기가 어떻게 생기고 태어나는지 그 과정에 대한 진지한 사실을 알려주는 것도 중요하다. 생명 탄생의 신비와 아무것도 없는 '무'에서 '유'라는 존재가 되어가는 과정의 경이로움 같은 것들. 미리 준비된 자가 그에 대한 대비도 잘할 수 있다고 했다. 아이들의 갑작스러운 질문에 버벅대며 어물쩡 넘어가는 사태를 막으려면 부모 된 자로서 먼저 준비하고 고민할 필요가 있을 것 같다.

어느 날 딸들이 "아빠, 애기는 어떻게 생겨?"라는 급작스러운 질문에 살짝 당황스러움을 느낀 적이 있다.

"그러니까 응… 그게 있잖아…"

등에서 약간의 식은땀이 흐른다. 얼버무리며 "엄마랑 아빠랑 둘이서 많이많이 사랑하니까 너희가 태어난 거야"라는 두루뭉술한 답변을 내놓는다.

이리저리 말도 안 되는 설명까지 덧붙이다 내용이 산으로 간다. 탄력을 받아 나도 모르게 수위 또한 올라간다. 순간 이건 아니다 싶어 얘기를 그친다. 뭔가 많은 이야기들을 풀어냈지만 핵심은 교묘히 피해 간 듯하다. 얘네가 알아듣긴 한 걸까 의구심이 들었지만 내 부족한 지식과 말주변으로 더 혼란스러웠을 아이들에게 미안함이 앞섰다.

우린 중학생이 되어서야 생물시간에 아기가 생기는 세포분열의 과정을 배웠다. 아빠 몸속 올챙이와 엄마 몸속 알이 만나서 세포분열 과정을 일으키는 일련의 생물학적 과정을 말이다. 어린 딸들이 이해하기에는 난이도가 높고, 그런다고 수위 높은 19금의 이야기로 풀어내기에는 너무 앞서가는 것이기에 조심스럽다.

무에서 유로 태어나는 과정 자체는 정말 신비스럽기 그지없는 경이로움 그 자체다. 그 사실을 말로 표현하는 방법에 대해 아이들의 시점으로 연습해 본 적이 없으니 더 어색하게 느껴지는 건 당연한 것일 게다. 그래서 가르침의 기술은 배움에서 나온다 했다.

딸 둘을 키우다 보니 꼭 알아야 할 기본적 지식의 성교육이 필요함을 느낀다. 세상 모든 딸바보 아빠들은 공감할 거라 여긴다. 딸을 키우기에 무서운 세상이라고들 한다. 하지만 세계에서 몇 손가락 안에 드는 평균 이상의 대한민국 치안상태는 여성들의 안전을 보장하기 충분하다는 평가를 받는 것도 사실이다. 그것만으로도 다행스럽긴 하나 아빠들의 막연한 불안감까지 떨쳐버릴 순 없다. 아들이라 해서 딸보다 덜 불안한 것도 아니기에 이런저런 고민이 많아지는 하루가 될 것 같다. 부모가 되어 자녀들을 키우는 역할과 책임을 다하기 위해 알아야 하고 배워야 할 것들이 셀 수 없이 많음을 깨닫게 된다.

쏟아지는 모바일 콘텐츠들로 인해 요즘 아이들이 19금 정보들을 접하는 게 쉬워졌고 시기 또한 그만큼 빨라졌다. 아이들에게 예전과 같은 케케묵은 성교육은 시대에 뒤떨어진다는 얘기다. 해당 전문가의 조언이 꼭 필요한 이유이기도 하다.

우리 때 학창 시절에는 따로 올바른 가르침을 주는 사람들도 드물었고 잘못된 정보들 역시 많았다. 동서고금을 막론하고 이런 유의 문제들은 남보다 많은 빨간 비디오와 도색잡지들을 구할 수 있는 능력자가 떠벌리는 허풍들이 주를 이루었다. 그러니 올바른 성교육이 제대로 이루어질 수가 있었을까?

우리 딸들도 커가면서 정신적, 신체적 변화를 겪는 질풍노도의 시기가 올 것이고 이런 자연스러운 변화들에 대해 관심을 가지게 될 것이다.

　아이들에게 아기의 탄생과정과 성장, 커가면서의 몸의 변화 등의 이론적인 지식을 가르치는 것도 중요하다. 하지만 성교육의 목적에 부합하는 가장 중요한 요점은 자기 자신의 몸을 사랑하고 소중히 여길 줄 알아야 한다는 가르침 아닐까. 마냥 낯설다, 낯간지럽다 망설이고 미루지만 말고 지금이라도 관심을 갖고 배워야 할 게 많다. 알아야 제대로 된 가르침을 전할 수 있다. 옛날 옛적 다리 밑 얘기는 이제 그만하고…

진통제와 비타민

　　　　　손톱 깎은 지 열흘도 안 된듯한데 금세 길어 손톱 새에 꼬질꼬질 때가 낀다. 어릴 적 엄마의 폭풍 잔소리를 아내가 대신 하는 요즘도 조금만 신경 안 쓰면 이렇다. 현장에서 손을 많이 쓰며 일하다 보니 손톱이 다른 이들보다 빨리 기는 건 어쩔 수 없긴 하다. 실제로 손끝의 움직임과 잦은 접촉에 의해 자라는 속도가 더 빨라진다는 건 잘 알려진 사실이다.

'왜 이리 빨리 길어. 귀찮게스리'

궁시렁대며 손톱을 깎기 시작한 지 30초도 채 되지 않았다. 한순간의 방심으로 손톱깎이 날이 손끝 살을 벨 정도로 바짝 파고드는 대참사가 일어났다. 손톱에 날을 밀어 넣어 힘을 줬을 때 알 수 없는 찜찜함이 스쳤지만 이미 손끝을 파고든 후였다. 손끝과 손톱 사이가 벌어져 연분홍색 속살이 드러났다. 뒤이어 피가 맺히기 시작하며 찾아든 통증이 제법 얼얼하다. 자연스레 미간이 찌푸려졌다. 파인 깊이를 확인하려 벌린 인위적인 자극에 상처가 열려 불쾌하고 쓰라린 통증이 배가 된다. 얼마간은 물만 닿아도 쓰라릴 것이고 손으로 음식을 들고 먹다가 매운 양념이라도 들어간다면 참기 힘든 고통을 맛보게 될 것이다. 손끝에 철침이 박히는 고문을 당하시면서도 끝내 독립만세를 외치셨던 열사들의 고통에 비하랴. 그에 비하면 보잘것없는 상처지만 자꾸 신경이 쓰여 짜증이 밀려왔다. 이 글을 쓰는 중에도 그때가 떠올라 등골이 오싹해지고 소름이 돋는다. 다들 느낌 잘 아시니까 더 이상의 자세한 설명은 생략하겠다.

몸에 상처가 나면 종류와 크기에 상관없이 예민해지고 일상생활에 크든 적든 불편이 따른다. 필자와 같은 현장 노동자들의 경우 작업환경 자체가 안전보호막이 완벽하지 않기에 다칠 위험이 늘 존재한다. 일터에서 자주 겪게 되는 크고 작은 상처들은 무감각을 지나 무관심의 단계로 들어선다. 자칫 사고불감증이라 부를 만큼 심각한 문제일지도 모른다. 여태껏 운이 좋아 입원을 해야 할 만큼 크게 다쳐본 적이 없어서일까 다쳤다는 정도와 기준을 가늠하기도 애매하다.

일을 하다 보면 언제 생겼는지도 모를 긁힘이나 멍 같은 크고 작은 상처들이 몸 곳곳에 남는다. 일과시간 동안 일에 집중하며 아픈 줄도 모르다가 집에 돌아와 옷을 갈아입을 때 상처가 눈에 띄며 통증도 함께 찾아든다. 그 시각적인 자극이 참을 수 없는 통증촉진제인 건 분명하지만 가만 놔두면 없어질 가벼운 생채기라 여겨 무덤덤하게 넘겨버린다. 그런 작은 상처쯤은 익숙해져 버린 것이다.

"애들처럼 칠칠치 못하게 다치고 그래"

몸에 난 상처들을 발견한 아내의 무심한 듯한 말투에 담긴 걱정스러움을 알고 있다.

"아빠 다쳤어? 내가 호호 해줄게. 호…" 딸들이 천진난만한 표정으로 상처치료용 입김을 '호' 하며 불어준다. 사랑 가득 담긴 이 치료약은 대한민국 어느 약국엘 가도 살 수 없다. 사랑의 입김이 약간 쓰라린 통증 따위는 가볍게 잠재우는 마법의 진통제가 되어준다. 이 기분 좋은 진통제의 효과를 나 말고도 세상 모든 아빠들이 봤을 거고 아버지들이 보셨다.

손끝에서 시작된 작은 통증처럼 아프거나 다쳐서 겪는 육체적 고통과 슬픔, 절망, 좌절 등의 정신적 고통까지… 우리에겐 그에 맞는 적절한 진통제 처방이 필요하다. 그것이 처방받은 약이나 주사일 수도 따뜻한 위로와 격려의 말 한마디일 수도 있다. 작고 사랑스러운 입술로 호호 불어주는 아이들만의 특효약은 덤이다.

오늘도 난 온몸 묵직이 들어앉은 근육통과 게으름의 유혹을 떨치고 남보다 이른 아침을 시작한다. 시답잖은 엄살 따위는 저 멀리 던져버리고 출발을 위한 시동을 건다. 전날 딸들의 입김으로 작은 상처들 모두 마법처럼 아물었다. 이른 새벽 졸린 눈을 게슴츠레 뜨고 볼에 입맞춤을 해주는 딸들의 사랑스러운 얼굴 역시 나에겐 진통제 겸 활력비타민이다.

오늘도 무사히… 다치지 말고 조심 또 조심.

- 20xx년 가을 어느 날의 일기…

epilogue

엄마가 아들 셋을 불러 앉히고 형부터 차례대로 손발톱을 깎아주시곤 했다. 항상 내 연한 손끝 살에 근접할 만큼 깊숙이 깎아주셨는데 그게 너무 싫었다. 아파서 깎기 싫다 투정을 부려 봐도 소용없는 외침이었다. 지금와 생각해 보니 그리 야무딱지게 깎아놔야 다음번까지 텀이 더 길어져 그러셨을 수도 있겠다 싶다. 우리 삼 형제들, 함께 지내던 삼촌, 고모들까지 케어해야 하는 힘든 살림 속에 그런 사소한 일이라도 줄이고 싶으셨을 거라 굳게 믿고 싶다. 그래도 아픈 건 아픈 거다.

그 덕분이었을까. 필자의 국민(초등)학교 시절에는 학교에서 위생 용의검사라는 걸 했었다. 다행히 게으른 아들 삼 형제가 그 덕분에 용의검사 때 걸려 선생님께 혼난 적은 없었던 걸로 기억한다.

16

　　"내가 그랬어요. 배 안의 상황을 전하는 아들한테 그대로 따르며 가만히 있으라고. 이 바보 같은 아빠가 자리에 그대로 있으라고 따로 지시가 있을 때까지 그러고 있으라 했어요"

　세월호 실종학생 아버지의 인터뷰 중 눈에 띄는 한 대목이다. 같은 부모 된 입장으로서 안타까운 마음에 이끌려 듣는 도중 가슴이 먹먹해지고 나도 모르게 눈가에 눈물이 맺힌다.

　아이는 아버지에게 배 안의 상황을 전한다. 안에서 가만히 대기하고 있으라는 지시를 받아서 그러고 있다고. 그래서 아버지 역시 아이에게 지시에 잘 따르고 있으라 했단다. 그 짧은 대화가 마지막이 될 줄은 꿈에도 생각지 못했다. 말 잘 듣는 착한 아이로 자라 승무원의 지시를 잘 따른 것이 의도치 않은 결과로 이어진 이유라 여긴 것일까. 자책하는 듯한 아버지의 목소리 가득 애통함이 묻어난다. 옳은 과정 뒤에 나쁜 결과가 따라온 이 어이없는 처지에 억장이 무너졌을지도 모를 일이다.

  어떤 부모도 자기 자식이 어른 말 안 듣는 나쁜 아이로 자라길 바라지 않는다. 그런 긴박한 상황을 대비해 '그냥 네 마음대로 해'라고 가르칠 수 있는 부모가 몇이나 되겠는가. 어쨌든 결과를 놓고 봤을 때 착하고 순종적이지 않은 삐딱한 말썽쟁이가 되어 그 위기의 순간만큼은 제 뜻대로 판단해 행동하길 바랐을 수도 있다. 이거 참! 바르게 잘 자라준 걸 한없이 원망해야 해야 하는 건지. 기구한 운명의 아이러니함이 얄궂기 그지없다. 그 상황에 부모로서 해줄 수 있는게 아무것도 없었던 무력감은 가슴속에 깊은 상처와 상실감을 안긴다.

  실종 일주일이 지난 이 시점 우리는 아직 실낱같은 희망의 끈을 붙들고 있다. 모두가 바라는 극적인 기적이 현실로 일어나길 간절히 기도하면서…

- 2014년 4월 23일 일기

---

epilogue

  모두가 바라던 기적은 일어나지 않았다. 간절했던 기도의 수고스러움은 덧없는 시간 낭비일 뿐이었다. 온갖 비리의 온상이었던 해운사와 당당하지 못한 진실을 감추려 했던 높으신 누군가에 의해 그 기적의 가능성조차 사라지고 난 후였으니까. 손쓰기엔 이미 늦어버렸다. 그들 스스로 내부 깊숙이 썩어 문드러진 부분을 좌시했고 손바닥으로 하늘을 가리고 있었다. 4월 16일 그날, 진실은 바다 밑으로 가라앉았고 겨우 일부만이 수면 위로 드러났다. 관련된 몇몇에게 사법적 단죄를 한 것으로 떠나간 영혼들의 넋을 달래기엔 턱없이 부족하다. 감추려 했던 진실은 언젠간 수면 위로 떠오를 것이고 역사가 심판해 줄 거라 믿는다.

타임머신이 존재해 사고 전날로 되돌아갈 수 있으면 좋겠다. 가서 이렇게 말해주고 싶다.

"얘들아! 그 배에 절대로 타면 안 돼. 절대로…"

초코 초코 초콜릿

2월 13일 저녁, 밸런타인데이 D-1, 우리 집 두 이쁜이들이 저녁을 먹자마자 괜스레 분주해진다. 편의점에 다녀오자며 설거지하느라 바쁜 엄마를 조른다. 초콜릿을 사러 가야 한다며 쓰지 않고 지갑 속에 고이 넣어둔 용돈을 헤아려 보며 싱글벙글이다. '요 녀석들, 내일이 밸런타인데이라고 저리 호들갑이구나'

이젠 조금 컸다고 아빠 초콜릿 사 줄 생각도 다 하는 걸 보니 키운 보람은 있네. 엄마의 잔소리 몇 마디도 작용했을 테지만 말이다. 마음속으론 괜스레 기대가 한가득이다. 좋아하는 티 안 내려 애써 참으며 조심히 다녀오라고 한다. 잠시 후 엄마와 같이 편의점에 다녀온 아이들이 저마다 등 뒤에 감추던 초콜릿을 나에게 내밀었다. 아내가 준 초콜릿은 나에 대한 사랑, 그 크기만큼 커다랗다.

우리 이쁜이들 건 작고 앙증맞은 크기지만 세상 무엇과도 비교할 수 없을 만큼 큰 사랑과 정성이 그 안에 담겨 있다.

푸하하하!! 내가 가장 좋아하는 브랜드의 초콜릿이다.

"와! 이거 세진이 세은이 아빠 주려고 준비한 거야? 맛있겠다. 고마워"

그 말에 우리 딸들 뭔가 큰일 하나를 해결한 듯 의기양양 고개를 끄덕인다. 하긴 지금껏 이런 날 아빠한테 받는 것에만 익숙하다가 주는 입장이 되었으니 그럴 만도 하다. 비록 비싼 건 아니어도 제 용돈을 털어 누군가에게 선물을 해줄 수 있는 게 얼마나 행복한 일인지 알게 되었으니까. 그리고 그걸 받는 사람이 기뻐하는 모습을 보며 자신이 몇 배나 더 행복해질 수 있음을… 작은 초콜릿 하나에 어린아이처럼 좋아해 주는 아빠의 모습을 보며 우리 딸들도 행복한 마음이 들었다면 그걸로 된 거다. 눈망울 가득 쪼끄미 하트를 날려주는 딸들을 다정하게 안아주었다. 아이들이 사 올 걸 예상하고 있었지만 예기치 못한 서프라이즈 선물 못지않은 감동이 밀려온다. 애들이 준 첫 초콜릿이라 아까워 쉽사리 포장을 뜯을 수 없었다. 이건 아껴놓고 더 있다가 먹기로 하고 아내가 사 온 큰 것의 포장을 뜯어 네 식구가 하나씩 나눠 맛을 본다. 달달한 초콜릿이 입안에서 사르르 녹으며 저절로 기분 좋은 미소를 짓게 한다. 초콜릿이 가진 화학적 작용과 의학적 효능에 관한 설명은 그냥 책에 담긴 이론에 불과했다. 그저 입에 한 조각 넣는 것만으로도 기분이 좋아지는 마법에 거창한 과학지식 따윈 쓸모가 없어진다. 내 초콜릿 속에는 천연 카카오 33%, 달달한 설탕 33%, 아내와 딸들의 사랑 34%가 녹아들어 어우러진 맛이라 나름 분석해 본다. 그중에 사랑이 1% 더 높다. 내 기꺼이 울 이뿌니들을 위해 한결같은 딸바보가 되어주리라. 저녁 한때의 달콤하고 즐거운 추억거리가 하나 생겼다.

제과회사들에 의한 상업적인 목적으로의 변질을 논하기에 앞서 밸런타인데이는 이미 커다란 기념일의 하나로 자리매김했다. 성탄절 다음으로 전 세계의 연인들이 손꼽아 기다리는 가장 큰 사랑의 기념일인 건 분명하다. 단순 give and take 정도의 가벼운 의미의 초콜릿이 아닌 더 높은 관계로의 업그레이드라 해야겠다. 호감을 가진 남녀가 천천히 서로에 대해 탐색하는 과정이 반복되고 더 가까운 관계로 올라가는 시점이 밸런타인데이 이전과 이후로 나뉠 수 있다 해도 이견은 없을듯하다. 올해도 많은 커플들이 설렘을 가득 안고 오늘을 기다렸을 것이다. 정성껏 준비한 사랑 가득 담긴 달콤한 선물에 감동할 누군가를 생각하며…

퇴근시간이 기다려진다. 집에 가면 냉장고 안에 우리 집 세 여자분들이 준 내 초콜릿이 어제 그대로 남아 있다. 밥 먹고 같이 나눠 먹어야지!!!

epilogue

밸런타인데이의 유래를 검색해 보며 알게 된 흥미로운 사실이

하나 있다. 오늘의 역사에 이날이 안중근 의사가 뤼순 감옥에서 사형을 선고받은 날로 기록되어 있다. 밸런타인데이와 안중근 의사라… 서로 뭔가 연관관계가 있나 고민해 봐도 그런 건 전혀 없다. 단순한 역사적 사실을 모를 수도 있고 몰랐다 해서 큰 잘못일 것도 없다. 뒤늦게나마 그 사건을 기념하자는 것도 아니다. 단지 정체불명의 기념일 챙길 시간이 있으면 역사적 영웅의 행적과 그 정신도 한 번쯤 뒤돌아보라는 의미로 연관검색어에 떠 있었을 것이다.

지금이라도 알게 됐으니까 다행이군.

짱구야 안녕~~♡♡♡

2009년 12월의 첫날, 오매불망 기다리던 우리 짱구(우리 큰딸 태명)가 아내의 기나긴 산통 끝에 세상 밖으로 첫선을 보였다. 떨리는 손으로 가위를 잡고 탯줄을 직접 잘라주었다. 입과 코에 고여 있던 양수를 마저 빼주고 나니 서투른 호흡과 함께 조그마한 손을 꼼지락거리며 앙증맞은 첫울음을 터트린다. 그 모습이 너무 예쁘고 사랑스럽고 오묘하며 신비스럽기까지 하다. 포대기에 감싼 조그만 새 생명을 조심스레 간호사가 내 품에 안겨준다.

"짱구야, 아빠 여기 있네. 아빠 목소리 들려? 우리 딸 나오느라고 너무 고생했어" 딸과의 생애 첫 인사였다. 그 순간은 평생 잊혀지지 않을 일생일대의 신기한 경험을 하게 된 시간이기도 하다.

나지막이 내 목소리가 들리자 우리 딸이 울음을 뚝 그치고 아직

보이지도 않는 두 눈을 깜빡이며 목소리가 들리는 쪽을 응시하는 거였다. '심쿵', '심장폭격'이란 신조어는 이럴 때 쓰라고 만들어졌나 보다. 아! 내 심장…!!!

"아빠가 태교를 잘하셨나 봐요" 담당선생님의 말씀에 부끄럽지만 수긍의 환한 미소로 답한다.

그러고 보니 그랬다. 열 달 남짓의 시간 동안 다행히 지방현장에 가는 일 없이 임신한 아내의 곁에서 쭈욱 함께할 수 있었다. 그 짧지 않은 시간 동안 아내의 배꼽 마이크에 대고 아이와 많은 대화(?)를 나눈 것 같다. 일 끝나고 집에 도착하자마자 퇴근인사부터 시작해 잠자기 전까지 계속 수다를 떨며 놀아준다. 그날 있었던 일과나 잡담을 주저리주저리 얘기하고 태교동화 한 권으로 하루를 마무리한다. 아직 태어나지도 않은 아이와 놀아준다는 말이 좀 생뚱맞긴 하다. 비록 눈앞에 있진 않았지만 항상 내 옆에 함께 있는 것처럼 자연스러운 일상의 대화를 이어갔다. 내 목소리가 들리면 그 안에서 꼬물꼬물, 요 녀석 뭐가 그리 좋은지…! 배에 손을 얹으면 느껴지는 힘찬 태동과 탄생의 모든 과정이 마냥 신기하기만 한 예비아빠다. 아기들은 엄마 뱃속에 있을 때 들었던 아빠의 목소리에 친근감과 안정감을 느낀단다. 내가 성우들처럼 멋진 중저음의 목소리를 가진 건 아니지만 아이가 세상에 나오자마자 들린 익숙한 음성에 안정감을 느꼈으리라. 탄생의 신비는 백과사전 속에만 존재하는 게 아니라 산부인과 분만실에서는 늘 있는 일상이라는 걸 실감한다. 그때의 두근두근 가슴설레던 순간은 내 생애 가장 행복한 기억 중 하나로 남아 있다.

'두근거림'… 뭔가 좋은 일이 생길 것에 대한 막연한 기대와 흥분으로 심장박동이 빨라지고 마음이 들뜸. 나름 이렇게 정의 내려본다. 기대하던 좋은 일이 곧 생기거나 사랑하는 이를 만나는 것. 모두 다 가슴 두근거리고 행복한 현실로 이어지는 순간들이다. 얼마 전 작은처남이 아이아빠가 되었다는 소식을 들었다. 예쁜 딸이란다. 두 부부만 있던 집안에 처음으로 아기 울음소리가 함께하니 얼마나 좋아할까 안 봐도 비디오다. 우리 처남 역시 나처럼 열 달 남짓의 시간을 설렘 반 걱정 반으로 하루하루의 더딤을 매일 실감했을 거다. 다들 그런 두근거림을 안고 새로운 가족을 맞이하는 게 아닐까. 나는 첫아이가 태어난 지인들에게 축하의 말로 꼭 이 말을 해준다. 아이와의 첫 만남, 첫 대면했을 때의 설렘, 두근거림을 항상 간직하라고 말이다. 그 짧은 말에 부모가 되어서 해줄 수 있는 모든 마음가짐이 담겨 있다고 믿는다. 완벽한 부모가 될 순 없겠지만 좋은 부모는 될 수 있음이다. 세상 살며 싫은 일도 힘든 일도 나쁜 일도 화나는 일도 많지만 그 순간을 떠올리면 금세 마음이 풀리고 너그러움의 따뜻한 온도가 가슴을 덥히니까. 그깟 참을 인(忍) 자 세 번은 이것에 비하면 아주 적은 약발에 지나지 않는다.

나 역시도 아는 분에게 축하 메시지로 이 말을 전해 들었었다. 어떤 축하와도 비교할 수 없었고 가슴에 늘 담고 있는 말 중 단연 으뜸으로 여기며 살아간다.

개봉한 지 꽤 오래된 영화다. 지금은 고인이 되신 명배우 로빈 윌리엄스 주연의 〈후크〉라는 영화가 있다. 주인공 피터팬(로빈 윌리엄스 분)이 하늘을 나는 법을 다시 터득할 때 떠올렸던 행복한 순간이 바로 이 기억이었다. 설렘과 기쁨, 사랑 가득한 눈으로 막 태어난 첫 아이를 품에 안은 영화 속 장면이 기억 속 스크린 안에 떠오른다. 작은 처남이나 나 역시도 보이지 않게 잠시나마 공중에 떠 있었을지도 모를 일이다. 영화 속 상상이 실현된 건 아니었지만 실제로 너무 기뻐서 날아갈 듯 뛰어오르고 싶었으니까.

오늘 하루도 행복했던 그 순간을 마음속에 담고 출근준비를 한다. 곤히 잠든 딸들의 얼굴을 보며 새벽잠 깬 피곤한 심신에 심장 박동수를 살짝이 올려준다.

— 2019년 5월의 어느 날에…

---

epilogue

2011년 늦가을 둘째 딸 짱아(둘째 딸 태명)가 태어났다. TV 만화 속 짱구의 동생 이름이기도 하다. 태명으로는 좀 특이하단 소리 듣긴 했다. 짱구, 짱아…

조금 운 나쁘게 아내가 둘째를 임신했을 때는 이사 갈 집문제로 인해 많은 스트레스를 받고 있었다. 엎친 데 덮친 격으로 나 역시 오랜 시간 지방에 나가 있어서 태교다운 태교를 제대로 해주지 못해 둘째에겐 아직도 미안한 마음뿐이다. 태교를 제대로 못 해준 게 분만실에서 티가 확 나더라. 둘째는 내 목소리를 듣고 더 울어재낀다. 낯설었나 보다.

17

모두가 잠든 고요한 밤, 누군가 몰래 아이들 방문을 열고 들어간다. 아이들이 잠에서 깰까 잠시 주춤, 가슴은 콩닥콩닥 한시도 긴장의 끈을 놓지 못한다. 행색이 밤손님 같지는 않은데 누굴까? 12월 24일 크리스마스 전날 밤 아이들 방을 찾아오는 이는 단 한 사람, 산타클로스밖에 없을 텐데. 이거 웬걸, 산타클로스의 얼굴이 어딘가 낯익다. 바로 엄마 아빠를 많이 닮은듯하다. 잠든 아이들 머리맡에 선물 하나씩을 놓고 흐뭇한 표정으로 방문을 나서며 안도의 한숨을 쉰다. 날이 밝았을 때 환하게 웃음 지을 아이들의 모습을 상상하며 엄마 아빠 산타 역시 설레는 마음으로 잠자리에 든다. 한밤중의 산타 행세는 올해도 들키지 않았다. 다음 날 느지막이 잠에서 깬 아이들의 얼굴에 환한 웃음이 가득하다. 엄마 아빠도 시치미 뚝 떼고 신기해하는 표정을 지으며 함께 신이 나 한다. 행복해하는 아이들의 모습을 보며 산타클로스는 동심 속에서 오랜 시간 깨지지 않고 존재해야 한다는 것에 깊이 동감하게 된다.

산타클로스의 존재가 엄마 아빠라는 공공연한 진실을 감추긴 하나 커가며 언젠간 알아차릴 일이다. 1년에 한 번 있는 비밀임무를 수행하는 재미를 오래도록 즐기고 싶다면 당분간 이 깜찍한 비밀은 지켜주는 게 옳을듯하다.

어릴 적 요맘때 머리맡에 양말을 걸어두고 잠자리에 들곤 했다. 아침에 일어나도 빈 양말만 덩그러니 남아 있었지만 괜한 기대감은 한가득이던 성탄전야였다. 이젠 해마다 맞이하는 크리스마스를 딸들에게 좋은 기억으로 남게 해주고 싶은 마음에 나 역시도 12월 24일 밤을 손꼽아 기다린다.

딸들이 좋아할 만한 선물들을 골라 미리 배송받고 몰래 숨겨놓는 바지런함과 센스는 필수…

18

"홍시입니다"

장금의 말에 정 상궁이 의아해하며 물었다.

"왜 홍시라고 생각하느냐?"

어린 장금이 대답했다.

"저는 제 입에서 고기 씹을 때 홍시 맛이 나서 홍시라 생각했을 뿐인데 그걸 어째서 홍시 맛이 나냐 물으시면 어찌 대답할지 모르겠사옵니다"

그렇다. 혀의 미각세포 하나하나가 홍시 맛을 감지했으니 그 맛인 거다. 어린 장금이 같은 절대미각을 가진 이의 직설적 맛표현은 식재료 본연의 평준화된 맛에 근거한 현명한 답변이다.

저녁식사시간 생애 처음 아보카도를 먹어본 내게 아내가 물었다.

"맛이 어때?"

세상 누구보다 절대막입 동일은 대답했다.

"이건 뭥미, 이런 걸 비싼 돈 주고 사 먹는단 말야? 아무 맛도 안 나는데"

고무처럼 질긴 고기도 고기니까 맛있다며 엄지를 추켜세우는 저렴한 입맛이지만 맛이 없는 건 어쩔 수 없다.

이 식재료 본연의 맛을 영접한 첫 경험은 뭐라 표현하기 난감하고 생소했다. 필자가 느낀 아보카도의 맛을 표현하자면 대충 이렇다. 미끄덩하고 말캉거리는 식감에 진정 그 어떤 맛과 향취조차 느껴지지 않는 영혼 없는 무(無)의 결정체. 갖가지 야채들과 발사믹 식초의 새콤하면서도 독특한 풍미와 향이 어우러지는 샐러드볼 안에서 아보카도는 저 혼자 겉도는 아웃사이더 그 자체였다. 아보카도도 후숙 과일이라 겉이 진한 보라색으로 변할 때가 가장 맛있다고 한다. 그런데도 맛이 이 지경(?)인 거 보면 바나나 망고 같은 과일은 신이 내린 하사품이 아닐는지. 혹자는 버터 같은 부드러운 식감과 고소한 맛이 일품이라며 찬양일색의 품평에 열을 올리기도 하더군.

각종 식재료에 대한 호불호와 주관적인 미각의 차이는 존재한다. 그 사실을 제쳐두고라도 극단적인 상황이 아니라면 굳이 내 입이 즐겁지 않은 걸 꼭 먹을 이유도 없다. 입이 즐거울수록 몸에 좋지 않다는 말도 있지만 넘치도록 많이 먹었을 때 얘기다.

'과일이라 불리는 것치곤 이름값 못한다'가 이 글의 요점인데 쓸데없이 서론만 길어졌다. 그냥 내 입술이 칭찬하며 없던 식욕마저 자극시키는 것만 맛있다라 결론 내며 이 글을 마친다.

epilogue

요즘 다이어트 과일로 사랑받는 아보카도. 영양학적 장점들에 가려진 숨은 뒷이야기들이 썩 유쾌하지만은 않다.

물을 많이 쓰는 재배 특성으로 주변 지역에 물 부족을 일으키는 심각한 환경문제로 많은 이들이 고통받고 있다. 또한 재배와 판매를 둘러싼 범죄조직들 간의 이권다툼으로 '피의 아보카도'라는 별명까지 얻게 된다. 우리가 먹은 아보카도가 물 부족을 일으키고 범죄조직의 돈줄이 되는 역효과를 가져온다면 굳이 찾지 않아도 될듯싶은데… 여러분의 생각은 어떠신지 궁금하다…

철수 형님과
믹 재거 행님

여느 날과 다름없이 차들로 북새통인 마(魔)의 퇴근길. 교통체증의 정도가 매일매일 새 기록을 써 내려가는 듯하다. 십수 년을 오갔으면 적응할 때도 되었건만 아직껏 이 도시 촌놈에겐 여간 고역이 아닐 수 없다.

'에이, 어차피 늦은 거 뭐, 좋게 생각하자'

하염없이 가다 서다가 반복되며 오후 6시로 넘어간다. 가장 애청하는 라디오 프로 〈배철수의 음악캠프(줄여서 배캠)〉가 시작되는 시간이기도 하다. 열화와 같은 짜증의 순간 한 줄기 위로가 되어주는 라디오 프로다. 이 방송을 고3 야간자습시간에 담임선생님 몰래 이어폰으로 듣곤 했다. 당시엔 6시에 하는 음악방송 중 아무 주파수나 돌려보다 얻어걸린 거였다. 퉁명스러운 말투와 서투른 듯한 진행이었지만 30년이 넘는 시간을 이어오며 해당 방송사의 간판프로로 자리매김하였다. '애청한다'라는 표현이 조금 낯간지럽다. 라디오를 끼고 사는 것도 아니요 운전 중 시간대가 맞아야 청취할 수 있는지라 자주 듣는 편도 아니다. 그럼에도 스스로를 애청자라 칭한 건 취향에 딱 맞는 음악들과 좋아하던 뮤지션이 오랜 세월 변함없이 자리를 지키며 진행하고 있기 때문이다. 청취하는 시간만큼은 마니아로 돌변하고 채널 사수의 사명을 다한다.

  6시 땡. 라디오 시보와 함께 힘찬 비트의 배캠 시그널이 울리며 철수형님이 무뚝뚝한 멘트를 날려주신다. 흐르는 멘트와 음악들을 하나하나 놓치지 않으려 볼륨을 더 높여준다. 다른 프로에서 좀처럼 듣기 힘든 록, 메탈음악과 올드 팝, 최신 팝의 다양한 장르는 애청자들의 고막 구석구석을 황홀하게 파고든다. 철수 형님은 시작인 첫 곡의 중요성을 누구보다 잘 알고 있다. 듣는 순간 발끝에서 등허리를 지나 정수리까지 전율과 소름이 돋게 만드는 명곡들만 콕 집어내는 진정한 능력자다.

  배캠 시그널 뮤직의 원곡이자 록음악 대표명곡 중 하나인 〈Satisfaction〉을 부른 영국 밴드 롤링 스톤즈. 밴드의 리더 믹 재거는 록계의 악동으로 불렸다. 나이 지긋한 현재도 별명에 걸맞은 거침없는 언행으로 그 행보를 계속 이어가는 중이다. 몇 해 전 방송 중 철수 형님은 고인이 되신 록가수 데이비드 보위처럼 나이 들어가고 싶다는 말을 한 적이 있었다. 나이 든 현재의 외모는 데이비드 보위와 어느 정도 비슷한 분위기를 풍긴다. 하지만 당시 그 멘트를 듣는 순간 머릿속을 스친 건 엉뚱하게도 악동 믹 재거였다. 철수 형님과 믹 재거… 좀체 닮은 구석을 찾아보기 힘든 외모를 제외하면 믹 재거와 여러모로 비슷한 면이 더 많다는 게 개인적 소견이다. 필자는 라이브무대와 브라운관을 누비며 80, 90년대 전성기 시절을 구가하던 그를, 또 그의 밴드 송골매를 동경했던 사람 중 하나다. 철수 형님은 젊은 시절 송골매의 리더로서 많은 히트곡을 만들었고 가요계에 한 획을 그은 입지전적인 인물이었다. 당시 연예뉴스면을 장식했던 몇몇의 자잘한 사건들, 거친 입담과 스캔들의 주인공이기도 했다. 과거 기억 속에 악동이미지로 남아 있던 그였기에 순간 믹 재거가 떠올랐는지도 모르겠다. 철수형님은 보헤미안스러운 로커의 전형이었다. 보헤미안. 사회의 관습이나 규율 등을 무시하고 방랑적이며 자유분방한 생활을 하는 사람을 일컫는다. 그를 가장 잘 표현한 단어를 꼽으라면 보헤미안이 아닐까. 어릴 적 송골매의 열혈팬으로서 가지게 된 그에 대한 팬심이기도 하다.

  많은 록밴드들의 숨은 뒷이야기들을 알고 있지만 앞서 얘기한 롤링 스톤즈의 리더이자 보컬인 믹 재거의 이야기를 잠깐 해볼까 한다. 60, 70년대의 비틀스와 라이벌 구도를 이루며 영국 록음악을 대표하는 밴드이자 젊음과 반항, 방탕의 이미지로 대변되는 록계의 악동…

  비틀스와는 라이벌이었다기보다 같은 시대를 함께 양분하고 풍미했다는 표현이 더 적절하다 본다. 엄연히 그 둘은 추구하는 음악의 성격, 특유의 사운드, 무대에서의 퍼포먼스, 하다못해 입고 있는 의상까지도 서로 딴판인 밴드였다. 비틀스가 교탁 앞자리 공부 잘하는 모범생의 이미지라면 롤링 스톤즈는 교실 뒤편 쓰레기통 옆자리 불량학생들을 떠오르게 한다. 초기에는 롤링 스톤즈 역시 비틀즈와 비슷한 이미지의 깔끔한 슈트에 단정한 헤어스타일로 데뷔했으나 크게 주목받지 못했다. 너무 커져버린 비틀스의 아성을 무너뜨리기엔 역부족이었다. 이럴 바엔 우리는 반대의 길을 가자던 밴드 매니저의 권유에 지금의 방탕아 같은 자유롭고 기괴한 패션과 파격적인 헤어스타일로 탈바꿈하게 된다. 비틀스의 아류로 잠깐 스치듯 사라지느니 선택한 과감한 결정이었고 결과는 성공적이었다. 비틀스나 롤링 스톤즈 두 밴드 모두 술, 마약, 섹스 로커들만의 3대 필요충분조건들을 몸소 실천하고 있었다(당시 로커들이 행하던 방탕함의 면모들은 팬들에겐 일종의 대리만족이었다. 내가 못 하는 것들을 거리낌 없이 행하고 사고를 치는 그들을 보고 들으며 동경해 마지않는다). 비틀스와는 상반된 어쩌면 파격적으로 시도했던 반항적이고 거친 탕아 같은 면이 대중들에게 더 먹혀들어 가지 않았을까. 그렇다고 불량스러운 겉모습에 묻힐 만큼 그들의 음악적 역량이 뒤떨어지는 건 결코 아니었다. 훗날 여러 후배들에 의해 오리지널 곡들이 헌정되거나 다른 장르로 리메이크되어 요소요소들에 영향을 끼쳤다. 밴드음악의 선구자적 역할과 다양한 시도들은 세대를 뛰어넘는다. 70이 넘은 나이에도 아직껏 네 명의 멤버들이 꾸준하게 앨범을 발매하고 라이브 투어를 다니며 활발한 활동을 이어가고 있다. 10년 남짓 짧은 시간 동안 수많은 히트곡과 화제만을 남기고 해체한 비틀스와는 너무나 대조적인 그들이다. 한편으론 꽃보다 더 멋진 할배 멤버들의 빛나는 노익장이 존경스럽기까지 하다. 그런 네 분의 영감님들 중 밴드의 프런트맨이자 압도적인 카리스마를 자랑하는 리드보컬 믹 재거가 있다. 저 유명한 마룬파이브의 히트곡 〈Moves Like Jagger〉의 중독성 있는 후렴구의 가사에 나오는 Jagger는 그를 가리키는 말이다. 파격적이고 선정적이며 퇴폐적인 그의 젊은 시절의 화려했던 전성기를 노래하는 듯하다.

믹 재거, 그가 한때 이런 말을 했다고 한다.

"돌아올 수 있는 한 가장 멀리까지 가보라"

그 시절 로커들의 영원한 동반자 술과 마약, 그리고 섹스, 허랑방탕의 3종 세트를 갈 데까지 경험해 본 당사자로서 무엇을 말하려 했을까를 생각해 본다. 그냥 술과 약물에 취한 채 남발한 쓸데없는 잡담인지 나름 경험을 통해 얻은 살아 있는 지혜를 얘기한 것인지 알 길은 없다.

데뷔 때부터 앵그리 영 맨(angry young men)의 상징적 존재였던 그였다. 그러기에 '에라 모르겠다. 젠장 갈 데까지 가보자'라는 자포자기 인생막장 이미지가 더 쉽게 떠오른다. 그래도 믹 재거라는 이름을 제쳐두면 다소 냉소적이고 자조적인 문구 속에 담겨진 인생의 지혜를 끌어낼 수 있다.

 멀리까지 간다는 말이 단순히 낯선 곳으로의 여행일 수도 방탕함의 끝 타락의 길이 이끈 인생의 나락을 의미한 것일 수도 있다.

 그냥 한번 재미 삼아 심도 있게 그 의미를 좀 더 파헤쳐 보자.

 몸소 겪었던 크고 작은 실패와 실수로 인해 먼 곳까지 어긋났던 길 끝자락에 만날 인생의 전환점들. 변치 않는 진리인 실패와 실수에서 얻게 된 교훈은 누구에게나 주어지는 배움의 기회다. 길지 않는 젊은 날, 끊임없는 도전과 실패의 경험을 밑천으로 조금씩 성장해 스스로의 가치를 높여라.

 쓸데없이 너무 심각하게 생각한 건가? 역시 꿈보다 해석이다.

 불후의 명곡은 어쩌다 우연히 탄생한 게 아니었다. 반세기의 시간을 뛰어넘을 수 있는 파격적이고 거칠면서도 세련된 스타일을 보여준 믹 재거였기에 가능한 일이었다. 그도 소싯적 타락 3종 세트를 실천하면서도 항상 뮤지션 본연의 길로 돌아와 밴드 멤버로서의 역할에 최선을 다했고 좋은 곡을 쓰기 위해 밤새 고민했을 것이다. 그에게 있어 방탕한 행실 속에도 마음속 공허함을 채워줄 자기만족의 종착지는 '롤링 스톤즈'라는 밴드와 음악이었던 건 분명하다.

 당시 신문 한편 가십기사 속 믹 재거 행님. 독한 술과 약물에 잔뜩 취한 채 도도하고 삐딱한 눈빛을 쏴붙이며 묻는다.

 "이봐 당신!! 인생 끄트머리 갈 데까지 간 게 얼만큼이야. 끝까지 갔다가 다시 돌아올 수 있었으면 그걸로 됐고…"

epilogue

Rolling Stones의 LP를 턴테이블에 걸고 바늘을 올린다. 1번 트랙 <(I Can't Get No) Satisfaction>의 카랑카랑한 기타리프가 두 귀를 자극한다. 누구도 따라올 수 없는 여성편력과 기행에도 만족할 수 없다는 듯 불만 가득 거친 음색으로 일관하는 믹 재거의 날 선 보컬. 초절정 고음 테크닉을 구사하는 스타일은 아니지만 들을수록 빠져드는 마초적 매력의 음색이 압권이다. 좋은 음악, 특히 좋아하는 음악은 단순히 듣는 행위로 얻게 되는 귀호강을 비롯한 오감 전체를 만족시킨다. 구석구석 앨범 재킷을 살피며 시각적인 만족을. 오래된 LP 속 빛바랜 겉지, 속지의 낡고 쿰쿰한 냄새와 거친 감촉은 후각과 촉각을. 억지로 끼워 맞춘 거긴 하나 음악감상에 빠질 수 없는 갖가지 주전부리들은 미각까지 두루 만족시킨다. 음악감상이라는 단순행위가 여유로운 여가로 완성되는 순간이다.

전망 좋은 집

한가한 주말 저녁 TV를 보는 아내의 눈이 호기심과 부러움으로 가득하다. "우와, 저 집 진짜 좋다" 모 방송국의 예능 프로를 보며 연신 감탄사를 연발하며 열혈 시청 중이다. 프로그램의 콘셉이 의뢰자의 예산에 맞춰 연예인 게스트들이 살 집을 찾아 소개해 주는 TV복덕방. 화면에는 경기도 외곽에 위치한 전원주택 단지의 전경이 펼쳐진다. 약간 경사진 대지를 잘 활용해 비슷한 형태의 주택들이 적당한 거리를 두고 들어앉아 하나의 마을을 이룬다. 마을 중앙엔 주민 공동이용 공간도 마련되어 있다. 같은 건축업자가 공장에서 찍어낸 듯한 일정함이 식상함으로 비치지만 야무지게 잘 지은 건 인정하는 바다. 외형은 표준화되고 정형화된 형태라 단순하지만 실내는 입주자 편의에 맞춘 옵션들로 가득하다. 같은 시

(市)의 다른 동으로 옮겨 소개된 또 다른 주택도 그림 같다는 표현이 어울릴 만큼 멋진 외형과 좋은 입지조건을 지녔다. 각 실의 배치도 공간활용을 극대화한 형태로 적절히 끼워 맞췄다. 세심함이 돋보이는 단열처리로 건물의 열 손실을 크게 줄였다. 각종 마감재도 꼼꼼하게 시공되어 깔끔하고 세련된 느낌을 준다.

옆에서 심드렁하게 폰만 쳐다보던 나 역시도 어느새 프로에 빠져들어 아내와 설전을 벌인다.

"이 집이 심플하고 더 낫네"

"난 아까 그 집이 훨 낫구만 뭐"

소개된 집들 모두 방송사에서 나름 괜찮은 곳들을 선정했겠지만 평균 이상으로 요즘 주택건축의 수준이 예전과 달리 높음을 알 수 있었다. 종합적인 장단점은 모두 다 도긴개긴으로 별 차이는 없다. 결국 문제는 의뢰인의 예산과 개인취향이 좌우한다. 직접 매물을 살펴본 의뢰인의 심사숙고 후 내린 결정으로 프로그램은 끝이 났다.

"내가 지으면 저거보단 잘 짓겠네" TV를 보며 아내 앞에서 허세 가득 거들먹거려 본다. 나름 건축 전공인의 부심을 내세우는 내게 아내가 한마디 한다.

"그럼 얼른 땅 사서 하나 지어주시든지요. 나 주택 살고 싶어"

"지금 말고 나중에 꼭 지어줄게. 쫌만 기다려"

마음속으로 몇 채를 지었다 부쉈다를 반복했을까. 생각해 보니 지금 당장 못할 것도 없다. 매물들보다 훨씬 멋진 집을 만들 수 있다는 자신감 역시 차고 넘친다. 소싯적부터 생각해 놓은 여러 채의 상상 속 집들이 평수대로 다양하게 준비되어 입주를 기다린다. 하지만 주택을 지으려면 현재 살고 있는 도심에서 외곽으로 나와야 하고 아이들 학교문제나 출퇴근 등 현실적인 문제가 걸림돌이다. 아직 그런 불편함을 무릅쓰고 강행하기에 현실은 녹록지 않고 마음의 준비도 필요하다. 당장 실행에 옮길 수는 없겠지만 매번 반복하는 빈말이 되지 않길 바라는 마음만큼은 재확인한다.

지방의 한 대학 건축학도였던 필자는 다른 과목들은 제쳐두고 설계과목에 대한 열의만 남달랐다. 설계시간 참신하고 독특한 디자인으로 교수님들에게 확실한 눈도장을 받기도 했었다. 설계과목 성적만은 늘 A, A+였고 건축전 수상경력과 더불어 도면 드로잉, 컬러링 실력도 꽤 좋은 편이었다.

지금이야 각종 설계 관련 프로그램으로 대체되어 해당 프로그램들만 잘 활용하면 되는 시대로 변했다. 컴퓨터 기술의 발전과 대세를 거스를 순 없지만 떠오른 아이디어의 조각들을 조합해 종이 위에 직접 옮겨놓을 수 있어야 한다는 생각엔 변함이 없다. 건축학도는 핸드 드로잉의 기초가 부족하면 설계의 의도를 잘 표현할 수 없다. 도면을 그리는 일은 꾸준한 손연습이 필요한 분야 중 하나다. 그렇다고 모든 건축물의 완성이 건축가의 이상과 설계도면만으로 되는 건 아니다. 건축계획, 재료, 구조, 설비, 시공, 법규 등이 하나로 연결된 종합예술이다. 건축의 영단어 'architect'의 라틴어 어원

'큰, 최고의 기술'이라는 의미가 그냥 생겨난 게 아님을 알 수 있다.

  2학년 때 첫 설계수업 주제는 전국 모든 대학 건축학과 공통과정인 주택이었다. 주택건축이 규모는 작지만 설계, 구조, 재료, 인테리어 등의 모든 건축 기술들의 집합체라 할 수 있다. 어떤 건축가든 주택건축이 가장 쉬우면서도 가장 어렵다고 말하는 이유다. 1학년 때까지 배운 기본지식만을 바탕으로 난생처음 주택이라는 완성체를 내놔야 하는 일련의 과정들은 만만찮은 작업이었다. 세심한 부분까지 신경 쓸 게 은근히 많아 머리가 하얗게 셀 지경이었다. 덤으로 밤샘작업은 기본. 설계실 바닥에 나뒹구는 박카스 병들이 작업의 고단함을 가늠케 한다. 학교니까 이 정도였지 실제 현장 실무는 이와 비교할 수 없을 정도로 많은 문제들과 해결책을 고민해야 함을 졸업 후에 알게 되었다. 수많은 문제들을 해결하고 수십 번의 수정안을 거친 첫 작품이 세상에 선보이게 되었다. 이 결과물로 과 선후배, 동기들과 담당교수님에게 좋은 평가를 받았다. 그렇게 애썼던 첫 작품에 대한 애착은 말해서 무엇 하겠는가. 제대로 된 사진 한 장 남겨놓지 못한 게 못내 아쉽지만 도면 하나하나 자세한 부분까지 머릿속에 선명하게 남겨놓았다. 언젠가 멋진 집으로 탄생할 그날을 위해 아껴둔 나만의 소중한 아이템 중 하나다.

  아기돼지 삼 형제가 엄마돼지로부터 독립하여 각자의 방식으로 집을 짓기 시작한다. 첫째 돼지는 짚으로, 둘째 돼지는 나무로, 셋째 돼지는 벽돌로…

　늑대의 침입으로 두 형 돼지의 집은 맥없이 무너진다. 다행히 셋째 돼지의 벽돌집이 가장 튼튼해 늑대의 침입을 무사히 막아낸다는 행복한 결말이다. 여기 아기돼지 삼 형제의 이야기를 보며 좋은 집 짓기에 대해 또 다른 시선으로 접근해 본다.

　동화는 막내 돼지의 투박하고 차가운 콘크리트 덩어리를 가장 튼튼하고 좋은 집으로 결론지으며 마무리된다. 현실에서도 동화 속 이야기처럼 그 어떤 악천후와 외부침입에도 나와 내 가족을 지켜줄 든든한 방패막을 가지고 싶어 한다. 하지만 막내 돼지의 집은 한때 유행처럼 번졌던 친환경, 웰빙과는 거리가 멀다. 21세기를 살아가는 우리는 그런 집을 부러워하며 어떻게든 소유하려 아등바등 애쓰고 있다. 모두가 성냥갑이란 표현을 쓰며 각각의 세대가 층층이 쌓인 콘크리트 상자, 아파트말이다. 그야말로 동화 같은 결론과 일치하는 최적의 주거공간이긴 하나 뭔가 2% 부족하다.

　모두가 말하는 좋은 집의 조건은 여러 가지다. 주변학군, 교통, 가까운 출퇴근 등 생활편의에 관련한 인프라들이 고루 갖춰진 곳이 될 수도 있다. 자연소재의 건축자재를 사용한 친환경주택도 좋은 집의 요건 중 하나다. 유유자적(悠悠自適) 안빈낙도(安貧樂道)의 삶을 추구하는 이에겐 몸 하나 겨우 누일만한 작은 거처도 최고의 집일지 모른다.

　누구나 한 번쯤 꿈꾼다. 빽빽이 늘어선 아파트가 아닌 마당 딸린

전원주택에서의 한적한 삶을. 더불어 소박한 소원 한두 가지 더. 값비싼 수입자재를 쏟아부은 넉넉한 실평수의 럭셔리한 전원주택, 사자마자 몇억씩 집값이 뛰며 매매 시 짭짤한 시세차익까지 덤으로… 상상만 해도 입꼬리가 저절로 올라간다.

- 2020년 5월 집짓기 딱 좋은 어느 봄날에

epilogue

나를 잘 알던 친구들은 현장시공 쪽에 몸담고 있는 내 근황에 많이 의아해한다. 지금쯤이면 어엿한 디자이너 직함 하나 달고 책상머리에 앉아 도면에 파묻혀 지낼 줄 알았는데 의외라는 말도 함께. 사람 일을 어찌 알겠는가만은 사무실이 아닌 현장에서 관련업종에 종사하고 있으니 절반 이상 발은 걸친 셈이다. 내가 커서 아빠처럼 어른이 되었을 때 우리 집은 내 손으로 지을 수 있다면 된 거 아닐까. 그게 언제일지 미지수지만…

키 작은 땅감나무

　　아내가 딸들을 위해 동요 CD를 집 안의 BGM(Back Ground Music, 배경음악)으로 선정했습니다. 매일매일 거실에서 흘러나오는 동요들이 귀에 착착 감기고 따라 부르기도 쉽네요. 요즘 들어 자주 틀어주는 노래는 '작곡가 백창우 시인과 굴렁쇠 아이들' CD입니다. 기성 시인들과 아이들이 지은 시에 멜로디를 붙여 만든 곡들로 전래동요 같은 느낌이 물씬 풍깁니다. 국민학교 시절 음악교과서에 실려 한 번쯤 풍금 반주에 맞춰 불러봤음 직한 예스러운 가사와 멜로디가 편안하고 정겹네요. 물론 홍보 차원의 글은 아닙니다.
　　그중 귀에 들리는 한 곡을 적어보았습니다.

키가 너무 높으면

까마귀 떼 날아와 따 먹을까 봐
키 작은 땅감나무 되었답니다
키가 너무 높으면
아기들 올라가다 떨어질까 봐
키 작은 땅감나무 되었답니다
권태응의 시 <땅감나무>

'땅감나무'를 아시나요? 딸들이 자기네들끼리 흥얼거리던 노래 가사 속에 '땅감나무'라는 말이 나옵니다. 무슨 나무인가 궁금해 사전을 찾아보니 토마토를 옛날에는 '땅감'이라 불렀다네요. 토마토가 감처럼 초록색 열매가 달렸다가 차츰 익어 빨갛게 영글어 가는 모습이 비슷하다며 붙여진 거랍니다. 거기에 키 작은 토마토 줄기를 나무에 빗대어 땅감나무라 했고요. 토마토라는 이름으로 들어온 외래종이 아닌 원래부터 우리 땅에서 재배되며 불렸을 것 같은 이름 '땅감'. 들을수록 예쁜 어감으로 다가오는 이름입니다.

울퉁불퉁 멋진 몸매에 빨간 옷을 입고 새콤달콤 향기 풍기는 멋쟁이 땅감…

어릴 적 엄마가 넓은 양푼에 땅감나무 열매를 가득 썰어 담고 그 위에 하얀 설탕을 잔뜩 뿌려주셨습니다. 삼 형제가 마파람에 게 눈 감추듯 순식간에 서로 먹겠다 경쟁하면서 한 양푼을 다 먹어치우는 식탐을 발휘합니다. 마지막 남은 설탕국물의 달달한 맛은 수십 년이 지난 지금도 혀끝에 남아 있는 듯합니다. 간식거리를 흔하게 접하지 못했던 어린 시절 달달하고 걸쭉한 설탕과즙 음료의 맛에 푹 빠졌을 때가 있었습니다. 가끔씩 그 맛이 그립기도 합니다. 요즘 아이들이 설탕 뿌린 땅감나무 열매의 맛을 알고 있으려나 모르겠네요. 어쩌면 아이들은 그닥 좋아하지 않을 수도 있습니다. 쉽게 접할 수 있던 게 아니거든요. 한 번도 먹어본 적 없어 낯선 맛이기도 하고 몸에 안 좋다며 엄마들도 잘 안 해주려 할 게 뻔하고요. 땅감나무 열매에 설탕을 뿌리면 과육에 함유된 비타민이 줄어든다는 말을 들었습니다. 몸에 좋은 영양소들과 맞바꾼 거긴 해도 제가 맛보고 싶은 건 설탕 듬뿍 뿌려진 달디단 땅감나무 열매지 비타민은 아닙니다.

– 땅감나무의 뜻을 알게 된 11월의 어느 날…

epilogue

11월인데 사이즈 큰 찰토마토를 시장에서 살 수 있을까요? 실로 오랜만에 큰 양푼에 썰어 담은 설탕 뿌린 토마토를 맛보고 싶어집니다. 직접 장을 보는 게 아니라서 오며 가며 과일가게를 유심히 살펴본 적은 없습니다. 제가 토마토가 겨울에 나오는지 여름에 나오는지도 모르는 도시 촌놈인지라 아내에게 한번 물어봐야겠습니다. 아무리 그래도 그걸 모르면 어떡하냐고 핀잔을 줄 게 뻔하지만요.

19

　　• •　　직선으로 쭉 뻗은 해안도로를 따라 그 옆으로 맑고 드넓게 펼쳐진 쪽빛 바다가 눈부신 장관을 이룬다. 수평선 끝자락에 걸친 햇살의 강렬함에 살짝 인상을 찌푸리지만 그 눈부심이 싫지 않다. 아끼는 명품 선글라스를 꺼내 멋들어지게 눈앞에 걸친다. 한적한 도로를 따라 드라이브하기에 최적의 날씨다. 자연흡기식 고성능 v8 터보엔진을 장착한 빨간색 스포츠카 한 대가 지붕을 오픈한 채 해안도로를 질주 중이다. 그 스포츠카의 주인은 당연히 나다. 그리고 조수석에는 사랑하는 그녀가 함께 있어 기분 역시 하늘로 날아갈 듯 가볍다. '세상 모든 남자들이 꿈꾸고 상상하는 카라이프(car life)는 이런 거야'라고 말해주는 듯하다. 하지만 누가 현실은 쥐구멍 속이라고 했을까. 눈에 보이는 팩트만이 정신 차리라는 듯

뒤통수를 친다.

"아직 할부도 안 끝났는데 제발 잔고장 없이 잘 굴러가 주기만 하면 좋겠어"라고 말하며 정작 차량관리는 세차가 전부인 줄 아는 문외한이 상당수. 고이 모셔두려고 샀나 싶게 주차장에 세워두기만 하고 드라이브는 무슨, 주말에 마트 갈 때나 잠깐 쓰는 것도 다수의 현실. 조수석에 아름다운 그녀가 없는 이들도 상당히 많다는 건 더 슬픈 현실이자 뼈를 때리는 팩트 폭격.

어른 남자들의 비싼 장난감, 자동차를 말한다. 금속으로 만든 이 장난감은 어릴 적 가지고 놀던 손바닥만 한 미니카와는 크기와 개념 자체가 다르다. 동네 문방구에서 몇천 원에 구입해 뚝딱 조립하고 건전지 넣고 스위치만 켜면 달리는 게 아니다. 가격대도 애들에겐 언감생심이다. 물론 어른들에게도 마찬가지로 적지 않은 금액이지만 일단 경제활동의 주체들이니 조금만 무리하면 소유할 수 있다. 결정적인 자동차의 기능은 주행하는 데 있다. 네 개의 바퀴들은 아무 장치 없이 거저 굴러가 주지 않는다. 고도의 기술로 정제된 화석연료의 분사와 점화, 폭발로 이어지는 일련의 과정이 엔진 내부에서 이뤄진다. 엔진 내 피스톤 왕복운동의 힘은 크랭크축에서 회전운동으로 바뀌어 휠과 타이어에 전달된다. 결코 간단하지 않은 과학적 원리를 이용한 추진력이 사용된다. 이 장난감은 각종 동역학과 화학, 전자, 기계공학의 종합결정체다. 100년이 넘는 역사를 가진 근대 과학발달의 대표적 산물인 셈이다. 현재 그대들이 아무리 오래된 구형모델을 타고 있다 해도 그 차가 탄생했던 시점에는 가장 첨단기능을 갖춘 모델이었음을 간과해선 안 된다. 그 당시의 기술력을 가늠해 볼 수 있는 척도가 된다. 소나 말 같은 가축에 의존한 이동수단을 지나 내연기관의 발명은 인간의 빠른 속도에 대한 욕구에 불을 지핀다. 지금도 그 한계를 뛰어넘는 자동차 브랜드들의 도전과 열정은 끝나지 않는 현재진행형이다. 기술의 부족과 소비자들의 욕구를 충족시키지 못한 이유로 도태되고 사라져 버린 자동차 브랜드가 어디 한두 개인가. 자동차의 세계에서는 더 이상 느림의 미학이 환영받지 못한다. 더욱더 빠르고 강하고 안전한 차만이 살아남을 명분과 명차로서의 명맥을 유지한다.

　그대들이 소유했던, 아님 현재 소유한 차 안팎에는 소중했던 추억들과 개인사가 깃들어 있다. 지름신 강림한 듯 덜컥 마련했던 첫차의 설렘이 있었다. 안전한 운행과 무사고를 기원해 네 바퀴를 돌며 고사를 지낸 이들도 있었을 것이다. 몇 번의 크고 작은 스크래치와 더불어 서툰 초보운전의 시기를 지나 베테랑으로 거듭난다. 점차 경제적 여유가 생기고 첫차보다는 더 큰 배기량과 넓은 실내의 차로 바꿀 때의 자랑스러움과 뿌듯함도 누렸다. 비가 오나 눈이 오나 전국 곳곳을 누비며 나의 다리가, 아늑한 쉼터가 되어준 좋은 친구였음은 두말할 필요가 없다. 첫차를 구입하며 설렜던 기억과 함께했던 이들과의 추억들은 앨범 한 권으로는 모자란 얘깃거리를 만들어 주었다.

　그런 설렘도 차의 연식 앞에 조금씩 사그라들기 마련이다. 어떤 차든 간에 출고되어 임시번호판을 떼는 순간 중고딱지를 달게 된다. 감가상각비라는 어려운 경제용어를 쓰지 않아도 누구나 알 수 있는 내 차가 처한 현 상황이다. 처음 출고 때 번쩍이며 눈부셨던 광택과 강렬한 새 차 냄새에 도취되어 눈을 떼질 못했다. 세차장에 하루가 멀다고 들락거리며 씻기고 닦으며 애정을 가지고 관리해 주었다. 그깟 만족감도 길어야 1~2년 남짓이다. 남자는 어린아이처럼 금방 싫증을 내며 또 다른 새 장난감에 눈을 돌리기 시작한다. 보편적 사내아이들의 습성이 다 그러한 것 같다. 나도 처음 새 차 키를 받고 첫 시동을 걸었던 초기에는 그런 순간이 영원할 거라 믿었다. 닦고 조이고 기름칠하고 정비소 3대 수칙을 번갈아 행하며 아껴주던 시절도 있었다. 이젠 그게 언제였나 싶게 무관심해진 나를 발견한다. 따로 자동차를 공부해 보고 싶은 마음에 멀쩡히 다니던 학교까지 멋대로 휴학하던 객기도 가졌었다. 집에 그런 꼴통 하나씩은 꼭 있다. 나름 많이 배우고 즐거운 시기였지만 너무 무모하고 우매한 열정이지 않았나 하는 생각도 해본다. 그래도 가끔 그때의 지식을 동원해 DIY를 하는 나를 보며 내 몸속에 깃든 공돌이의 DNA는 어쩔 수 없는 거라며 자랑스러움에 도취된다. 요샌 그런 것도 싫증 났는지 어지간하면 내가 직접 했던 수리도 웬만하면 단골

정비소의 도움을 받는다. 그분들이 나보다 더 전문가라는 당연한 진리와 나 자신의 귀찮음이 맞아떨어진 요즘 근황 되시겠다.

당신이 원하는 드림카는? 어떤 종류의 자동차를 좋아하나요? 자동차를 좋아하는 대부분의 과묵한 남자들을 수다쟁이로 바꾸는 질문이다. 중후한 외형의 세단, 해치백, 빠른 스포츠카, 아님 경제적인 하이브리드카? 종류도 많아 고르기도 참 힘들다.

나의 드림카는 픽업트럭 같은 마초적인 느낌 물씬 풍기는 투박하고 큰 덩치의 차다. 모두가 꿈꾸는 세단이나 날렵한 스포츠카와는 한참 거리가 멀지만 실용성과 든든함 하나만은 최고다. 반듯한 도로가 아닌 험지를 내달리는 사륜구동 픽업의 위용은 가히 압도적이다. 필자도 현재 픽업트럭 비스무레하게 생긴 화물차를 소유 중이다. 외형이 오리지널 수입 픽업트럭 같은 디자인이 아니어서 마음에 쏙 들진 않지만 그럭저럭 쓸만하다. 직업상 차 쓸 일이 많은 내게는 최고의 실용성을 자랑한다. 개개인의 취향과 만족도는 각각 다르지만 소유한 내가 만족하고 있고 내가 쓸만하다 칭하면 그걸로 충분하다. 현재 생산되는 차의 종류와 선택할 수 있는 경우의 수도 무궁무진하다. 다만 가성비를 생각해야 하는 내 입장에서 대한민국 내에서 선택지가 몇 안 되는 아쉬움이 크다. 지금은 아니더래도 후에 여유가 생기면 제대로 된 픽업트럭처럼 생겨먹은 녀석을 곁에 둘 날이 있을 것이다. 재미 삼아 상상이라도 해보자. 커다란 픽업트럭에서 키 170도 안 되는 필자가 내린다 생각하면 은근히 간지 나고 어울릴 것 같지 않은가? 아니라고 생각하신다면 웃음은 참지 않으셔도 된다. 이걸 요즘 말로 하차감이라고 하며 내릴 때의 시선 역시 중요시하더군.

킹덤… 그 후

　　　　　조선의 하늘에 때아닌 검은 먹구름이 드리워진다. 알 수 없는 전염병의 창궐로 곳곳의 백성들이 감염되고 온 나라가 혼란에 빠지는 초유의 사태가 벌어졌다. 한 세도가 가문의 권력에 의해 궐 안의 모든 것이 지배되는 가운데 왕마저 역병에 감염되어 외부와 단절된 채 격리된다. 감염되면 좀비처럼 변하여 살아 있는 인간의 피와 살을 갈구하며 밤이면 그 냄새를 쫓아 헤매게 되는 원인 모를 괴질이다. 이성은 없어지고 살아 있는 시체처럼 되어버린 백성들을 목전에 두고 두 부류로 나뉘어 대립하는 이들이 있다. 한쪽은 남은 이들을 살리려 최전선에 고립돼 치료제를 찾아 동분서주하고 위태로운 조선을 다시 일으키려 애쓰는 이들이다. 힘없는 백성들을 지키기 위하여 갖은 고난과 역경을 무릅쓰고 희생 또한 마다 하지 않는다. 다른 한쪽은 이 환란을 틈타 자신들의 뜻대로 조선을 좌지우지하며 권력을 탐하려는 자들이다. 자신들의 뜻에 반하는 이들을 역모로 모는 비열함도 서슴지 않는다. 야비한 권력의 민낯이 적나라하게 드러난다. 양측이 서로 대립하는 가운데 서서히 밝혀지는 역병의 시작에 얽힌 추악한 진실들.

러닝타임 내내 손에 땀을 쥐게 하고 온몸에 전율이 일게 만든다. 얼마 전 시즌2까지 이어지며 대박행진을 이어간 한 드라마의 주된 내용이다.

드라마의 스토리 전개가 왠지 낯설지 않다. 현재 대한민국의 모습과 소름 돋을 정도로 흡사하다. 입고 있는 의상과 시대적 배경만 다를 뿐 거의 판박이라 해도 과언이 아니다. 2020년 코로나19의 창궐로 사회적 혼란과 정치적 분열이 야기되는 현 상황과 맞물려 장면 하나하나 최고의 몰입감을 선사한다. 비록 극 중 줄거리가 상상력을 가미한 픽션이긴 하나 실제 역사였다 한들 그와 다를 게 무엇이겠는가. 바이러스의 방역에 정부부처와 국민들이 하나가 되어 헤쳐나가도 힘에 부치는 상황이다. 좌파와 우파, 보수와 진보, 동서로 나뉜 지역 간의 갈등을 일부 정치인들과 보수언론들이 선동하고 나선다. 특히 이걸 선거에 역이용하려는 작태가 한심하기 그지없다. 이건 지켜보는 국민들의 수준을 한참이나 얕잡아 본 것이다. 아직도 새마을 운동 시절 집권자의 명령에 까라면 까던 순박한 촌부로 여기는 건 아닐까. 국민들의 지지로 권력이란 칼자루를 쥔 막중한 책임감을 잊은 건지 묻고 싶다. 과격하고 급진적 성향의 사람들은 혁명이란 이름 아래 그 칼자루를 다시 빼앗아야 한다고도 한다.

학창 시절 사회책에서 배운 권력의 의미를 되새겨 본다. 그 힘은 그에 걸맞은 대표자를 세우고 분산된 국민들의 뜻을 하나로 모을 수 있게끔 대표자에게 결정권을 맡긴 것일 뿐이다. 국민들이 믿고 뽑아준 결정권자 마음대로 해도 좋다는 절대적 권한이 아니다. 여기까지가 우리가 알고 있는 권력이라는 힘의 근원이 국민들 한 사람 한 사람에게서 나온다는 헌법상의 큰 의미다.

어려울 때 진정한 친구를 알아본다 했다. 옛말 틀린 것 하나도 없다. 모두가 어려운 이 시기에 난을 슬기롭게 헤쳐나가려는 분들과 그렇지 않은 놈들을 자연스레 구분 지어주었다. 적은 내부에 있었던 게 분명하다. 우리들 스스로 그런 쓰레기 같은 적들을 물리칠 방법 또한 잘 알고 있다. 국민의 한 사람으로서 직접 정치에 참여하는 것이다. 얼마 전 우린 우리들 선에서 보여줄 수 있는 충분한 영향력을, 신성한 한 표를 행사했다. 투표함에 담긴 한 표 한 표가 국민들의 뜻이자 요구사항이었고 그 힘은 실로 대단했다.

이번 총선 결과를 지켜본 소견을 밝히면 이렇다.

'아직은 덜 걸러졌다. 가야 할 길이 멀다'라고.

'우리도 이젠 많이 바뀌었어'라고 떠벌리지만 머릿속, 뼛속 깊숙이 박힌 독선과 아집으로 변화를 두려워하고 진정한 보수의 의미를 평가절하시키는 권위주의자들의 집단. 그들은 그 이상도 이하도 아니었다. 한때 민주항쟁의 성지였던 곳은 온데간데없다. 고결했던 열사들의 노력과 수많은 희생은 몇몇 권력자들에 의해 의미가 퇴색되어 버렸다. 그렇게 '우리가 남이가'를 외치며 지역감정이라는 철저히 계산된 정치프레임 안에 갇혀 오늘에 이르렀다. 어느 정도 예상했던바 그리 놀랍지도 않다. 깊게 팬 갈등의 골이 평탄하게 메워지려면 좀 더 시간이 필요할 듯하다. 길게 바라보며 모르는 척 관심 끄는 게 정신건강에 좋을지도 모르겠다.

평소 정치에 관심이 없었던 필자였다. 내가 외쳐봐야 세상은 쉽게 바뀌지 않으리란 방관자적 가치관은 두 귀를 닫게 했고 무관심으로 일관하게 했다. 뽑을 사람 없고 바쁘다는 핑계로 기본권인 참정권을 무시해 버린 적도 많았다. 나보다 더 못한 자들에게 지배당해도 좋다는 암묵적 동의가 아니고 뭣이겠나. 앞으로 그런 어리석음을 반복하지 않으려 한다. 작은 참여와 관심이 최근의 많은 변화와 발전을 이끌어 냈음을 우리는 잘 알고 있다.

몇 년 새 투표 몇 번 참여한 걸로 이런 비판의 목소리를 낼 자격이 있나 의문이 들지만 답답한 마음에 어렵게 펜을 들어보았다. 그냥 해본 푸념일 수도 있지만 지금 처한 현실을 염려하고 고민하는 마음은 남들과 다르지 않다.

— 2020년 4월을 뜨겁게 달궜던 총선이 끝나고…

epilogue

미국이나 유럽의 여러 선진국들의 방역대처상황을 보면서 몰랐던 걸 실감한다. 지구상에서 경제력, 군사력으로 우위를 점하고 있다는 강대국 7인방이라 불리는 국가들의 위상도 그리 대단한 게 아니라는걸. 그리고 다시 한번 확인하게 되었던 우리 대한민국 민초들의 진정한 힘은 국가에 위기가 닥쳤을 때라는 것을.

역시 대한국민 만세였다.

이제는 변해야 하지 않을까?

　　누구도 우리가 하는 일에 특별한 관심, 가치나 의미를 두지 않는다. 다들 '노가다'라는 말로 비아냥거리며 무시하고 멀리하려 한다. 못 배우고 가난한 자들의 직업, 거듭된 실패를 겪고 난 후 인생막장 최종 선택지라는 고정관념이 주홍글씨처럼 따라다닌다. 현장에서 일하는 사람들조차 노가다꾼, 막노동꾼 하며 스스로를, 서로를 비하하는데 다른 사람들이야 오죽할까. 건설산업의 역군 따위의 거창한 단어로 치장하지 않아도 좋다. 그런다고 현장 노동자들에 대한 인식과 대우가 단번에 달라질 거란 생각은 하나도 하지 않는다. 그들 모두 인생의 여러 갈림길에서 선택한 직업 중 하나로 여기며 새벽 일찍부터 각자 맡은 공정들을 위해 현장으로 출근할 뿐이다. 현장에 모인 사람들 모두 각자마다 그럴싸한 사연

하나 없는 사람들은 없다. 흰머리 희끗희끗해져 이 길로 접어든 사람들의 경우나 인생경험 짧은 젊은 사람들이나 그런 면에선 별 차이가 없다. "지금은 내가 할 수 없이 이러고 있지만 잠깐 동안만 하고 다시 더 나은 곳으로 갈 거야"라며 자기의 상황을 합리화하며 묻지도 않은 핑곗거리를 떠벌리기도 한다. 필자라고 해서 파란만장 구구절절한 개인사 하나 없었겠는가. 궁색한 변명을 내놓자면 아쉬운 상황이 만들어 낸 호구지책(糊口之策)이라 해두겠다.

전국 곳곳에 있는 현장을 누비며 살아온 지 어느덧 20여 년을 훌쩍 넘겼다. 처음 일을 시작했을 때와 비교하면 현장여건이나 작업을 서포트할 수 있는 공구들과 자재들도 많이 좋아져 한결 나은 환경에서 작업할 수 있게 되었다. 단순히 기념하는 차원에서 20여 년간의 미천한 경력과 현실적인 문제를 들먹인 것은 아니다. 현장직들의 근로환경이나 산재된 문제점들에 대해 자주 얘기하고 소통하다 보면 미약하게나마 변화를 이끌 수 있을 거라 믿기 때문이다.

우리처럼 필드에서 뛰는 사람들의 장점은 현장에서 쌓은 자신만의 노하우와 경험이 풍부하다는 것이다. 보고 듣고 만지고 오감으로 터득한 기술로 도면이 따로 존재하지 않는 상황에서도 무(無)에서 유(有)를 만들어 낸다. 요즘 많이들 하는 온라인 게임에서 말하는 경험치, 속된 말로 짬밥이라는 말로 대신하는 숙련도에 있다. 안타까운 건 그런 대한민국 숙련공들의 수준은 세계 최고인 반면 그 수가 점점 줄고 평균연령대가 높아진다는 점이다. 40대 후반의 팀장인 필자가 현장에서 젊은 축에 들어갈 정도니 점차 노령화 되어가는 연령대를 가늠해 볼 수 있다. 조만간 대(代)가 끊길지도 모른다는 볼멘소리까지 들린다. 그 자리를 내국인이 아닌 외국인들로 채워 나가야 하는 답답한 현실에 직면하였다. 대다수의 숙련공들이 자부심 하나로 현장을 지켜왔어도 후임들에게 갈고닦은 기술들이 이어지지 못한다면 소용없는 일이다.

대한민국 사람들의 직업관도 예전 선배세대에 비해 많은 변화가 있는 것도 사실이다. 숙련공들에 대한 처우와 인식도 조금씩 나아지는 추세다. 근래에 노조, ○○연합 같은 단체들이 생기는 것도 현장 노동자들이 한목소리를 내기 위함이기도 하다. 지금까지는 돈 몇 푼 받자고 제 권리를 제대로 내세우지 못하는 어리석음 속에 살고 있었다. 수동적으로 사용자에게 이끌리며 하루하루 공수 채우기에 급급했던 나날이었다. 언젠가는 현장에 많은 젊은이들이 일을 배우기 위해 찾아오고 낡은 옛 생각들이 점점 사라지는 시기가 올 것이다. 문제는 현재 주축이 되고 있는 세대들이 먼저 바뀌어 있어야 한다는 거다. 그래야 같은 길을 가려는 사람들이 수월하고 거부감없이 일에 적응하고 더 나은 환경에서 일할 수 있을 테니까.

일에 앞서 나 자신과 동료들의 안전은 그 무엇과도 바꿀 수 없는 중요한 문제다. 소중한 생명과 직결되기 때문에 스스로도 챙겨야 하고 사용자 측도 최우선으로 체크해야 할 중요사항이다.

현장에서 일하며 많은 일들을 겪었지만 특히 크고 작은 안전사고들은 상상하는 것 이상으로 많이 발생한다. 건설현장 노동자들은 새로운 현장에 투입될 때마다 현장안전교육이라는 걸 받게 된다. 안전 관리자가 전하는 내용과 교육진행방식은 어딜 가나 비슷비슷하고 별 차이가 없다. 하지만 매번 듣는 반복적인 교육은 안전의식을 습관화시키기 위한 최고의 학습법이다. 다 알고 있다 자신하지만 할 때마다 새롭게 느끼고 깨닫는 게 안전이기에 반복은 필수다.

건설현장에서 안전사고는 우연의 산물이 아닌 인재(人災)라고들 한다. 개개인의 부주의와 무관심이 멀쩡히 아침에 출근한 건강한 사람을 하루아침에 심각한 부상이나 사망에 이르게 할 수도 있기 때문이다. 작업의 속도와 능률도 중요하지만 안전이란 덕목을 최우선의 가치로 두어야 하는 이유다. 조금 언성을 높여 '듣기 싫어도 듣고 지키기 싫어도 지켜라. 그래야 몸 성히 퇴근해 집에 갈 수 있다. 안전은 어떤 것보다 소중하다'라 말해주고 싶다.

'하인리히 법칙'이라는 게 있다. 거기에 '1대 29대 300'이라는 의미심장한 숫자가 등장한다.

한 번의 중대재해가 있기 전 29번의 작은 재해가 발생하고 300번의 자잘한 사고의 조짐들이 보여진다는 법칙으로 산업현장이 아니래도 일상생활에서도 충분히 적용될 수 있다. 굳이 숫자로 표현하지 않아도 사고가 자주 발생하는 곳은 그럴만한 이유가 반드시 존재한다. 현장이 정리정돈이 되어 있지 않는 건 물론이고 관리자와 사용자 측, 노동자들의 무관심과 안전불감증이 만연한 곳일 게 뻔하다.

글의 제목처럼 이제는 변해야 하지 않을까. 직업의 귀천을 따지던 구시대적 사고방식도 사라져야 하고 현장 노동자들이 대우받고 더 안전한 곳에서 일할 수 있는 환경으로 바뀌어 가야 한다. 냉정한 평가일지 모르나 전보다 많이 좋아졌다 하지만 대한민국은 아직 갈 길이 멀다. 힘들게 열심히 일한 만큼의 충분한 대가와 안전이 보장된 현장에서 별 탈 없이 퇴근해 사랑하는 가족들과 단란한 저녁 한때를 보내는 소박한 사치. 우린 결코 많은 걸 바라는 게 아니다.

어느 웹사이트에서 본 짧은 글귀가 마음에 와닿는다.

'노'동의 '가'치를 더하 '다'

건설현장 막일의 비속어가 아닌 진정 땀 흘리며 일하는 노동의 참다운 가치를 일깨워 주는 바람직한 언어유희. '노가다'가 이런 좋은 의미로 알려졌으면 하는 작은 바람뿐이다.

— 노동의 진정한 가치를 고민해 본 5월의 어느 날…

---

epilogue

오늘은 5월 1일 근로자의 날이다. 아니 엄밀히 말하면 노동자의 날이라 부르는 게 맞다.

'근로'의 사전적 의미를 보면 '힘을 들여 부지런히 일한다'는 뜻이다. 사전적 의미는 그렇지만 주인을 위해 부지런히 봉사한다는 의미가 예전부터 포함되어 있었다. '노동'의 사전적 의미는 '사람이 생활에 필요한 물자를 얻기 위하여 육체적 노력이나 정신적 노력을 들이는 행위'이다. 즉. 타인을 위한 것이 아니라 나 자신과 가족을 위해 자주적으로 일한다는 의미가 더 강하다.

'노동'보다 '근로'라는 단어의 어감이 조금 세련되게 들릴진 모르나 그 의미는 큰 차이를 보인다. 내가 주체가 되느냐 내 노동력을 제공받는 사용자 측이 주가 되느냐를 따져본다면 어떤 말로 바꿔 불러야 할지 고민해 볼 필요가 있다.

• 글
을
마
치
고 •

　원고가 거의 마무리될 때 즈음 미처 생각지도 못했던 난제가 남았다는 걸 깨달았다. 다름 아닌 눈에 확 띄는 그럴싸한 표지 디자인과 제목을 짓는 일이었다. 책의 표지 디자인과 제목은 원고를 쓰기 시작한 시점부터 고민했어야 했다. 미뤄놨던 방학숙제를 개학 전날 몰아서 하는듯한 분주함이 머릿속을 헤집어 놓았다. 그렇게 몇 날 며칠을 고민하던 어느 날 TV 속 예능 프로를 보던 중 머리 위 전구가 반짝 켜지며 해결의 실마리가 풀린다.
　요즘 '프로불참러'라는 별명과 함께 여러 예능 프로에서 한껏 주가를 날리고 있는 조세호라는 개그맨이 있다. 그의 별명을 듣는 순간 제목의 방향이 보이기 시작했다. 그렇게 '~하는 사람'을 뜻하는 영어의 접미사 '~er'을 합친 신조어로 필자를 표현하려 해보았다.

프로불참러, 극한직업인, 프로극한직업러…

그렇게 '프로극한직업러'라는 새롭고 기발한 나의 새 별명이 탄생하는 순간이었다. 그의 별명이 힌트가 되어 머릿속에 이미 담겨 있던 걸 꺼내놓듯 단번에 그 말을 떠올렸다. 극한직업이라 불리는 현장 노동자의 삶을 사는 나를 표현하기에 적당한 말을 찾은듯하다. 거기에 전문가적 포스가 넘치는 프로정신도 함께 버무려 나름의 자부심까지 내세우고 싶었다.

극한이라는 단어에서 풍기는 육체적, 정신적 한계를 넘어선 듯한 격한 표현이 싫었지만 힘든 직업인 건 다 아는 사실이다. 나는 오랫동안 해와서 몸에 배고 습관이 되어 힘든 건 전혀 없다 말하는 것도 너무 주관적이라 생각한다.

작업의 강도를 떠나 현장에서 자신의 시공지식과 손기술 같은 노동력을 제공해 주고 합당한 대가를 받는 모든 일들이 극한직업 아니겠는가. 극한직업의 범주에 들어가는 모든 직업군이 누구나 할 수 있는 일도 아니지만 아무나 못 할 접근성 떨어지는 일 또한 아니다. 보통 사람들도 충분히 할 수 있는 일이고 육체적 한계에 다다를 정도로 몰아세우지 않는다. 과거 사농공상(士農工商)으로 계층이 나뉘어 유지되었던 유교국가 대한민국 특유의 앓는 소리에 과장된 면이 없잖은 것도 있다. 그런 편견과 틀을 단번에 깨부수긴 힘들겠지만 안 좋았던 인식이 앞으로 더 나아질 거란 작은 희망 정도는 가져보려 한다.

"디자인(design)이란 엉뚱한 일을 하는 것"이라 누가 그랬다. 엉뚱하고 독특한 생각 속에서 참신하고 새로운 결과물이 탄생하는 것이기에 그렇게 표현한 듯하다.

한때 인테리어 디자이너를 꿈꿨던 필자는 현재 엉뚱하게도 인테리어 현장에서 직접 발로 뛰는 극한직업의 길을 걷고 있다. 꿈과 현실과의 타협으로 삶의 디자인이 그려왔던 곳이 아닌 살짝 엉뚱한 방향으로 흘렀다. 그렇게 디자인은 결정되었고 지금도 완성이 아닌 현재진행형이다. 스스로 선택한 일이었고 진정한 프로는 변명 따윈 하지 않는다.

고된 모험 같은 길이었다. 언제까지 이 모험이 계속될지 모르겠지만 스스로 물러나지 않는 한 힘이 다할 때까지 영원한 프로극한 직업러로 남아 있고 싶다.